古典文獻研究輯刊

三七編

潘美月・杜潔祥 主編

第6冊

《葉八白易傳》疏證(下)

陳開林 著

國家圖書館出版品預行編目資料

《葉八白易傳》疏證（下）／陳開林 著 -- 初版 -- 新北市：
花木蘭文化事業有限公司，2023〔民 112〕
目 4+164 面；19×26 公分
（古典文獻研究輯刊 三七編；第 6 冊）
ISBN 978-626-344-469-0（精裝）
1.CST：（明）葉山 2.CST：葉八白易傳 3.CST：易學
4.CST：研究考訂
011.08   112010506

ISBN-978-626-344-469-0

9 786263 444690

古典文獻研究輯刊
三七編 第 六 冊   ISBN：978-626-344-469-0

《葉八白易傳》疏證（下）

作　　者　陳開林
主　　編　潘美月、杜潔祥
總 編 輯　杜潔祥
副總編輯　楊嘉樂
編輯主任　許郁翎
編　　輯　張雅淋、潘玟靜　美術編輯　陳逸婷
出　　版　花木蘭文化事業有限公司
發 行 人　高小娟
聯絡地址　235 新北市中和區中安街七二號十三樓
　　　　　電話：02-2923-1455／傳真：02-2923-1452
網　　址　http://www.huamulan.tw 信箱 service@huamulans.com
印　　刷　普羅文化出版廣告事業
初　　版　2023 年 9 月
定　　價　三七編 58 冊（精裝）新台幣 150,000 元　版權所有・請勿翻印

《葉八白易傳》疏證（下）

陳開林　著

葉八白易傳卷九

遯☰☰

遯：亨，小利貞。何也？葉子曰：天下之禍福兆於幾，聖人之進退見於幾，而決幾動於禍矣。聖人之去也，何俟終日哉？此其神龍之不可得而麼，日月之不可得而踰。鳳凰朔於千仞之上，夫孰得而樊籠之也哉？何也？極其閔窮之念，不過微眇之斡旋；勉其救世之心，不可大行其中正。則亦何益之有？是故為而無成，則如勿為無；成而留，則如勿留。攝行相事，魯國大治。女樂一受，行不脫冕。嗚呼！淵哉微乎！非聖人不足以語此。黃皓亂蜀，姜維言於帝曰：「皓奸巧專恣，將敗國家。請殺之。」帝曰：「皓，趨走小臣耳。往董允每切齒，吾嘗恨之。君何足介意？」維見皓枝附葉連，遜辭而出。帝敕皓詣維陳謝，維由是疑懼，返自洮陽，因種麥沓中，不敢歸成都。〔註1〕夫黃皓小臣，姜維手握強兵，權統一國，而尚畏忌不前，輕身遠避如此。況其下焉者乎！而況君子之見幾明決，介如石焉，不用終日者乎！是以雖有可為之機，而必無苟為之志，使卒莫可如何也。《易》曰：「遯：亨，小利貞。」

初六：遯尾，厲，勿用有攸往。何也？葉子曰：君子進以禮，故七介以相見，三辭三讓而後至。〔註2〕退以義，故一決而即行，未始濡滯遲留以為去。劉文定詩：「休庵君，昔名夔，手拉姦臣九天上。即今卻以休為名，無乃勇氣非少壯。君不見健帆高掛乘剛風，一日千里無留蹤。欻然卸落韄洲島，知進識退無途窮。丈夫處世當如此，眷戀富貴非英雄。」此言不休則已，休則宜決；不去則已，去則宜先。故曰：進處後則遠利明，退處先則遠害早。遯而在後，

〔註1〕《資治通鑒》卷七十八《魏紀十》。
〔註2〕參《遯》九三爻注。

安能遂其高蹈遠引之志哉？《傳》曰：「或譖成虎於楚子，成虎知之而不能行。遂殺之。《春秋》書曰：『楚殺其大夫成虎。』懷寵也。」〔註3〕然則隱公菟裘，可以避矣，而曰「吾將老焉」〔註4〕，幾不早斷，安免桓之篡而弒？揚雄「三世不徙官」〔註5〕，可以去矣，而曰有所解焉，明不復哲，奚逃莽之麋而污？昔者或謂吳郡陸喜曰：「薛瑩於吳士當為第一乎？」喜曰：「孫皓無道，吳國之士，沉默其體，潛而勿用者第一也；避尊居卑，祿以代耕者第二也；侃然體國，執政不懼者第三也；斟酌時宜，時獻微益者第四也；溫恭修慎，不為諂首者第五也。過此以往，不足複數。故彼上士多淪沒而遠悔吝，中士有聲位而近禍殃。觀瑩之處身，其四、五之間乎？」〔註6〕嗚呼！此足以觀矣。是故東萊之責蕩意諸曰：「意諸親則公族，官則司城，坐視昭公之失道，襄夫人之畜怒，公子鮑之陰謀，凶德恭會，待釁而發。上不聞有正救之諫，中不聞有調護之功，下不聞有擊斷之勇。見亂而始去，去何晚也？見弒而始死，死何補也？想夫亂機之將兆，弒械之將成，通國之內外舉知之，曾謂意諸之賢而不知邪？其所以徘徊濡滯，不能翻然高舉者，蓋懷其父去官則族無所庇之言，顧位苟祿，日復一日，其意以為無難則忍恥以庇宗，有急則捐身以雪恥，以後之節贖前之非耳。殊不知君子不忍一日置其身於可愧之地，今日為善，尚恐他日為惡，詎有身居可愧之中而可豫指他日之節以贖今日之非乎？」〔註7〕《易》曰：「遯尾，厲，勿用有攸往。」

六二：執之，用黃牛之革，莫之勝脫。何也？葉子曰：抱道自高，不與世污之謂中；與時偕行，不顧榮祿之謂順。以此自守，則富貴利達之紛華不能易其志，事業功名之烜赫不足動其心矣。昔周之興，有孤竹二子伯夷、叔齊，相謂曰：「吾聞西方有人，似有道者。試往觀焉。」至於岐陽，則文王已歿矣。武王聞之，使叔旦往見之，與之盟曰：「加富二等，就官一列。」血牲而埋之。二人相視而笑，曰：「嘻！異哉！此非吾所謂道者。樂與政為政，樂與治為治，不以遭時自利也。今周見殷之亂而遽為之政與治，是推亂以易暴也。與其並乎周以塗吾身，不如避之以潔吾行。」二子北行，至首陽之下而死焉。《易》曰：

〔註3〕《左傳・昭公十二年》：「楚子謂成虎若敖之餘也，遂殺之。或譖成虎於楚子，成虎知之而不能行。書曰：『楚殺其大夫成虎。』懷寵也。」
〔註4〕《左傳・隱公十一年》：「使營菟裘，吾將老焉。」
〔註5〕《漢書》卷八十七《揚雄傳下・贊》。
〔註6〕《資治通鑒》卷八十一《晉紀三》。
〔註7〕《左氏博議》卷十九《宋襄夫人殺昭公之黨》。

「執之，用黃牛之革，莫之勝脫。」

九三：係遯，有疾厲，畜臣妾吉。何也？葉子曰：君子之進也，不以亟而以禮。故曰：七介以相見，三辭三讓而後至。〔註8〕君子之退也，不以遲而以決。故曰：「無罪而殺士，則大夫可以去；無罪而戮民，則士可以徙。」〔註9〕然則沉溺於包承之利而依違於去就之間，係戀其賣濡之私而遲滯於退避之際，則豈知幾之哲、介石之操也哉？《詩》曰：「雄雉于飛，泄泄其羽。我之懷矣，自詒伊阻。」〔註10〕此所以為名行之疵、身家之辱也。何也？係戀之私恩，懷女子小人之道也。孔子曰：「惟女子與小人為難養也，近之則不遜，遠之則怨。」〔註11〕不怨不遜之間，惟慈與莊以畜之蒞之而已矣。華元殺羊享士，而羊羹不遍，則與入鄭師。〔註12〕邾閽人求肉，而夷射姑以杖敲之，則以瓶水沃庭。〔註13〕小人之不可不畜也如此。顧榮之分炙〔註14〕，而袁絲之忍辱也〔註15〕，蓋有由焉。若以是而施之出處進退之大節，吾道卷舒通塞之要會，則病甚矣。故曰：紀逡所以愧龔勝〔註16〕，

〔註8〕《禮記·禮器》：「是故七介以相見也，不然則已慤；三辭三讓而至，不然則已蹙。」
〔註9〕《孟子·離婁下》。
〔註10〕《邶風·雄雉》。
〔註11〕《論語·陽貨》。
〔註12〕《左傳·宣公二年》：「將戰，華元殺羊食士，其御羊斟不與。及戰，曰：『疇昔之羊，子為政；今日之事，我為政。』與入鄭師，故敗。」
〔註13〕《左傳·定公二年》：「邾莊公與夷射姑飲酒，私出。閽乞肉焉，奪之杖以敲之。」三年：「三年春二月辛卯，邾子在門臺，臨廷。閽以缾水沃廷，邾子望見之，怒。閽曰：『夷射姑旋焉。』命執之。弗得，滋怒，自投於牀，廢於鑪炭，爛，遂卒。先葬以車五乘，殉五人。莊公卞急而好潔，故及是。」
〔註14〕《世說新語·德行第一》：「顧榮在洛陽，嘗應人請，覺行炙人有欲炙之色，因輒己施焉。同坐嗤之，榮曰：『豈有終日執之而不知其味者乎？』後遭亂渡江，每經危急，常有一人左右己。問其所以，乃受炙人也。」
〔註15〕俟考。
〔註16〕《漢書》卷七十二《龔勝傳》：「莽既篡國，遣五威將帥行天下風俗，將帥親奉羊、酒存問勝。明年，莽遣使者即拜勝為講學祭酒，勝稱疾不應徵。後二年，莽復遣使者奉璽書，太子師友祭酒印綬，安車駟馬迎勝，即拜，秩上卿，先賜六月祿直以辦裝，使者與郡太守、縣長吏、三老官屬、行義諸生千人以上入勝里致詔。使者欲令勝起迎，久立門外，勝稱病篤，為床室中戶西南牖下，東首加朝服拕紳。使者入戶，西行南面立，致詔付璽書，遷延再拜奉印綬，內安車駟馬，進謂勝曰：『聖朝未嘗忘君，製作未定，待君為政，思聞所欲施行，以安海內。』勝對曰：『素愚，加以年老被病，命在朝夕，隨使君上道，必死道路，無益萬分。』使者要說，至以印綬就加勝身，勝輒推不受。使者即上言：『方盛夏暑熱，勝病少氣，可須秋涼乃發。』有詔許。使者五日一與太守俱問起居，為勝兩子及門人高暉等言：『朝廷虛心待君以茅土之封，雖疾病，宜動移至傳舍，示有行意，必為子孫遺大業。』暉等白使者語，勝

機、雲〔註17〕所以愧張翰〔註18〕。而急流勇退，錢若水獨為一世之高士〔註19〕乎？唐司空圖棄官歸山谷，昭宗屢徵不起。柳燦以詔徵之，圖懼入見，陽為衰野，墜笏失儀，燦下詔放還。君子曰：「唐末進退不污者，惟圖一人，其猶在韓偓之右乎！跡近而意遠，情疏而罪微。此蔡邕、伍瓊、周毖之所難也。詳味其事，想見其人，可謂賢哉！」〔註20〕少不決焉，未有不墮其豢坑而落彼利壑矣。《易》曰：「係遯，有疾厲，畜臣妾吉。」

九四：好遯，君子吉，小人否。何也？葉子曰：君子以道為卷舒，不以其情之愛好為繫戀；君子以義為進退，不以其人之承奉為羈縻。是故幾不動則已見幾，則明決而必有莫之陵之永貞；禍不兆則已知禍則速避，而必有不亂群之高操。是誠以天命之窮通為吾道之興廢，以吾道之興廢為一身之行藏者乎？此豈小人之所能哉？嗚呼！茲明道雖為安石之所重而力求罷，宋璟雖為二張之所憚而必解相者，非夫人之可及也。魏元忠不能絕三思，李晟不能絕延賞，裴度、令狐楚不能絕李訓，身敗而志未矣。《易》曰：「好遯，君子吉，小人否。」

九五：嘉遯，貞吉。何也？葉子曰：君子不溺於利，是故以見幾為明決；不離於道，是故又以天理人心為正常。夫苟觀天祥，察地兆，驗事幾，可以去矣，從而不留矣。為鳳翔，為豹隱，為龍潛，此其時之美乎？然不知其義分之何若耳。義安而分宜，道貞而時適，善之善者也。夫苟身潔而倫亂，禍免而義虧，病則甚焉，夫何以去為哉？是故知國家之必亡，念宗祀之為大，不在乎高蹈遠引之為潔，而顧惟至誠惻怛之不忘者，箕子之正也。知吾道之終廢，念君德之難忘，見幾明決之中而不失忠厚之意，超然遠去之下而恒存不得已之心者，孔子之正也。其次高哀之去宋，子臧之去曹，不失貴。愛其身以存道，庶

自知不見聽，即謂暉等：『吾受漢家厚恩，無以報，今年老矣，旦暮入地，誼豈以一身事二姓，下見故主哉？』勝因敕以棺斂喪事：『衣周於身，棺周於衣。勿隨俗動吾冢，種柏，作祠堂。』語畢，遂不復開口飲食，積十四日死，死時七十九矣。」

同卷《鮑宣傳》附：「自成帝至王莽時，清名之士，琅邪又有紀逡王思，齊則薛方子容，太原則郇越臣仲、郇相稚賓，沛郡則唐林子高、唐尊伯高，皆以明經飭行顯名於世。紀逡、兩唐皆仕王莽，封侯貴重，歷公卿位。」

〔註17〕二陸傳見《晉書》卷五十四。《陸機傳》：「至太康末，與弟雲俱入洛，造太常張華。華素重其名，如舊相識，曰：『伐吳之役，利獲二俊。』」

〔註18〕參《蹇》九三注。

〔註19〕參《升》上六注。

〔註20〕《資治通鑒綱目》卷五十三引「胡氏曰」。

幾免焉耳。不然，主憂臣辱，主辱臣死，君子豈輕於一決哉？《易》曰：「嘉遯，貞吉。」

上九：**肥遯，无不利。**何也？葉子曰：犧牲之被以文繡而食以稻粱也，豢日肥而死日迫；君子之遠於榮華而脫於患害者，行無礙而志無牽。從容而閒雅，維裕而維休，若鳳凰翔於千仞之上，斥鴳得而笑之，痀瘻丈人不得而掇之也；若應龍潛於千仞之淵，蝦蟆得而狎之，劉累不得而豢之也。故曰：蛟龍能神於雲雨，不能為人用；鳳凰能瑞於王者，不能為人畜。李太白以天成之才，能神於為文，異人之表，能瑞於當世，始投袂而來，竟解組而去，所謂不能人用與人畜也。噫！非介石洗心者，安得而與於此乎？孔子不脫冕而行〔註21〕，孟子浩然有歸志，是以申屠蟠前知黨錮之禍〔註22〕，後識董卓之敗〔註23〕，而獨確守清操，不移高潔之志，故處亂世而介然不污。其亦可謂一世之高士矣。司馬孚、武攸緒〔註24〕亦庶幾焉。《易》曰：「肥遯，无不利。」

大壯䷡

大壯：利貞。何也？葉子曰：明明在朝，穆穆布列，不患吾道之不行，惟患吾氣之太盛。昔者唐、虞之世，中天而起，應運而興，二十二人時亮天工，盛亦至矣。而究其所為則，惟在璣觀衡以察天文之變，巡狩朝覲以正人事之常，封山濬川以會地理之紀，謹刑屏惡以清世道之機，而多事無擾焉。四凶可罪也，而流之放之殺之殛之。三苗可徵也，而分之北之。未始恣情而侈氣焉。何也？乘時以作威，則威起而時蹙；依勢以生事，則事擾而勢傾。循環之理也。曷觀唐、宋之事乎？唐末士大夫深疾宦官，事有小相涉，則眾共棄之。建州進士葉京嘗與武宣軍宴，識監軍面，既而返第，遇之於途，馬上相揖。因之謗議誼然，沉廢終身。其不相悅至此。〔註25〕卒至水火之怨搆，而白馬之禍不可解矣。宋慶曆之治未幾，而元老大臣相繼罷去。「熙、豐用事之臣退休散地，怨入骨髓，

〔註21〕《孟子·告子下》：「孔子為魯司寇，不用，從而祭，燔肉不至，不稅冕而行。」
〔註22〕參《寒》初六。
〔註23〕《後漢書》卷五十三《申屠蟠傳》：「中平五年，復與爽、玄及潁川韓融、陳紀等十四人並博士徵，不至。明年，董卓廢立，蟠及爽、融、紀等復俱公車徵，唯蟠不到。眾人咸勸之，蟠笑而不應。居無幾，爽等為卓所脅迫，西都長安，京師擾亂。及大駕西遷，公卿多遇兵饑，室家流散，融等僅以身脫。唯蟠處亂末，終全高志。」
〔註24〕二人參《升》上六。
〔註25〕《資治通鑒》卷二百五十《唐紀六十六》。

陰伺間隙，而諸賢不悟各為朋黨，以相訾議」〔註26〕，卒致熙、豐、紹聖之禍。然則君子之道不長盛，豈盡小人之罪哉？《易》曰：「大壯：利貞。」

初九：壯于趾，征凶，有孚。何也？葉子曰：動凶而靜吉，躁危而順安，君子之戒也。《荀子》曰：「螾無爪牙之利，筋骨之強，上食埃土，下飲黃泉，用心一也。蟹六足二螯，非蛇蟺之穴無所寄託者，用心躁也。是故無冥冥之志者，無昭昭之明；無惛惛之事者，無赫赫之功。」〔註27〕然則君子具強毅之資，當盛陽之世，強徵而果成，孰曰不宜者？而不免於困焉，何也？在下而妄動，祇以罔困也。南蒯之欲去季氏，賈誼之欲去絳、灌，去乎哉？《易》曰：「壯于趾，征凶，有孚。」

九二：貞吉。何也？葉子曰：畏天者不犯難，樂天者不侈私。君子所以順理勢之宜也。是故居得致之位，操可致之權，挾能致之勢，宜其暢然為之，以展才猷之施矣。然乃循循然以中道而自持，守常分而不越，非魏元忠之再相而依違無所建明，裴度之晚節浮沉而為自安之計也。天下之事勢未盛，可以振威；勢已盛矣，不宜太侈。大勢在我，而復震矜之，不幾於敗天下之事乎？昔者齊桓公合八國之師而聲罪致討，以振中國之威；舉江、黃之眾而按兵不動，以為八國之援。師已強矣，然惟以律用之而不暴。及楚人已服，使屈完來盟，又必以禮下之而不驕。晉悼公圍彭城而天下懷其義，城虎牢而天下畏其威，宜可橫行江漢以肆楚矣。然乃用智武子之謀而不與楚戰，聽魏絳之計而專務息民，良有以也。不然，若晉錮欒盈以叛曲沃，楚迫巫臣而疲於奔命，則激亂召災，取禍之道矣。唐代宗之於僕固懷恩，不能慎之於始以結其忠義之心，至於懷恩反，而重恤其母，猶念其子，雖其姑息之政不足以振天下之威，而寬仁之念其所以羈縻險陂之心者，良亦多矣。不然，其不增亂而益敵者不亦希乎？《易》曰：「貞吉。」

九三：小人用壯，君子用罔，貞厲。羝羊觸藩，羸其角。何也？葉子曰：和順於道德而理於義德，性之用事也。不以德性而以血氣，不由道德而由剛勇，幾何不率意以妄行，肆然而無所忌憚乎？故曰：君子有勇而無義為亂，小人有勇而無義為盜。喜於鬥而狃於勝，釁於勇而嗇於禍，盜也。視天下之人不足與，惟其意而莫之禁畏焉，亂也。其不折而屈敗而撓者，天下有是理乎？行之以道，義所當行，而意氣不免焉。若司馬光忿然於蘇軾之諫，拂意

〔註26〕馮琦《宋史紀事本末》卷十《洛蜀黨議》。
〔註27〕《勸學》。

於范純仁之議，而持之益堅，猶不免於畢仲游之憂。而況行之以不正，加之以暴厲者乎！動焉而必括進之，不足以解天下之紛拏；欲罷而不能，退之不足以遂一身之高致；斃焉而已矣。斯陽處父、灌夫之徒之所以卒為禍也與？周虓亦然。符堅遣楊安寇，梓潼太守周虓固守涪城，遣步騎送母妻趣江陵，朱肜要而獲之。虓遂降。堅欲以為尚書郎，虓曰：「蒙晉厚恩，但老母見獲，失節於此。母之獲全，秦之惠也。雖公侯之賞不為榮。」遂不仕。每見堅，或箕踞而坐，呼為氐賊。常值元會，儀衛甚盛，堅問之曰：「晉朝元會與此何如？」虓攘袂厲聲曰：「麼麼〔註28〕相聚，何敢比擬天朝？」秦人以虓不遜，屢請殺之。堅待之愈厚。此雖心不能屈，然非堅之能容，則不足以成殺身之仁，而亦非所以為仁親保母之道矣。《易》曰：「小人用壯，君子用罔，貞厲。羝羊觸藩，羸其角。」

九四：貞吉，悔亡，藩決不羸，壯于大輿之輹。何也？葉子曰：聖人與世推移，而俗士苦不知變。是故世之衰也，剛為主，不剛而柔則為佞。姚崇之通不可以語宋璟之正者，此也。世之治也，柔為主，不柔而剛則為激，魏相之直終不如丙吉之寬者，此也。然則當盛陽之世，主治道之盟，其可不知柔和平易之道乎？昔者酅舒問於賈季曰：「趙衰、趙盾孰賢？」對曰：「趙衰，冬之日也。趙盾，夏之日也。夫冬日之可愛，孰與夏日之可畏？」〔註29〕然而盾、衰之政，則後人能先後之。故漢之賢相稱蕭、曹，而清淨寧壹之外無他事；唐之賢相稱房、杜，房、杜之所為，不過用法寬平，聞人有善若己有之，不以求備取人，不以己長格物而已。至於宋，趙普、張齊賢、王旦、呂夷簡諸公所以培一代之元氣而開數百年之基業者，大要以含宏寬厚為設施奉布而已。故當其時，小人之怨不作，君子之難不興，出入无疾，而朋來无咎，豈非世道之慶而物莫能格者邪？彼昏不知而倖倖自得，其去理道遠矣。此好剛使氣，雖以寇準之賢，而猶不滿於仁明之主也。《易》曰：「貞吉，悔亡，藩決不羸，壯于大輿之輹。」

六五：喪羊于易，无悔。何也？葉子曰：「魚不可脫於淵，國之利器不以假人」，老氏之名言也。是故《淮南子》曰：「衛君役子路，權重也。景、桓臣管晏，位尊也。怯服勇而愚制知，其所託勢者勝也。」〔註30〕故攝權勢之

〔註28〕「麼麼」，《資治通鑒》卷一百三《晉紀二十五》作「犬羊」。
〔註29〕《左傳·文公七年》。
〔註30〕《淮南子·主術訓》。

柄者，其於化民易矣。是故古之人君「以經邦國則有治典，以安邦國則有教典，以平邦國則有政典，以詰邦國則有刑典」〔註31〕。故曰：「惟辟作威，惟辟作福。」〔註32〕威福既亡，何以牴觸？鄭莊公既無德政，又無威刑，不能觸子都；鄭簡公不明大典，不舉大辟，不能觸駟黑。漢元帝牽制文義，優柔不斷，不能觸恭顯。唐文宗好賢，文雅優游不斷，不能觸良弘。晉元帝恭儉有餘而明斷不足，不能觸王敦。其何以為天下君哉？唐代宗茸然非英主也，然能殺李輔國以攄二帝之忿，逐程元振以紓四方與諸將之怨，其視肅宗之姑息，蓋少瘳矣。故曰：「王命雍廢，竊位專邑而不能討；嫡庶混淆，基禍產亂而不能辯；國柄下移，擅興專決而不能收。」〔註33〕敗綱隳紀，卑心狹志，則遠近聞之而解體，奸雄見之而窺伺，謀動其國家，禍亂四起而亡無日矣。故曰：君德貴剛。「惟剛則勇於進德，力於行道，明於見善，力於改過。主善必堅，去惡必果。建天下之大公，以破天下之眾私，聲色不能惑，陰邪不能奸矣。故亡漢不以成、哀，而以孝元；亡唐不以穆、敬，而以文宗。皆不剛健之過也。」〔註34〕昔者桓公問於管仲曰：「寡人有大惡三，其尚可以為國乎？寡人不幸而好畋，晦夜而至禽側。寡人不幸而好酒，日夜相繼。寡人有污行，不幸而姑姊有不嫁者。」對曰：「惡則惡矣，然非其急者也。」公作色曰：「此三者且可，則烏有不可者矣？」對曰：「人君惟憂與不敏為不可。憂則亡眾，不敏則不及事。」〔註35〕又曰：「人主猛毅則伐，懦弱則殺。輕誅殺人謂之猛，重誅殺人謂之懦。輕誅者殺不辜，重誅者失有罪。上殺不辜，則道正者不安；上失有罪，則邪行者不變。道正者不安，則才能之人去。亡邪行不變，則疑有外難。群臣朋黨，則疑有內亂。」〔註36〕又曰：「萬物尊天而貴風雨者，為其莫不受命焉，為其莫不待風而動待雨而濡也。若使萬物釋天而更有所受命，釋風而更有所仰動，釋雨而更有所仰濡，則無為尊天而貴風雨矣。今人君之所尊安者，為其威立而令行也。其所以能立威行令者，為其威利之操莫不在君也。若使威利之操不專在君而有所分散，則君日益輕而威

〔註31〕胡安國《胡氏春秋傳》卷四桓公四年「夏，天王使宰渠伯糾來聘」。

〔註32〕《尚書・洪範》。

〔註33〕呂祖謙《東萊別集》卷十三《春秋講義》隱公「三月，公及邾儀父盟於蔑」：「則王命廢雍，竊位專土而不能討也；嫡妾混殽，基禍產亂而不能辨也；國柄下移，擅興專決而不能收也。」

〔註34〕楊萬里《誠齋易傳》卷一《乾》。

〔註35〕《管子・小匡第二十》。

〔註36〕《管子・參患第二十八》。

利日衰矣。故曰：三經既飭，君乃有國。」〔註37〕嗚呼！仲蓋有以識此矣。雖然，與其為唐德也，寧為代；與其為秦政、項籍也，寧為周平。《易》曰：「喪羊于易，无悔。」

上六：羝羊觸藩，不能退，不能遂，无攸利，艱則吉。何也？葉子曰：天下無必可為之事也，知道者靜以俟時焉而已。楚伐鄭，欒書救鄭，與楚師遇於繞角，楚師還，知武子不與之戰而侵蔡。知俟時而動不妄也。志狠而冥行，則為趙同、趙括之請戰矣，徒怒楚而不能克。不能敗其二縣，而辱已甚，不幾於吳師之不能退乎？天下無必不可為之事也，有志者竟成焉耳。楚圍鄭，晉師救鄭，楚子北，師次於郔，將飲馬於河而歸。伍參欲戰，曰：「此行也，晉師必敗。君而逃臣，若社稷何？」改轅而北，遂成勝邲之功。能竟成而無待也。才弱而質柔，則為子反、孫叔敖之不進矣。成師以出，聞敵強而避之，不幾於晉之餘師不能軍乎？能者無是也。是知天下事固非狠志者所能理，亦非弱才者所能成。既無先見之知，不能引身以養恬，徒壯其趾而已矣。旋步不可得，狠志無益也。又無克亂之才，不能允升以畢志，徒熱其中而已矣。一步不可行，弱才足恥也。始之不能自靖以收量己之明，終之又不足以自獻而成及物之利，是為兩敗而俱傷矣。古之人有犯之者，殷浩是也。君子夫亦自反而已乎？《詩》曰：「思其終也，思其反也。」〔註38〕困而反於法則反，而得其本心，其庶幾焉。《易》曰：「羝羊觸藩，不能退，不能遂，无攸利，艱則吉。」

晉䷢

晉：康侯用錫馬蕃庶，晝日三接。何也？葉子曰：遇也。語云：功蓋天下者不賞。〔註39〕若之何而不賞乎？時之暗則忠不揚，君之愎則誠不達，臣工之多忌則心不宣。是以子胥劍刎，韓、彭葅醢，裴寂、劉文靜譖死，岳飛矯殺，而況其他乎！張華以文學才識名重一時，又有伐吳之謀，其功益懋，而以忤旨出為幽州都督。華循撫華夏，譽望益著，晉武欲徵之，而復為馮紞之所沮。康承訓敗賊將於鹿塘，進平徐、泗，功蓋一時，朝廷且以帥河東。而宰相路岩、韋保衡乃誣其逗撓不進，又貪擄獲不時，上功貶為恩州司馬。五代梁王瑱遣王

〔註37〕《管子・版法解第六十六》。
〔註38〕《左傳・襄公二十五年》。
〔註39〕《史記》卷九十二《淮陰侯列傳》。

檀襲晉陽。晉代北故將安金全退居太原，往見張承業，請受庫甲擊卻之。李嗣昭亦遣牙將石君立將騎救之，朝發上黨，夕至城下，夜與安金全等分出諸門擊梁，梁兵死亡十二三。晉王存勗以策非己出，故不行賞。唐莊宗滅梁，功臣有百戰未得刺史者，而伶人陳俊、儲德源以周匝一言與之。噫！信非舜之觀四嶽，大禹之會萬國，安能大舉旌颺甄錄之典乎？是故晉侯捍王於鄔，賜之秬鬯一卣、彤弓一、彤矢百，盧弓矢千，馬四疋，上也。漢高之元功十八位，光武之雲臺二十八將，唐太宗之凌煙閣二十四人，次也。雖然，屯膏吝賞，固不足以成功。予取予求，不女瑕疵，亦不可以馭世。惟盡變通之利，以盡鼓舞之神，固不掩人之功，使之忿且懟；亦不輕我之賞，使之怠而驕。斯則善之善者耳。子房之相漢高，至矣。其次，吾有取於王猛、苻氏焉。猛入晉陽，遣將軍徐成覘燕軍，失期，將斬之。鄧羌固請，弗許。羌怒，將攻猛，猛赦之。羌詣猛謝，猛執其手曰：「吾試將軍耳。」於郡將尚爾，況國家乎！既而望見燕兵之眾，謂羌曰：「今日非將軍不能破勍敵。將軍勉之！」羌曰：「若能以司隸見與者，公勿以為憂。」猛曰：「此非吾所及也，必以安定太守萬戶侯相處。」羌不悅而退。俄而兵交，猛召羌，羌寢，弗應。猛馳就許之，羌乃大飲帳中，與張蠔、徐成等躍馬運矛，馳赴燕陣，出入數四，旁若無人，卒破燕而滅之。此正駕馭之術，斬之非所以為吝，予之非所以宣驕者也。明此而後知養虎養鷹之說，酬德報功之典。《易》曰：「晉康侯用錫馬蕃庶，晝日三接。」

初六：晉如，摧如，貞吉，罔孚裕，无咎。何也？葉子曰：適來，時也。適去，順也。安時而處順，哀樂不能入者，君子也。何則？昔者孔子論《詩》，至於《正月》之六章，懼然曰：「不逢時之君子，豈不殆哉？從上依世則廢道，違上離俗則危身。世不為善，己獨由之，則曰非妖則孽也。故賢者不遇時，嘗恐不終焉。」〔註40〕雖然，君子道窮命矣。「故潛龍不見是而無悶，《關雎》哀周道而不傷。蘧瑗持可懷之智，寧武保如愚之性，咸以全命遠害，不受世患。故《大雅》曰：『既明且哲，以保其身。』若屈原之廢，不平其心，而露才揚己，競乎危困群小之間，責數懷王，怨惡椒蘭，愁〔註41〕神苦思，強非其人，忿懟不容，沉江而死。君子以為褊潔狂狷之士，而非中行之哲矣。」〔註42〕豈樂天知命之道哉？故揚子有言：「山梁〔註43〕之肥，其得意乎？或

〔註40〕《說苑》卷十《敬慎》。
〔註41〕「愁」，底本無，據班固序補。
〔註42〕班固《離騷經章句序》。
〔註43〕「梁」，《法言‧修身》作「雌」。

曰：回之簞瓢，臞如之何？曰：明明在上，百官牛羊亦山雌也。闇闇在上，簞瓢捽如亦山雌也。何其臞！千鈞之輕，烏獲力也；簞瓢之樂，顏氏德也。」然則樂天而知命者，知之深；安土而敦仁者，仁之篤。夫亦何熱心而壯趾哉？仲尼所以抗浮雲之志〔註44〕，顏子所以甘飲水之樂，孟子所以養浩然之氣者，有由然矣。不然，其不為周之老叟、漢之顏駟矣乎？周人有仕數不遇，年老泣於塗者。人或問之：「何為泣乎？」對曰：「吾年少時學為文，文德就，吾主好用老。及嗣王立，用武，吾更為武。武節甫就，而少主又嗣立，好用少，吾年又老。是以未嘗一遇。」〔註45〕漢武帝輦過郎署，見顏駟龐眉皓髮。上問曰：「叟何時為郎？何其老也！」答曰：「臣文帝時為郎，文帝好文而臣好武，景帝好美而臣貌醜，陛下好少而臣已老，是以三世不遇。」上擢拜會稽都尉。〔註46〕嗚呼！此君子所以貴特立不變，至老而不肯徇時好也。故曰：君子得時則大行，不得時則龍蛇。〔註47〕遇不遇，命也。《詩》曰：「邂逅相遇，適我願兮。」〔註48〕何以徇時為哉？昔者卓茂為密令，上下皆嗤其不能。河南郡至為置守令，茂不以為嫌，治事自若。數年治行大著。尋遷京郡丞。及王莽居攝，以病免歸。光武即位，訪求茂，詔曰：「夫名冠天下，當受天下重賞。」遂以為太傅、褒德侯。〔註49〕夫一茂之身，始而上下皆嗤其不能者；此一人也，終而名冠天下，以明天子為知己者，亦此人也。則君子亦求其在我而已矣，何必計區區者於旦夕哉？《易》曰：「晉如，摧如，貞吉，罔孚裕，无咎。」

　　六二：晉如，愁如，貞吉，受茲介福，于其王母。何也？葉子曰：小人進而喜其心，曰：爵祿可以肥其家也，威福可以行乎人也。君子進而愁其心，曰：道不足以澤天下，力不足以進君子，退小人，吾何以進為哉？漆雕開辭孔子之使〔註50〕，閔損逃汶上之招〔註51〕，道不足也。蒍子馮辭令尹之位〔註52〕，

〔註44〕《論語・述而》：「不義而富且貴，於我如浮雲。」

〔註45〕《論衡》卷一《逢遇篇》。

〔註46〕《太平御覽》卷三百八十三《人事部二十四》引《漢武故事》。

〔註47〕揚雄《反離騷》。

〔註48〕《鄭風・野有蔓草》。

〔註49〕《後漢書》卷二十五《卓茂傳》。

〔註50〕參《節》九二。

〔註51〕參《鼎》九二。

〔註52〕《左傳・襄公二十一年》：「夏，楚子庚卒。楚子使蒍子馮為令尹，訪於申叔豫。叔豫曰：『國多寵而王弱，國不可為也。』遂以疾辭。」

蔡謨辭司徒之職〔註53〕，富弼辭翰林學士之拜〔註54〕，司馬光辭樞密之命〔註55〕，力不足也。若曰「寧曳尾於塗中」〔註56〕，君子亦弗為之矣。昔者魯欲使樂正子為政，孟子曰：「吾聞之喜而不寐。」〔註57〕府檄以毛義守安陽，義奉檄而入，喜動顏色。〔註58〕嗟乎！君子豈固不樂於一行哉？然則若之何而可？脩夫德而畜其道，增其能而益其智，待其時而乘夫會，進无咎矣。不曰伸者屈之推，藏者顯之致乎？和氏之璧韞於石，隨侯之珠藏於蛤，久將含景曜，吐英精，曠千載而流光也。應龍之神潛於淵，北溟之鯤伏為魚，久將奮靈德，合天地，超忽荒而據蒼昊也。古人之言曰：「山高而不崩，則祈羊至矣；淵深而不涸，則沉玉極矣。」〔註59〕豈不信乎？然則亦何終患其不能澤天下、進君

〔註53〕《晉書》卷七十七《蔡謨傳》：「遷侍中、司徒。上疏讓曰：『伏自惟省，昔階謬恩，蒙忝非據，尸素累積而光寵更崇，謗讟彌興而榮進復加，上虧聖朝棟隆之舉，下增微臣覆餗之釁，惶懼戰灼，寄顏無所。乞垂天鑒，回恩改謬，以允群望。』皇太后詔報不許。謨猶固讓，謂所親曰：『我若為司徒，將為後代所咍，義不敢拜也。』皇太后遣使喻意，自四年冬至五年末，詔書屢下，謨固守所執。」

〔註54〕李燾《續資治通鑒長編》卷一百三十八《仁宗》：「丙午，以右正言知制誥史館修撰富弼為翰林學士。弼言於上曰：『增金帛與敵和，非臣本志也。特以朝廷方討元昊，未暇與契丹角，故不敢以死爭爾。功於何有，而遽敢受賞乎？願陛下益修武備，無忘國恥。』卒辭不拜。」

〔註55〕《宋史》卷十五《神宗本紀二》：「二月壬申，以翰林學士司馬光為樞密副使，凡九辭，詔收還敕誥。」
又，《宋史》卷三百三十六《司馬光傳》：「帝乃拜光樞密副使，光辭之曰：『陛下所以用臣，蓋察其狂直，庶有補於國家。若徒以祿位榮之，而不取其言，是以天官私非其人也。臣徒以祿位自榮，而不能救生民之患，是盜竊名器以私其身也。陛下誠能罷制置條例司，追還提舉官，不行青苗、助役等法，雖不用臣，臣受賜多矣。今言青苗之害者，不過謂使者騷動州縣，為今日之患耳。而臣之所憂，乃在十年之外，非今日也。夫民之貧富，由勤惰不同，惰者常乏，故必資於人。今出錢貸民而斂其息，富者不願取，使者以多散為功，一切抑配。恐其逋負，必令貧富相保，貧者無可償，則散而之四方；富者不能去，必責使代償數家之負。春算秋計，輾轉日滋，貧者既盡，富者亦貧。十年之外，百姓無復存者矣。又盡散常平錢穀，專行青苗，它日若思復之，將何所取？富室既盡，常平已廢，加之以師旅，因之以飢饉，民之羸者必委死溝壑，壯者必聚而為盜賊，此事之必至者也。』抗章至七八，帝使謂曰：『樞密，兵事也，官各有職，不當以他事為辭。』對曰：『臣未受命，則猶侍從也，於事無不可言者。』安石起視事，光乃得請，遂求去。」

〔註56〕《莊子·秋水》。

〔註57〕《孟子·告子下》。

〔註58〕《後漢書》卷三十九《劉趙淳于江劉周趙傳·序》。

〔註59〕《管子·形勢第二》。

子而退小人乎？是故始晦而後光者，異物之神；時暗而久章者，君子之道。《易》
曰：「晉如，愁如，貞吉，受茲介福，於其王母。」

六三：**眾允，悔亡。**何也？葉子曰：道毀於獨成，行衰於寡黨。故曰：「騰
蛇遊霧而動，應龍乘雲而舉，猿得木而捷，魚得水而騖。」〔註60〕又曰：「田
里相併，木蘭同行，知勇相咄，雄豪困屈。」公孫弘側目而視固，則轅生亟謝
病歸；〔註61〕蘇子瞻玩侮伊川，伊川遂罷經筵。〔註62〕故雖君子而為眾所嫉，
不足以成功。才不足以自拔，行未足以專成。苟有英傑之推引，眾類之援助，
亦足以自效於尺寸矣。蒼蠅之飛，日不過步，得驥尾而附之，不知其幾千百里
也。然則取信於善類者，同升諸公之會；見與於時髦者，牽復在中之機。「不
信於友，不獲於上矣」〔註63〕，豈不信哉？韓信不信於三軍而信於蕭何之輩，
郤缺不信於晉國而信於胥臣之徒，然後得以行其志而彈其才耳。彼二人者尚
然，而況其他乎！故曰：「心志通矣，而名譽不彰，友之罪也。名譽彰矣，而
有司不舉，有司之罪也。有司舉之，而王者不用，王者之過也。」〔註64〕《易》
曰：「眾允，悔亡。」

九四：**晉如鼫鼠，貞厲。**何也？葉子曰：古之大臣以身徇國者，處爵位若
傳舍。故曰：「令尹子文三仕為令尹，無喜色；三已之，無慍色。」〔註65〕若
鄙夫之事君，則一得而患失之矣。故曰：以富貴為事者，不能讓祿；以榮顯為
事者，不能讓名。親權者不能與人柄，操之則慄，舍之則悲。而一無所鑒，以
闞其所不休者，是天之戮民也。何也？一恐賢者之形其短，一恐寵人之奪其權，
一恐眾人之攻其惡，一以鉤注之憚，黃金注之昏〔註66〕，以操其心。臧文仲知
柳下惠之賢而不與立〔註67〕；元稹無惡於裴度但以度先達重望，恐其復有大
功，妨己進取，故與魏弘簡深相結於，度所奏軍事皆從中沮之。〔註68〕此懼其

〔註60〕《淮南子·主術訓》。
〔註61〕《史記》卷一百二十一《儒林列傳》：「今上初即位，復以賢良徵固。諸諛儒多
　　　　疾毀固，曰『固老』，罷歸之。時固已九十餘矣。固之徵也，薛人公孫弘亦徵，
　　　　側目而視固。固曰：『公孫子，務正學以言，無曲學以阿世！』」
〔註62〕馮琦《宋史紀事本末》卷十《洛蜀黨議》：「八月辛巳，罷崇政殿說書。程頤頤
　　　　在經筵，多用古禮，蘇軾謂其不近人情，深嫉之，每加玩侮。」
〔註63〕《孟子·離婁上》。
〔註64〕《長短經·論士第七》。
〔註65〕《論語·公冶長》。
〔註66〕《莊子·達生》：「以瓦摳者巧，以鉤摳者憚，以黃金摳者惛。」
〔註67〕《論語·衛靈公》：「子曰：『臧文仲其竊位者與！知柳下惠之賢而不與立也。』」
〔註68〕參《解》上六。

短之形也。李斯恐趙高之奪其位也，拱手以聽高之所為，惟其言而悉唯唯；孔光以董賢之寵，能談笑移人主意，遂以丞相之尊望風下拜。〔註69〕此畏其寵之奪也。李林甫欲蔽人主視聽，自專大權，明召諫官謂曰：「今明主在上，群臣將順之不暇，烏用多言？諸君不見立仗馬乎？食三品料，一鳴輒斥去。」〔註70〕皇甫鎛拜相，制下，朝野駭愕，至於市道負販者亦嗤之。鎛自知不為眾論所容，益為巧諂以自固。〔註71〕此懼其惡之見攻也。張禹身為師傅，朝廷所敬信，末年深畏王氏，乃諂言詭道以相結。〔註72〕郭崇韜出將入相，寵極畏誅，則諂立劉美人為後，以自樹黨而敗防。〔註73〕此金注者之昏也。無所往而不畏，無所為而不可，斯天下所以傾覆而不覺也。故曰：「事君有大忠者，有次忠者，有下忠者，有國賊者。不恤君之榮寵，不恤國之臧否，偷合苟容，以之持祿養交而已。若曹觸龍之於紂，是國賊也。」〔註74〕夫何利哉？《易》曰：「羸豕貞厲。」

〔註69〕《漢書》卷九十三《佞幸傳・董賢傳》：「初，丞相孔光為御史大夫，時賢父恭為御史，事光。及賢為大司馬，與光並為三公，上故令賢私過光。光雅恭謹，知上欲尊寵賢，及聞賢當來也，光警戒衣冠出門待，望見賢車乃卻入。賢至中門，光入閤，既下車，乃出拜謁，送迎甚謹，不敢以賓客均敵之禮。賢歸，上聞之喜，立拜光兩兄子為諫大夫、常侍。賢由是權與人主侔矣。」

〔註70〕《資治通鑒》卷二百十四《唐紀三十》。

〔註71〕《資治通鑒》卷二百四十《唐紀五十六》。

〔註72〕《漢書》卷八十一《張禹傳》：「禹雖家居，以特進為天子師，國家每有大政，必與定議。永始、元延之間，日蝕、地震尤數，吏民多上書言災異之應，譏切王氏專政所致。上懼變異數見，意頗然之，而未有以明見，乃車駕至禹弟，辟左右，親問禹以天變，因用吏民所言王氏事示禹。禹自見年老，子孫弱，又與曲陽侯不平，恐為所怨。禹則謂上曰：『春秋二百四十二年間，日蝕三十餘，地震五，或為諸侯自殺，或夷狄侵中國，災變之異深遠難見，故聖人罕言命，不語怪神。性與天道，自子贛之屬不得聞，何況淺見鄙儒之所言！陛下宜修政事以善應之，與下同其福喜，此經義意也。新學小生，亂道誤人，宜無信用，以經術斷之。』上雅信愛禹，由此不疑王氏。後曲陽侯根及諸王子弟聞知禹言，皆喜說，遂親就禹。」

〔註73〕《舊五代史》卷五十七《郭崇韜傳》：「崇韜自以有大功，河、洛平定之後，權位薰灼，恐為人所傾奪，乃謂諸子曰：『吾佐主上，大事了矣，今為群邪排毀，吾欲避之，歸鎮常山，為菟裘之計。』其子廷說等曰：『大人功名及此，一失其勢，便是神龍去水，為螻蟻所制，尤宜深察。』門人故吏又謂崇韜曰：『侍中勳業第一，雖群官側目，必未能離間。宜於此時堅辭機務，上必不聽，是有辭避之名，塞其讒慝之口。魏國夫人劉氏有寵，中宮未正，宜贊成冊禮，上心必悅。內得劉氏之助，群閹其如余何！』崇韜然之，於是三上章堅辭樞密之位，優詔不從。崇韜乃密奏請立魏國夫人為皇后，」

〔註74〕《荀子・臣道》。

六五：悔亡，失得勿恤，往吉，无不利。何也？葉子曰：君德以剛為主，而柔道亦可以致治安；明君以德為務，而先業亦所賴以馮藉。周之成、康，漢之惠、文，乏剛毅矣，而寬裕溫柔，其臨民也簡。成、康在周，惠、文在漢，非至德矣，而流仁遺澤，其在人也深。則其履太平之盛業而為周漢之賢君，使後世稱仁焉，亦宜矣。故曰：「善人為邦百年，亦可以勝殘去殺矣。」〔註75〕又曰：三代之主，豈無僻王，賴前哲以免之也。而劉頌上疏晉武曰：「創業之君，在於立教定制，使遺風淑人心，餘烈匡幼弱。後世憑之，雖昏猶明，雖愚猶知，乃足尚也。」〔註76〕噫！此常德亦可以臨民而先澤亦足以憑藉也歟？然不患柔之不可有為也，而患其柔而躁動；不患時之不足得民也，而患於乘時而妄動。古今墮是，良亦不少。是故周降一代，則為穆滿之八駿南征，徐偃西伐犬戎，而荒服不至矣；漢下一君，則為武帝之雄略，西開牂牁、越巂，北置酒泉、張掖，而天下騷然矣。嗚呼！彼豈知休養生息乃並包八荒之規模，恊順懷柔即囊括四海之度略邪？此成、康、惠、文之所以超古今而猶盛。而韋貫之屢請先取吳元濟，後討王承宗，謂憲宗曰：「陛下不見建中之事乎？始於討魏及齊，而蔡、燕、趙皆應之，卒致朱泚之亂，由德宗不能忍數年之忿欲，望太平之速成故也。」〔註77〕嗚呼！貫之有以識此矣。《易》曰：「悔亡，失得勿恤，往吉，无不利。」

上九：晉其角，維用伐邑，厲吉，无咎，貞吝。何也？葉子曰：君子不病乎剛，而病於剛之不中乎義理；不紲乎威，而紲乎威之不行於荒陬。昔者齊宣王謂孟子曰：「寡人有疾。寡人好勇。」孟子對以：「王請無好小勇。亦如文、武，大之以安天下之民，則民惟恐王之不好勇也。」〔註78〕嗟乎！君子臨民之上而有赫然之怒也，則雷霆所擊，無不摧折，何所當而不勝哉？然怒不發之義理而逞於血氣，則怒雖盛而及不遠矣，其剛不行天下之廣而祗貫包中之魚，夫豈君子之光乎？是故桓王之伐鄭〔註79〕，定公之圍成〔註80〕，君子以為陋矣，而何大勇之足言？故曰：成師以出而敗楚之二縣，何榮之有焉？下至晉景公不

〔註75〕《論語·子路》。
〔註76〕《資治通鑒》卷八十二《晉紀四》。
〔註77〕《資治通鑒》卷二百三十九《唐紀五十五》。
〔註78〕《孟子·梁惠王下》。
〔註79〕《左傳·桓公五年》：「王奪鄭伯政，鄭伯不朝。秋，王以諸侯伐鄭，鄭伯御之。」
〔註80〕《左傳·定公十二年》：「冬十二月，公圍成，弗克。」

能討陳救宋而滅赤狄潞氏〔註81〕，不能攘楚爭霸而滅甲氏留籲〔註82〕，魯成公不能強於自治而會齊伐萊〔註83〕，不能興師克敵而會晉伐鄭〔註84〕，《春秋》所不貴也。《易》曰：「晉其角，維用伐邑，厲吉，无咎，貞吝。」

明夷䷣

明夷：利艱貞。何也？葉子曰：天運之升降有晦明，世道之隆污為治亂。危言而危行，直躬而履方，君子所以順治亂焉。道傷而不保其身，真替而不有其仁，君子亦將如之何哉？飾知以驚愚，修身以明污，昭昭乎揭日月而行過也。舉世皆濁，掘其泥而揚其波；眾人皆醉，餔其糟而歠其醨。鄙也。其惟聖人乎！諗消息盈虛之運，察進退存亡之幾，遇變而通行，權而不失其正者，其惟聖人乎！是故含章而可貞，沈晦以免患，於土皆安而無所避，於我皆真而無所妄，斯其所以通天下之變而不失其常，適順時之宜而歸於道者也。昔者紂之無道極矣，遠而傷天下，以及文王；近而傷一家，以及箕子。文王、箕子不以惡免難，亦不以固傷生也。內達夫吉凶禍福之原，外盡夫化裁變通之道，身蒙夫塵垢污辱之恥，而心即乎天理人心之安，潔其道而穢其跡，清其質而濁其文，弛張而不為邪，進退而不離群，其所以思周變通而用心之極以處亂世而解傷狀者，其道為何如邪？故曰：濁世不可以富貴也，故薄遊以取位。苟出不可以直道也，故頡頏以傲世。傲世不可以垂訓也，故正諫以明節。明節不可以久安也，故詼諧以取容。不然，幸則為王允之，〔註85〕不幸則為鄭小同，〔註86〕去死無

〔註81〕《左傳‧宣公十五年》：「六月癸卯，晉師滅赤狄潞氏。」
〔註82〕《春秋‧宣公十六年》：「晉人滅赤狄甲氏及留籲。」
〔註83〕按：《春秋‧宣公七年》：「夏，公會齊侯伐萊。秋，公至自伐萊。」《春秋‧宣公九年》：「夏，仲孫蔑如京師。齊侯伐萊。」《左傳‧襄公二年》：「齊侯伐萊，萊人使正輿子賂夙沙衛以索馬牛，皆百匹，齊師乃還。」成公時，未見會齊伐萊。
〔註84〕《春秋‧成公八年》：「晉侯使士燮來聘。叔孫僑如會晉士燮、齊人、邾人伐鄭。」《左傳》：「晉士燮來聘，言伐鄭也，以其辭吳故。公賂之，請緩師，文子不可，曰：『君命無貳，失信不立。禮無加貨，事無二成。君後諸侯，是寡君不得事君也。燮將復之。』季孫懼，使宣伯帥師會伐鄭。」
〔註85〕《晉書》卷七十六《王允之傳》：「總角，從伯敦謂為似己，恒以自隨，出則同輿，入則共寢。敦嘗夜飲，允之辭醉先臥。敦與錢鳳謀為逆，允之已醒，悉聞其言，慮敦或疑己，便於臥處大吐，衣面並污。鳳既出，敦果照視，見允之臥吐中，以為大醉，不復疑之。」
〔註86〕《後漢書》卷六十五《鄭玄傳》：「玄唯有一子益恩，孔融在北海，舉為孝廉；及融為黃巾所圍，益恩赴難隕身。有遺腹子，玄以其手文似己，名之曰小同。」

幾矣；詭則為祭仲之以知，〔註87〕巧則為里克之中立〔註88〕，違道則遠矣。故曰：「鐸以聲自毀，燭以明自爍。虎豹之文來射，猿狄之捷來捕。子路以勇死，萇弘以知困。能以知為知，而未能以知為不知也。」故行險者不得履繩，出林者不得直道。夜行瞑目而前其手，事有所至而明有所不害。故曰：人能貫冥冥入於昭昭，可與言至矣。」〔註89〕嗚呼！斯文王、箕子之所以為聖乎？《詩》曰：「民之多辟，無自立辟。」〔註90〕權也。《傳》曰：「聖達節。」〔註91〕幾也。權與幾，其殆庶幾乎？非天下之至精，其孰能與於此？《易》曰：「明夷：利艱貞。」

　　初九：明夷于飛，垂其翼。君子於行，三日不食。有攸往，主人有言。何也？葉子曰：「危邦不入」而「亂邦不居」〔註92〕者，君子去就之潔也。既明且哲而災及其身者，時義適然之遭也。忠而見疑，賢而得謗，世喪道而時賤士，君子則亦超然而遠遁，翻然而高舉矣。豈知物不我貴則莫之與，而傷之者之必至乎？是故「鴻鵠高飛，一舉千里。羽翼既就，橫絕四海」〔註93〕。是曰冥冥，弋者何篡〔註94〕焉？而蒼冥決起，挾彈相驚，非意之擾，卒不成其千仞之志矣。是故不舍爵，不食炙，不枕輿，浩然而長往，是曰「蟬蛻污泥之中，以浮游塵埃之外」〔註95〕矣。而議於宋，惡於吳，嘖有煩言〔註96〕，舍者爭席，棼紛乎所如之不合，終安能遂其脫然之願哉？故明日遂行，知幾其神矣。而絕糧

李賢《注》：「《魏氏春秋》曰：『小同，高貴鄉公時為侍中。嘗詣司馬文王，文王有密疏，未之屏也，如廁還，問之曰：卿見吾疏乎？答曰：不。文王曰：寧我負卿，無卿負我。遂酖之。』」

〔註87〕　《左傳·桓公十五年》：「祭仲專，鄭伯患之，使其婿雍糾殺之。將享諸郊。雍姬知之，謂其母曰：『父與夫孰親？』其母曰：『人盡夫也，父一而已，胡可比也？』遂告祭仲曰：『雍氏舍其室而將享子於郊，吾惑之，以告。』祭仲殺雍糾，尸諸周氏之汪。公載以出，曰：『謀及婦人，宜其死也。』夏，厲公出奔蔡。六月乙亥，昭公入。」

〔註88〕　參《恒》九三注。

〔註89〕　《淮南子·繆稱訓》。

〔註90〕　《大雅·板》。

〔註91〕　《左傳·成公十五年》。

〔註92〕　《論語·泰伯》。

〔註93〕　《史記》卷五十五《留侯世家》。

〔註94〕　張九齡《感遇十二首》：「今我遊冥冥，弋者何所慕！」

〔註95〕　《史記》卷八十四《屈原列傳》。

〔註96〕　《左傳·定公四年》：「將會，衛子行敬子言於靈公曰：『會同難，嘖有煩言，莫之治也。其使祝佗從！』公曰：『善。』乃使子魚。」

於陳，有馬十乘，棄而違之矣，而猶吾崔子。〔註97〕固知聖人不能違時，時不避聖人。故程子曰：「穆生去楚，避胥靡之禍也。而申公、白公以為忘先王而責小禮。袁閎潛身土室，避黨錮之禍也，而人笑以為狂。」〔註98〕君子之不免於傷也如是哉！《易》曰：「明夷于飛，垂其翼。君子於行，三日不食。有攸往，主人有言。」

六二：明夷，夷于左股，用拯馬壯，吉。何也？葉子曰：君子避傲色，非樂諂也。惰容之著，鉗市之漸也。其次避違言，非說諛也。煩言之咋，及腕之幾也。是故一支之傷，猶可行也。不行則遍四體而及心腹，死亡不立至乎？死亡之患，當速救也。不速則自貽戚而坐待斃，知者固若是乎？《孟子》曰：「無罪而殺士，則大夫可以去。無罪而戮民，則士可以徙。」故簡子殺鳴犢，孔子臨流而不濟；〔註99〕商紂剖聖心，微子去之而不顧。〔註100〕蓋生全出於明哲而死亡由於沉溺也。嗚呼！快馬負健兒，秦公子得以橫絕乎荒漠；瘡痍得快馬，飛將軍不亦奔死而逃生乎？古之人有行之者，錢若水是已。太宗每見若水，謂之曰：「呂蒙正望得眼穿矣。」又曰：「曾見蒙正否？曾涕泣否？」若水知太宗之驕而待其臣下之薄，他日必有城旦之禍，遂致其仕去。

〔註97〕《論語・公冶長》：「崔子弒齊君，陳文子有馬十乘，棄而違之。至於他邦，則曰：『猶吾大夫崔子也。』違之。之一邦，則又曰：『猶吾大夫崔子也。』違之。」

〔註98〕《伊川易傳・明夷》初九爻。

〔註99〕《史記》卷四十七《孔子世家》：「孔子既不得用於衛，將西見趙簡子。至於河而聞竇鳴犢、舜華之死也，臨河而歎曰：『美哉水，洋洋乎！丘之不濟此，命也夫！』子貢趨而進曰：『敢問何謂也？』孔子曰：『竇鳴犢，舜華，晉國之賢大夫也。趙簡子未得志之時，須此兩人而後從政；及其已得志，殺之乃從政。丘聞之也，刳胎殺夭則麒麟不至郊，竭澤涸漁則蛟龍不合陰陽，覆巢毀卵則鳳皇不翔。何則？君子諱傷其類也。夫鳥獸之於不義也尚知辟之，而況乎丘哉！』乃還息乎陬鄉，作為陬操以哀之。」

又，《漢書》卷七十七《劉輔傳》：「谷永等上書曰：『趙簡子殺其大夫鳴犢，孔子臨河而還。』」張晏注曰：「簡子欲分晉國，故先殺鳴犢，又聘孔子。孔子聞其死，至河而還也。」

〔註100〕《史記》卷三《殷本紀》：「紂愈淫亂不止。微子數諫不聽，乃與大師、少師謀，遂去。比干曰：『為人臣者，不得不以死爭。』乃強諫紂。紂怒曰：『吾聞聖人心有七竅。』剖比干，觀其心。箕子懼，乃詳狂為奴，紂又囚之。」《正義》：「《括地志》云：『比干見微子去，箕子狂，乃歎曰：主過不諫，非忠也。畏死不言，非勇也。過則諫，不用則死，忠之至也。進諫不去者三日。紂問：何以自持？比干曰：修善行仁，以義自持。紂怒，曰：吾聞聖人心有七竅，信諸？遂殺比干，剖視其心也。』」

據此，則微子去在比干剖心之前。

嗚呼！穆生〔註101〕之後，捨斯人，吾誰與歸乎？《易》曰：「明夷，夷于左股，用拯馬壯，吉。」

六三：**明夷于南狩，得其大首，不可疾貞。**何也？葉子曰：暗君在上而有順事之臣者，人也；君暗於上而有伐暴之師者，天也。人以常處，天以變處。故曰：伊尹卷道於夏而建功於殷，非昧君臣之分也。道正天下而不徇乎邪，或違或從，不得已而就，制事之義焉耳。桀如能從，而不必求之湯，則一德之協，湯且效為德為民之美矣。其如謂人莫己若，何哉？箕子輟諫於殷而陳法於周，非反親疏之屬也。道公天下而不秘於私，或拒或納，不得已而就行，權之異焉耳。紂如能納，而不必得之武王，則九疇之授，武王且遵作福作威之戒矣。其如罔有悛心何哉！是故「易窮則變，變則通，通則久，是以自天祐之，吉无不利」〔註102〕。雖然，君臣之分，等之天地；天人之間，間不容髮。於應天順人之際，而實寓不得已之心；於救民水火之中，而猶懷冠履之念；斯聖人之所以為聖也。故曰：恭行天罰，殺商勝紂，觀兵孟津，須暇五年，豈有一毫仁不至而義不盡哉？然必以甲子至者，非與？武王伐紂，至鮪水，殷使膠鬲候周師。武王見之，鬲曰：「西伯將何之？」武王曰：「將之殷也。」膠鬲曰：「曷至？」武王曰：「將以甲子至殷郊，子以是報矣。」膠鬲行。天雨日夜不休，武王疾行不輟，軍師皆諫曰：「卒病，請休。」武王曰：「吾以令膠鬲以甲子之期報其主矣，今甲子不至，是令膠鬲不信也。其主必殺之。吾疾行，以救膠鬲之死也。」武王果以甲子至殷郊，殷已先陳矣，因戰，大克之。〔註103〕夫掩襲而取之，不義也；誤報致期而使賊其使，不辜也。行一不義，殺一不辜，而得天下，武王又肯行於當日命絕之時哉？雖然，征誅，大事也；兵戈，凶器也。宜慎重而不宜亟肆，豈特施之君臣之大分而己哉？晉文始入而教其民，二年欲用之，子犯曰：「民未知義，未安其居。」於是乎出定襄王，入務利民，民懷生矣。將用之，子犯曰：「民未知信，未宣其用。」於是乎伐原以示之信。民易資者，

〔註101〕《漢書》卷三十六《楚元王傳》：「初，元王敬禮申公等，穆生不耆酒，元王每置酒，常為穆生設醴。及王戊即位，常設，後忘設焉。穆生退曰：『可以逝矣！醴酒不設，王之意怠，不去，楚人將鉗我於市。』稱疾臥。申公、白生強起之曰：『獨不念先王之德與？今王一旦失小禮，何足至此！』穆生曰：『《易》稱『知幾其神乎！幾者動之微，吉凶之先見者也。君子見幾而作，不俟終日』。先王之所以禮吾三人者，為道之存故也；今而忽之，是忘道也。忘道之人，胡可與久處！豈為區區之禮哉？』遂謝病去。」

〔註102〕《周易·繫辭下》。

〔註103〕《呂氏春秋·慎大覽·貴因》。

不求豐焉，明徵其辭。公曰：「可矣。」子犯曰：「民未知禮，未生其恭。」於是乎大蒐以示之禮，作執秩以正其官。民聽不惑，而後用之。〔註104〕吳伐州來，楚令尹子旗請伐吳，平王不許，曰：「吾未撫人民，未事鬼神，未脩守備，未定國家，而用民力，敗不可悔。」〔註105〕既而使然丹簡上國之兵於宗丘，且撫其民，分貧振窮，長孤幼，養老疾，收介特，救災患，宥孤寡，赦罪戾，詰奸慝，舉淹滯；禮新敘舊，錄勳合親，任良物官。使屈罷簡東國之兵於召陵，亦如之。好於邊疆，息民五年，而後用師。〔註106〕夫敵國之師不敢擅興如此，而況施之天澤之際哉！霸者之兵不敢輕舉如此，而況出之聖人之身哉！《易》曰：「明夷於南狩，得其大首，不可疾貞。」

六四：入于左腹，獲明夷之心，于出門庭。何也？葉子曰：適也。何則？君子之避亂也，入山惟恐其不深，不得深山而居之，而後入山之初志乖矣；入林惟恐其不密，不得密林而居之，而後入林之初志爽矣。何也？發足之辰，翺翔萬里以為志；出門之時，肥遯天涯以矢願。莫有衡門以棲遲，不得泌水以樂饑，〔註107〕其初心始志果安在哉？子臧去曹之亂，逃奔於宋，避非其地而去國不遠，故國人得以授子臧而請曹伯，晉人得以據曹伯而求子臧，卒之復歸其國，致邑與卿而不出，〔註108〕豈臧之本心哉？《碩鼠》之首章曰：「逝將去汝，適彼樂土。樂土樂土，爰得我所。」其《卒章》曰：「逝將去汝，適彼樂郊。樂郊樂郊，誰之永號？」君子之避患也，得幽居安土而居之，初心安有不得而素志安有不愜哉？災禍所不及，徵求所不加，其梅福之吳市，管、寧、龐萌之遼東，夏馥之林廬山中乎？邵平高於四皓，以商山有帝書而瓜田非束帛之所加也；申屠蟠賢於郭泰，則以梁碭為絕跡而口舌乃倒履之所及也。是故東坡漸喜不為人所識，而菰米蓴羹鱸魚膾為豪傑之所適志者與？《易》曰：「入于左腹，獲明夷之心，于出門庭。」

〔註104〕參《師》初六爻注。

〔註105〕《左傳·昭公十三年》。

〔註106〕《左傳·昭公十四年》。

〔註107〕《陳風·衡門》：「衡門之下，可以棲遲。泌之洋洋，可以樂饑。」

〔註108〕《左傳·成公十三年》：「冬，葬曹宣公。既葬，子臧將亡，國人皆將從之。成公乃懼，告罪，且請焉。乃反，而致其邑。」十五年：「十五年春，會於戚，討曹成公也。執而歸諸京師。書曰：『晉侯執曹伯。』……諸侯將見子臧於王而立之，子臧辭曰：『前志有之曰：聖達節，次守節，下失節。為君非吾節也。雖不能聖，敢失守乎？』遂逃，奔宋。」十六年：「曹人復請於晉，晉侯謂子臧：『反，吾歸而君。』子臧反，曹伯歸。子臧盡致其邑與卿而不出。」

　　六五：箕子之明夷，利貞。何也？葉子曰：君子亦欲潔其身而未嘗忘大倫，亦欲成其知而未始乖大義。君臣父子之謂倫，君臣可去也，而父子不可離也。貴戚異姓之謂義，異姓可違也，而貴戚不可舍也。守不泥而變設，經不執而權行，聖人有微幾焉。是故宗社傾覆，身與其難，知貴戚之義當如此；被髮佯狂，甘為囚奴，知宗臣之分當如此。晦其外而固昭其內，明可晦而必不可息，此所以蒙內難而不失其正也。《傳》曰：「比干諫而死。箕子曰：『知不用而言，愚也。殺身以彰君之惡，不忠也。二者不可，然且為之，不祥莫大焉。』遂被髮佯狂而去。君子聞之曰：『勞矣箕子，盡其精神，竭其忠愛，見比干之事，免其身，仁知之至。《詩》曰：人亦有言，靡哲不愚。』〔註109〕」〔註110〕《易》曰：「箕子之明夷，利貞。」

　　上六：不明晦，初登于天，後入于地。何也？葉子曰：「天作孽，猶可違。自作孽，不可活。」〔註111〕《書》曰：「夏王滅德作威，敷虐於爾萬邦百姓。爾萬邦百姓罹其凶害，弗忍荼毒，並告無辜於上下神祇。天道福善禍淫，降災於夏，以彰厥罪。」〔註112〕又曰：「商王受昏，棄厥肆祀，弗答；昏棄厥遺王父母弟，不迪。乃惟四方之多罪逋逃，是崇是長，是信是使，是以為大夫卿士；俾暴虐於百姓，奸宄於商邑。今予發，恭行天之罰。」〔註113〕嗚呼！自古及今，始也不仁而在高位，遺患於下，終也釁罪而天降罰，卒為獨夫者，豈一二乎？故曰：信明聖者，皆受天賞，使不能為惛為忘。而忘也者，皆受天禍。昔者魯哀侯棄國而走齊，齊侯曰：「君何年之少而棄國之早？」魯哀侯曰：「臣始為太子之時，人多諫臣，臣受而不用也；人多愛臣，臣愛而不近也。是則內無聞而外無輔也。是猶秋蓬，惡於根本，而美於枝葉。秋風一起，根且拔矣。」〔註114〕「不撫其民，不可以五稔」，虢君之所以亡。〔註115〕汰而愎諫，不可以十年，楚圍之所以死。〔註116〕太史公曰：「楚靈王方會諸侯於申，誅齊慶封，

〔註109〕　《大雅‧抑》。
〔註110〕　《韓詩外傳》卷六。
〔註111〕　《尚書‧太甲中》。
〔註112〕　《商書‧湯誥》。
〔註113〕　《尚書‧牧誓》。
〔註114〕　《說苑‧敬慎》。
〔註115〕　《左傳‧僖公二年》：「虢公敗戎於桑田。晉卜偃曰：『虢必亡矣。亡下陽不懼，而又有功，是天奪之鑒，而益其疾也。必易晉而不撫其民矣，不可以五稔。』」
〔註116〕　《左傳‧昭公四年》：「楚子示諸侯侈，椒舉曰：『夫六王、二公之事，皆所以示諸侯禮也，諸侯所由用命也。夏桀為仍之會，有緡叛之；商紂為黎之蒐，

作章華臺，求周九鼎之時，志小天下。及死於申亥之家，為天下笑。操行之不得，悲夫！勢之於人，可不慎與？」〔註117〕《易》曰：「不明晦，初登于天，後入于地。」

東夷叛之；周幽為大室之盟，戎狄叛之。皆所以示諸侯汰也，諸侯所由棄命也。今君以汰，無乃不濟乎？』王弗聽。子產見左師曰：『吾不患楚矣。汰而愎諫，不過十年。』左師曰：『然。不十年侈，其惡不遠。遠惡而後棄。善亦如之，德遠而後興。』」

〔註117〕《史記》卷四十《楚世家》。

葉八白易傳卷十

家人☲☴

家人：利女貞。何也？葉子曰：《禮》〔註1〕曰：「古者天子后立六宮、三夫人，九嬪，二十七世婦，八十一御妻，以聽天下之內治，以明章婦順，故內和而家理。天子立六官、三公、九卿、二十七大夫、八十一元士，以聽天下之外治，以明章天下之男教，故外和而國治。故曰：天子聽男教，后聽女順。此之謂盛德。」又曰：「天子修男教，父道也；后修女順，母道也。」雖然，先史有言：禮本夫婦，詩始后妃，治亂因之，興亡繫焉。盛德之君，幃薄嚴奧。衷謁不干於朝，外言不納諸梱。關雎之風行，彤史之化修，故淑範懿行更為內助。若夫豔嬖之興，常在中主。第褍既接，則情與愛遷；顏詞媚熟，則事為私奪。乘易昏之明，牽不斷之柔。險言似忠，故受而不詰；醜行已效，反狃而為好。左右附之，僉壬慁之。狡謀鉗其悟先，哀誓鍵於寵初。天下之事已去而不自覺，此韋、武所以遂篡逆而喪王室也。吁！可不戒哉？是故古者必有掌陰陽之禮之官，以教後宮掌婦學之法，婦德、婦言、婦功各率其屬，而以時御序於王先王之禮也。故崇其教以先內政，覽列國，誦列傳，遵典行，內史執其彤管，紀善書過，考行黜陟，以彰好惡，男女正位乎內外，而天下定矣。故曰：二儀立而大業成。舜之二妃，后稷之姜嫄，王季之太任，文王之太姒，武王之邑姜，此其所以為天下則也。其次宋之高、曹、向、孟，蓋亦庶幾焉。呂、武賊，王、何專，賈、胡穢亂，不忍言矣。又其甚焉。若劉玄德立劉璋妻為后，周世宗取

〔註1〕《禮記·昏義》。

李崇訓妻符氏為婦。夫玄德英主，諸葛亮良輔，其為此也，奚以克曹氏為哉？世宗亦賢君，嘗與儒者讀漢史，商確大義，至於得國，立符氏為后。夫崇訓父子反逆，事敗，弟妹皆死，而符氏不能死，其非貞淑而不可為宗廟之主、王化之基明矣。世宗既殺其夫與子，取之亦何以哉？抑不見魏道武殺人之夫而納其妻，生子而弒道武？世宗讀前史，何不與儒者商確至此哉？《易》曰：「家人：利女貞。」

初九：閑有家，悔亡。何也？葉子曰：教婦初來，並踞可排。教子嬰孩，唪語何來。〔註2〕何也？志意純一，則教施而規矩日就；心不變更，則法行而恩義不傷。故君子之善於世也，莫急於家道之理。其善於理也，莫急於初始之防。謹其始而慮其後，則一日之正，終身之正也，何他患哉？舜之觀刑於二女，以格頑嚚；文之刑于寡妻，以至兄弟。可以見已。文姜瀆亂周公之禮，莊公不知閑之，使魯人習之三十餘年而莫之覺，卒至子般、閔公薦弒而後止。武曌敗壞太宗之典，高宗不知閑之，使唐室坐視三十餘年而莫之禁，卒至韋氏、楊氏煽焰而未已。故曰：嘻笑之積，其流為淫。淫亂之漸，其變為簒。不可以不慎也。《易》曰：「閑有家，悔亡。」

六二：无攸遂，在中饋，貞吉。何也？葉子曰：此天下之婦順，閨門之準儀也。《書》曰：「牝雞之晨，惟家之索。」〔註3〕蓋言女言乎外，制其夫而自專也。呂雉、武照橫淫恣惡，毒亂天下，婦道之所不忍言矣。有門庭之脩，無境外之志，其惟周之諸后躬行四教、尊敬師傅者乎？《詩》曰：「婦無公事，休其蠶織。」〔註4〕言乎女惰其勤，捨所事而自蕩也。西晉諸后未嘗知女工絲枲之業，中饋酒食之事，婦道不足言矣。精五飯，羃酒漿，養舅姑，縫衣裳，其惟周之諸后服浣浣之衣、修繁縟之禮、化天下以婦道者乎？噫！此理亂之所以分也。《易》曰：「无攸遂，在中饋，貞吉。」

九三：家人嗃嗃，悔厲，吉。婦子嘻嘻，終吝。何也？葉子曰：閨門之修，寡妻之刑也；惟家之索，恩掩之過也。何也？恩掩義則和而流，和而流則蕩而極。蕩而極，天下之禍不知其所終矣。是故與其和也，寧嚴；與其溺愛也，寧傷恩。萬石君家子弟有過，輒對案不食；騎入中庭，必欲撾責。〔註5〕則亦以

〔註2〕《顏氏家訓‧教子篇》：「教婦初來，教兒嬰孩。」
〔註3〕《尚書‧牧誓》。
〔註4〕《大雅‧瞻卬》。
〔註5〕《史記》卷一百三《萬石列傳》：「子孫有過失，不譙讓，為便坐，對案不食。然後諸子相責，因長老肉袒固謝罪，改之，乃許。……內史慶醉歸，入外門不

嚴勝矣。然不言而躬行，餘慶凡數世也。孫盛年老家居，性方嚴，有軌度，子孫雖斑白，待之愈峻。〔註6〕天下稱方焉。齊頃使婦人笑於房〔註7〕，平原致美人笑躄者〔註8〕，和而不知節，樂而不知返，卒之鞍戰敗，門客散。其為禍敗，可勝言哉！故程子曰：「謹嚴之過，雖於人情不能無傷，然苟法度立，倫理正，乃恩義之所存也。若嘻嘻無度，自恣無節，則法度之所由廢，倫理之所由亂，安能保其家乎？」〔註9〕《易》曰：「家人嗃嗃，悔厲，吉。婦子嘻嘻，終吝。」

六四：富家大吉。何也？葉子曰：禮義生於富足，乖離起於家窮。萬石君家不言而躬行，至今以為美談。王起敭歷寺省，三任節鎮，而昧於理家，耄年寒餒，至與伶人分月俸以自給。〔註10〕盧懷慎為宰相，死而老僕賣身以葬。〔註11〕若之何而使父子兄弟夫婦各得其所、各由其道哉？《詩》曰：「有女仳離，嘅其嘆矣。嘅其嘆矣，遇人之艱難矣。」〔註12〕先王之治天下，取之也薄，使之也均，所以致民之富，而使室家之相慶者，蓋有由焉。夫富其家，則可以肥其家。記曰：「父父，子子，兄兄，弟弟，夫夫，婦婦，家之肥

下車。萬石君聞之，不食。慶恐，肉袒請罪，不許。舉宗及兄建肉袒，萬石君讓曰：『內史貴人，入閭里，里中長老皆走匿，而內史坐車中自如，固當！』乃謝罷慶。慶及諸子弟入里門，趨至家。」

〔註6〕《晉書》卷八十二《孫盛傳》、《資治通鑑》卷一百二《晉記二十四》。
〔註7〕《左傳·宣公十七年》：「十七年春，晉侯使郤克徵會於齊。齊頃公帷婦人使觀之。郤子登，婦人笑於房。獻子怒，出而誓曰：『所不此報，無能涉河。』」
〔註8〕《史記》卷七十六《平原君列傳》：「平原君家樓臨民家。民家有躄者，槃散行汲。平原君美人居樓上，臨見，大笑之。明日，躄者至平原君門，請曰：『臣聞君之喜士，士不遠千里而至者，以君能貴士而賤妾也。臣不幸有罷癃之病，而君之後宮臨而笑臣，臣原得笑臣者頭。』平原君笑應曰：『諾。』躄者去，平原君笑曰：『觀此豎子，乃欲以一笑之故殺吾美人，不亦甚乎！』終不殺。居歲餘，賓客門下舍人稍稍引去者過半。平原君怪之，曰：『勝所以待諸君者未嘗敢失禮，而去者何多也？』門下一人前對曰：『以君之不殺笑躄者，以君為愛色而賤士，士即去耳。』於是平原君乃斬笑躄者美人頭，自造門進躄者，因謝焉。其後門下乃復稍來。」
〔註9〕《伊川易傳·家人》九三文。
〔註10〕孫光憲《北夢瑣言》卷二：「王文懿公起三任節鎮，揚歷省寺，贈守太尉。文宗頗重之，曾為詩寫於太子之笏以揚之，又畫儀形於便殿，師友目之曰『當代仲尼』。雖歷外鎮，家無餘財。知其甚貧，詔以仙韶院樂官逐月俸錢五百貫給之。起昧於理家，俸入其家，盡為僕妾所有，耄年寒餒，故加給焉。於時識者以起不能陳遜而與伶人分俸，利其苟得，此為短也。」
〔註11〕《舊唐書》卷九十八《盧懷慎傳》、《新唐書》卷一百二十六《盧懷慎傳》未載。
〔註12〕《王風·中谷有蓷》。

也。」〔註13〕不然，一身之瘠且不勝其痌痌然，而況其他乎！此聖人之所以不能無意焉者也。雖然，《我行其野》之詩曰：「誠不以富，亦祗以異。」〔註14〕伯張亦云：「貴而能貧，可以後亡。二三子生在敬戒，不在富也。」〔註15〕是故秦后子以車多懼選於景而奔晉〔註16〕，公叔戌以家富為衛所逐而奔魯〔註17〕，駟黑以怙富卑上為鄭所誅而屍諸周氏之衢，加木焉。〔註18〕則多聚而富厚者，又怨之府而禍之基也。故子文為之逃富〔註19〕，晏子不肯足欲〔註20〕，將以保其亡而免其死，又可以不慎乎？《禮》曰：「積而能散。」〔註21〕夫子曰：「富而好禮。」〔註22〕狐丘丈人曰：「吾祿益厚，吾施益博。」〔註23〕此則庶幾保富之道。不然，侈汰而鳴豫，鮮不敗矣。《易》曰：「富家大吉。」

〔註13〕《禮記‧禮運》：「父子篤，兄弟睦，夫婦和，家之肥也。」

〔註14〕《小雅‧我行其野》。

〔註15〕《左傳‧襄公二十二年》。《大有》初九爻已引此。

〔註16〕《左傳‧昭公元年》：「秦后子有寵於桓，如二君於景。其母曰：『弗去，懼選。』癸卯，鍼適晉，其車千乘。書曰『秦伯之弟鍼出奔晉』，罪秦伯也。後子享晉侯，造舟於河，十里舍車，自雍及絳。歸取酬幣，終事八反。」

〔註17〕《左傳‧定公十三年》：「初，衛公叔文子朝，而請享靈公。退，見史鰌而告之。史鰌曰：『子必禍矣！子富而君貪，其及子乎！』文子曰：『然。吾不先告子，是吾罪也。君既許我矣，其若之何？』史鰌曰：『無害。子臣，可以免。富而能臣，必免於難。上下同之。戌也驕，其亡乎。富而不驕者鮮，吾唯子之見。驕而不亡者，未之有也。戌必與焉。』及文子卒，衛侯始惡於公叔戌，以其富也。公叔戌又將去夫人之黨，夫人愬之曰：『戌將為亂。』」

〔註18〕《左傳‧昭公二年》：「秋，鄭公孫黑將作亂，欲去游氏而代其位，傷疾作而不果。駟氏與諸大夫欲殺之。子產在鄙，聞之，懼弗及，乘遽而至。使吏數之，曰：『伯有之亂，以大國之事，而未爾討也。爾有亂心無厭，國不女堪。專伐伯有，而罪一也；昆弟爭室，而罪二也；薰隧之盟，女矯君位，而罪三也。有死罪三，何以堪之？不速死，大刑將至。』再拜稽首，辭曰：『死在朝夕，無助天為虐。』子產曰：『人誰不死？凶人不終，命也。作凶事，為凶人。不助天，其助凶人乎！』請以印為褚師。子產曰：『印也若才，君將任之；不才，將朝夕從女。女罪之不恤，而又何請焉？不速死，司寇將至。』七月壬寅，縊。尸諸周氏之衢，加木焉。」

〔註19〕《國語‧楚語下》：「成王每出子文之祿，必逃，王止而後復。人謂子文曰：『人生求富，而子逃之，何也？』對曰：『夫從政者，以庇民也。民多曠也，而我取富焉，是勤民以自封，死無日矣。我逃死，非逃富也。』」

〔註20〕參《大有》初九爻注。

〔註21〕《禮記‧曲禮上》。

〔註22〕《論語‧學而》。

〔註23〕《韓詩外傳》卷七。

九五：王假有家，勿恤，吉。何也？葉子曰：起家求賢妻，昌國思聖後。昔者文王之為世子也，未生而胎教已寓，既生而身言之教咸備。師傅保不特為世子立之也。內設其人，必求諸母之寬裕慈惠、溫良恭敬、慎而寡言者，使為之師，其次為慈母，其次為保母，朝夕相與，正其性而淑其習，聖明夙成。及其受室也，又為之求其婦順也，求其當於夫者也。必欲於徽音之嗣有相刑，於之觀有成，而後師保傅之在諸母者可以釋然無負矣。故匡衡曰：「太上者，民之父母。后夫人之行不侔乎天地，則無以奉神靈之統而理萬物之宜。故《詩》曰：『窈窕淑女，君子好逑。』言能致其貞淑，不貳其操。情慾之感，無介於容儀；宴私之意，不形於動靜。夫然後可以配至尊而為宗廟主。此紀綱之首，王化之端也。自上世以來，三代廢興，未有不由此者也。」〔註24〕是故文得太任則興，桀得妹喜則亡；武得邑姜則治，紂得妲己則亂；齊桓得衛姬、楚莊得樊姬則霸，晉獻公得驪姬、魯莊公得文姜則敗。下至漢唐，亦莫不然。后妃之所繫，大矣哉！以天下之至順，配天下之至健，萬化之原，一本諸此。其未得之也，如之何其弗憂而哀；其既得之也，如之何其弗樂而愛？《易》曰：「王假有家，勿恤，吉。」

上六：有孚威如，終吉。何也？葉子曰：洽和萬邦，蓋自親於九族始然。堯非嬉戲於骨肉之間也，克明峻德，以作其觀感之準而已矣。文德覃敷，蓋自刑於二女始然。舜非削薄於閨門之內也，至誠感神，以敦其孚格之誠而已矣。西土是冒，蓋自刑于寡妻始然。文王非峻屬於配匹之際也，舉心加彼，以肅其範圍之具而已矣。此之謂正倫理，篤恩義以立其本；立標準，胥教誨，以齊其法；天下之所以久安而長治者也。天子以平其天下，公卿大夫以昌其家，士庶人以安其身，其揆一而已矣。不然必敗，而夫人之毀之也豈能免哉？《易》曰：「有孚威如，終吉。」

睽䷥

睽：小事吉。何也？葉子曰：人心之向背，國事成敗之機也；眾志之去留，天命予奪之會也。是故紂有臣億萬，惟億萬心，則一會牧野，而前徒倒戈；武有臣三千，惟一心，則一著戎衣，而天下大定。劉玄德曰：「濟大事，以人為本。」不其然乎？乖戾而心離，睽違而情隔，天下無復可為矣。收拾於敗亡之餘，周旋於危難之際，所得曾幾何哉？休公徒之怒，而脫甲執冰以踞，昭公卒

〔註24〕《漢書》卷八十一《匡衡傳》、《資治通鑒》卷二十九《漢紀二十一》。

不能克季氏。〔註25〕公亦「使鶴，鶴實有祿位，予焉能戰？」〔註26〕懿公卒不免為狄所滅。是可見已。不然，何玄德以區區之蜀而竟能與曹、孫抗，德宗以垂亡之緒而果能定朱泚、懷光之亂耶？噫！人心之所繫，其可畏如此。《易》曰：「睽：小事吉。」

初九：悔亡，喪馬勿逐，自復。見惡人，无咎。何也？葉子曰：時也。吾嘗驗之天下之事，不能不乖者。彼此相乘之運，不能不合者；彼此相仍之機，舉目非類矣。而德同則相應，相應則相親，相親而天下之事其庶幾矣。《詩》〔註27〕曰：「邂逅相遇，適我願兮。」又曰：「邂逅相遇，與子偕臧。」是故同舟而遇風，則胡越可使相救如左右手，況同德則不介而自親；並行而遇虎，則仇敵可使相擊如父子兵，況同道則不謀而自合。其裴寂之於劉文靜乎？晉陽宮監裴寂與劉文靜同宿，見城上烽火。寂歎曰：「貧賤如此，復逢亂離，將何以自存」靜笑曰：「吾二人相得，何憂貧賤？」卒與秦王深自結納，以成大功。〔註28〕夫同德則親矣，而非類亦不可不容之。容之則禮恭，禮恭則情順，情順而外至之禍庶其弭乎？《詩》〔註29〕曰：「人之無良，我以為兄。」又曰：「人之無良，我以為君。」是故人善我，我亦善之；人不善我，亦不善之。蠻貊之言也。人善我，我亦善之；人不善我，則引之。朋友之言也。人善我，我亦善之；人不善我，我亦善之。親屬之言也。其劉文靜、裴寂勸唐高祖推獎李密乎？高祖以書招密，密自恃兵強，欲為盟主，使祖君彥復書曰：「所望左提右挈，戮力同心，執子嬰於咸陽，殪商辛於牧野，豈不盛哉？」且欲使高祖以步騎數千自至河內而結盟約。高祖得書，笑曰：「密妄自矜大，非折簡可致。吾方有事關中，若遽絕之，是更生一敵，不如卑辭推獎，以驕其志，使為我塞成皋之道，綴東都之兵，我得專意西征。候關中平定，據險養威，徐觀鷸蚌之勢，以收漁人之功，未為晚也。」使溫大雅復書曰：「天生烝民，必有司牧。當今為

〔註25〕《左傳‧昭公二十五年》：「公使郈孫逆孟懿子。叔孫氏之司馬鬷戾言於其眾曰：『若之何？』莫對。又曰：『我，家臣也，不敢知國。凡有季氏與無，於我孰利？』皆曰：『無季氏，是無叔孫氏也。』鬷戾曰：『然則救諸！』帥徒以往，陷西北隅以入。公徒釋甲執冰而踞，遂逐之。孟氏使登西北隅，以望季氏。見叔孫氏之旌，以告。孟氏執郈昭伯，殺之於南門之西，遂伐公徒。子家子曰：『諸臣偽劫君者，而負罪以出，君止。意如之事君也，不敢不改。』公曰：『余不忍也。』與臧孫如墓謀，遂行。」

〔註26〕《左傳‧閔公二年》。

〔註27〕《鄭風‧野有蔓草》。

〔註28〕《資治通鑒》卷一百八十三《隋紀七》。

〔註29〕《鄘風‧鶉之奔奔》。

牧，非子而誰？老夫年踰知命，願不及此。欣戴大弟，攀鱗附翼，惟望早膺圖籙，以寧兆民宗盟之長。屬籍見容，復封於唐，斯榮足矣。殪商辛於牧野，所不忍言；執子嬰於咸陽，未敢聞命。汾晉左右，尚須安輯；盟津之會，未卜其期。」密得書，喜曰：「唐公見推，天下不足定矣。」〔註30〕不然，有德而不就，是為棄璧；不肖而不敬，是為狎虎。難乎免於古人之譏矣。何以處乖離之世乎？《易》曰：「悔亡，喪馬勿逐，自復。見惡人，无咎。」

六二：遇主于巷，无咎。何也？葉子曰：犧象不出門，嘉禮不野合，君臣之際亦大矣，豈可苟焉而已哉？雖然，乖離之世，變所從來久矣，非意者有來污之勤，義合者多阻難之跡，君子果將如之何？亦曰人有求我者，我當廣其包容之量，無絕人可也；我當求人者，更須切乎懇勤之情，無自絕可也。時之不可如何，惡人亦且見矣，而況君臣之分乎！是故主雖無下交之情，而臣不可無上求之願；彼雖有孑然之意，而我不可無委曲之情。常禮不得拘，而多方以求其必合；儀文不必勝，而折節以期其必從。不會之於通都大塗之中，而會之委曲周旋隘僻之地，則其情迫切而君臣之分不虧，其跡若邪而無所逃之義始得矣。不然，是為輕棄其君而枉擲乎義，其如大倫之亂何哉！嗚呼！斯趙子龍所以艱難百戰而求先主也。然則舜之於堯，禹之於舜，皋陶、稷、契之於禹，伊尹之於湯，太公之於武，幸之幸者也。孔明之於劉禪，陸贄之於唐德，李綱、趙鼎之於宋高，其有良工之苦心乎！《易》曰：「遇主於巷，无咎。」

六三：見輿，曳其牛，掣其人，天且劓，无初有終。何也？葉子曰：古之君子未嘗不欲得英雄之偶，以成天下之事；全道義之交，以立萬世之功也。顧其時位之所遭，機會之所厄，有不得以如其意者。王陵之歸漢高，徐庶之從玄德，豈不欲成魚水之歡以赴功名之會哉？不幸而遭項羽之強、曹操之狡，取其母以去，則情牽而心亂，若曳於後而不使之進；志惑而意乖，實阻於前而欲援以去矣。行者舉足而不遂所往，需者久盼而不見其來，則君子之心日窮而疑似之跡雜起，豈非所遭之不幸哉？所幸陵母伏劍，使其子得以安意沛公；而玄德素以仁孝相與，不羈元直之去也。不然，君臣之際亦難矣哉！雖然，此不幸耳。邪無勝正之理，間有必去之機，亦在君子自持其志何如耳。雲長、公瑾可見也矣。邪豈終能奪之哉？《易》曰：「見輿，曳其牛，掣其人，天且劓，无初有終。」

〔註30〕《資治通鑒》卷一百八十四《隋紀八》。

九四：睽孤。遇元夫，交孚，厲无咎。何也？葉子曰：九官十二牧都俞籲咈於堯舜之朝，以成雍熙之治者，幸之幸也。武曌之世，舉朝皆周臣矣，狄仁傑以孤危之身而得荊州長史張柬之薦之，曰：「宰相材也。」又得桓彥範、敬暉等布之腹心，卒反周而為唐。苗劉之變，赦書至平江矣，張浚以單隻之身，得韓世忠由海道將赴行在，曰：「世忠來，吾事濟矣。」又得張俊、呂頤浩、劉光世等，約共起兵，卒復宋明辟。豈非不幸中之甚幸乎？然則君子立人之本，朝而孑然惟一身，天下之事宜無望矣。苟有同德之相信，彼此之相資，不尚有瘳乎哉？杜慆之遇辛讜亦然。龐勳之亂，杜慆守泗州，孤危殊甚。辛云：「京之孫讜與慆有舊聞，勳作亂，詣泗勸慆避之。慆曰：誓與將士共死此城。」讜曰：「公能如是，僕當與公同死。」時賊勢猖獗，官軍數不利，晝夜攻泗不息，使救使郭元本將兵救泗。至洪澤，畏賊不敢進。讜夜乘小舟潛渡，說元本，不聽。讜乃回望泗州，慟哭終日，士卒皆為流涕。元本乃以五百人與之，讜率以擊賊，賊敗走，寇和州。救使崔融引賊入城，賊遂大掠泗州，援絕糧盡，讜率敢死士十人破賊小寨而出。明旦，賊以五千人追之，讜力鬥二十五里，乃得免。至揚州，見令狐絢。至潤州，見杜審權。權乃遣兵二千人，與淮南共輸米五千斛、鹽五百斛以救泗。讜率以至楚州，賊水陸布兵，讜募敢死士數十人，先以四舟乘風獨進，死戰得入城。復自泗州引梟勇四百人迎糧於揚潤，賊夾岸攻之，轉戰四百里，乃得出至廣陵。舟載米鹽錢至斗山，賊拒之於盱眙。讜復艱難萬端，血戰得入城。馬舉將兵救之，殺賊將，泗州圍遂解。同心之助乃如此。雖然，未易言也。難不生於乖而生於合，禍不起於敗而起於成。五王自以志合而難削，道協而功成，無復他事，而安意肆志。三思之凶，塊然視之如几上肉矣。而不知莫大之慘起於忽然之頃，滔天之禍作於不測之中。是以聖人於此有過慎焉。呂頤浩軍次秀州，亦諭諸將曰：「今雖反正，而賊猶握兵居內事。若不濟，必反以惡名加我。翟義、徐敬業可以鑒也。」〔註31〕其可以不知所慎乎？古之人有言曰：「聽於人以救難，不可以言武；借人之力以救其死，不可以為能。」審諸此而自惕可也。而乃有侈心焉，若季文子以鞍之戰立武宮，季武子以平陰之役作林鍾，陋矣。《易》曰：「睽孤。遇元夫，交孚，厲无咎。」

六五：悔亡。厥宗噬膚，往何咎？何也？葉子曰：古之為君者，濟天下之難也，得人則易，失人則難。古之為臣者，與人以濟難也，未合則難，既合則

〔註31〕《宋史》卷三百六十二《呂頤浩傳》。

易。方成湯之獨處也，夏臺之辱，不能免矣，其何以有於伐夏救民也？及得伊
尹，而四征無敵矣。方先主之孤立也，奔走之禍，無日無之矣，其何以有於三
分鼎足也？及得孔明，而祀漢配天矣。又何必卜征五年而觀兵累歲哉？方伊尹
之囂囂，成湯若不得而有之也，幡然一改，則若身臂之相使矣方。孔明之高臥
先主，若不得而有之也，三顧一起，則若魚水之相契矣。又何必饋樂以釣由余，
刻像以求傅說哉〔註32〕伐夏救民，扶漢九鼎，成湯、先主之慶何如矣。故曰：
「聖賢之相接也，不待久而親；能者之相見也，不待試而知。桓公之舉寧戚，
以扣角之歌；孔子之禮鮑龍，以跪石登嶧；堯、舜相見，不違桑陰；文王舉太
公，不以日久。」〔註33〕明良相遇，有自來矣。後世若桓溫奉天子命，將銳兵
十萬，為百姓除殘賊，而三秦豪傑未有至焉。公孫述征李業，而業死；〔註34〕

〔註32〕《後漢書》卷七十九下《儒林列傳下・謝該》錄孔融薦表：「後日當更饋樂以
釣由余，剋像以求傅說，豈不煩哉？」李賢《注》：「《史記》曰：『由余，其先
晉人也，亡入戎，能晉言。戎王聞繆公賢，故使由余觀秦。秦繆公示以宮室積
聚。由余曰：使鬼為之，則勞神矣；使人為之，亦苦人矣。繆公退而問內史廖
曰：孤聞鄰國有聖人，敵國之憂也。今由余寡人之害，將奈何？廖曰：戎王處
僻，未聞中國之聲，君試遺以女樂，以奪其志；為由余請，以疏其閒；留而莫
遣，以失其期。戎王怪之，必疑由余。君臣有閒，乃可慮也。乃令內史廖以女
樂二八遺戎王，戎王受而說之。由餘數諫不聽，繆公又數使人閒要由余，由余
遂去降秦。』」
　　另，李昉《太平御覽》卷八十三：「《帝王世紀》曰：『武丁即位，諒闇，居凶
廬，百官總己，聽於冢宰，三年不言。既免，哀猶不言。群臣諫，武丁於是思
建良輔，夢天賜賢人，姓傅名說，乃使百工寫其像，求諸天下。見築者胥靡，
衣褐帶索，役於虞虢之間，傅岩之野，名說。登以為相，享國五十九年，年百
歲。』」
〔註33〕《說苑》卷八《尊賢》：「眉睫之微，接而形於色；聲音之風，感而動乎心。寧
戚擊牛角而商歌，桓公聞而舉之；鮑龍跪石而登嶧，孔子為之下車；堯、舜相
見，不違桑陰；文王舉太公，不以日久。故賢聖之接也，不待久而親；能者之
相見也，不待試而知矣。」
〔註34〕《後漢書》卷八十一《獨行列傳・李業傳》：「及公孫述僭號，素聞業賢，微之，
欲以為博士，業固疾不起。數年，述羞不致之，乃使大鴻臚尹融持毒酒、奉詔
命以劫業：若起，則受公侯之位；不起，賜之以藥。融譬旨曰：『方今天下分
崩，孰知是非？而以區區之身，試於不測之淵乎！朝廷貪慕名德，曠官缺位，
於今七年，四時珍御，不以忘君。宜上奉知己，下為子孫，身名俱全，不亦憂
乎！今數年不起，猜疑寇心，凶禍立加，非計之得者也。』業乃歎曰：『危國
不入，亂國不居。親於其身為不善者，義所不從。君子見危授命，何乃誘以高
位重餌哉？』融見業辭志不屈，復曰：『宜呼室家計之。』業曰：『丈夫斷之於
心久矣，何妻、子之為？』遂飲毒而死。述聞業死，大驚，又恥有殺賢之名，
乃遣使弔祠，賻贈百匹。業子翬，逃避不受。」

聘譙玄〔註35〕，徵王皓、王嘉，而皆自殺〔註36〕；費貽漆身佯狂以避辱〔註37〕，任永、馮信託青盲以辭命〔註38〕。其於功業何如哉？《易》曰：「悔亡厥宗。噬膚，往何咎？」

上九：睽孤，見豕負，塗載鬼一車。先張之弧，後說之弧。匪寇，婚媾。往遇雨則吉。何也？葉子曰：猜不生於疑而生於信，信之深，是以有間則疑生。疑不生於暗而生於明，明之極，是以有疑則反暗。陸贄有言：「謀吞眾略者，有過慎之防；照明群疑者，有先事之察。」〔註39〕然則形跡之貳，安能為旄丘之量乎？《詩》曰：「何其處也？必有與也。何其久也？必有以也。」〔註40〕多日之不來，則雜然之惑起，是故本潔也而蒙穢之疑生，本正也而崇邪之疑作，本親也而仇讎之怒發，其能已於紛紛之故乎？然惟天下之至明，為能生天下之至疑；亦非天下之至明，不能舉群疑而頓釋也。是故其初雜然而疑，其後渙然而解矣。其齊子旗之事耶？子尾卒，子旗欲治其室，殺梁嬰，逐子工、子車，而立子良氏之宰。其臣曰：「孺子長矣，而相吾室，欲兼我也。」授甲，將攻之。陳桓子善於子尾，亦授甲，將助之。或告子旗，子旗不信，則數人告。將往，數人告於道，遂如陳氏。桓子請命。對曰：「聞彊氏授甲將攻子，子聞諸？」

〔註35〕「玄」，底本作「元」。據改。按：《後漢書》卷八十一《獨行列傳·譙玄傳》：「後公孫述僭號於蜀，連聘不詣。述乃遣使者備禮徵之；若玄不肯起，便賜以毒藥。太守乃自齎璽書至玄廬，曰：『君高節已著，朝廷垂意，誠不宜復辭，自招凶禍。』玄仰天歎曰：『唐堯大聖，許由恥仕；周武至德，伯夷守餓。彼獨何人，我亦何人。保志全高，死亦奚恨！』遂受毒藥。玄子瑛泣血叩頭於太守曰：『方今國家，東有嚴敵，兵師四出。國用軍資，或不常充足。願奉家錢千萬，以贖父死。』太守為請，述聽許之。玄遂隱藏田野，終述之世。」

〔註36〕《後漢書》卷八十一《獨行列傳·李業傳》附：「初，平帝時，蜀郡王皓為美陽令，王嘉為郎。王莽篡位，並棄官西歸。及公孫述稱帝，遣使徵皓、嘉，恐不至，遂先係其妻、子。使者謂嘉曰：『速裝，妻、子可全。』對曰：『犬馬猶識主，況於人乎！』王皓先自刎，以首付使者。述怒，遂誅皓家屬。王嘉聞而歎曰：『後之哉！』乃對使者伏劍而死。」

〔註37〕《後漢書》卷八十一《獨行列傳·譙玄傳》附：「時亦有犍為費貽，不肯仕述，乃漆身為厲，陽狂以避之，退藏山藪十餘年。」

〔註38〕《後漢書》卷八十一《獨行列傳·李業傳》附：「是時，犍為任永及業同郡馮信，並好愛博古。公孫述連徵命，待以高位，皆託青盲，以避世難。永妻淫於前，匿情無言；見子入井，忍而不救。信侍婢亦對信姦通。及聞述誅，皆盥洗更視曰：『世適平，目即清。』淫者自殺。光武聞而徵之，並會病卒。」

〔註39〕陸贄《翰苑集》卷十五《興元論續從賊中赴行在官等狀》、《資治通鑑》卷二百三十《唐紀四十六》，無「者」字。

〔註40〕《邶風·旄丘》。

曰：「弗聞。」「子盍亦授甲？無宇請從。」子旗曰：「子胡然？彼，孺子也。吾誨之，猶懼其不濟，吾又寵秩之，其若先人何？子盍謂之。《周書》曰：『惠不惠，懋不懋。』所以服弘大也。」桓子稽顙曰：「頃、靈福子，吾猶有望焉。」遂和之如初。〔註41〕《易》曰：「睽孤，見豕負塗，載鬼一車。先張之弧，後說之弧。匪寇，婚媾。往遇雨則吉。」

蹇䷦

蹇：利西南，不利東北，利見大人，貞吉。何也？葉子曰：不能無難者，天運晦塞之機；濟難以道者，人事解紛之善。濟難奚以善？平易為善。衛侯之在楚丘，大布之衣，大帛之冠，務財訓農，通商惠工，敬教勸學，授方任能。越王之棲會稽，身稱為臣，妻稱為妾，十年生聚，十年教訓。斯之為道之中而治之善也。若燕丹之作聰，姜維之徼幸，則艱險而道窮，困益甚矣。濟難孰為道？得人曰道，得道曰貞。彭城之圍，宋告急於晉。曹操破荊州，順流東下，吳與漢連和，無往而不有功也。若郯以不弔滅，黃以無援亡，則自取禍而已矣。炎漢之微，劉備與操為水火，操以急，備以寬；操以暴，備以仁；操以譎，備以誠。何事之不濟？何天下之不定哉？若袁紹之貪殘，呂布之反覆，滅亡何足怪也。《易》曰：「蹇：利西南，不利東北，利見大人，貞吉。」

初六：往蹇來譽。何也？葉子曰：最不可犯者，天下之難；最不可及者，見幾之明。《傳》曰：「人皆曰予知，驅而納諸罟擭陷阱之中而莫之知避也。」〔註42〕然則不往以犯難，見險而能持，不亦明智矣哉？袁閎於黨事未起之前，名德之士方鋒起，而獨潛身土室，人以為狂生，而卒免黨錮之禍，天下稱哲焉。〔註43〕范滂等非訐朝政，自公卿以下皆折節下之，大學生爭慕其風，以為文學將興，處士復用。申屠蟠獨歎曰：「昔戰國之世，處士橫議，列國之主至為擁彗先驅，卒有焚書坑儒之禍。今之謂矣。」乃絕跡於梁碭之間，因樹為屋，自同傭人。二年，滂等果罹黨錮之禍，惟蟠超然免於評論。〔註44〕《易》曰：「往蹇來譽。」

〔註41〕《左傳‧昭公八年》。
〔註42〕《中庸》。
〔註43〕《伊川易傳‧明夷》初九爻、張獻翼《讀易紀聞》卷三《明夷》用此事。
〔註44〕《後漢書》卷五十三《申屠蟠傳》。

六二：**王臣蹇蹇，匪躬之故。**何也？葉子曰：經營於其心者，輾轉反側而不敢寧；謀為於其事者，宵衣旰食而不遑暇。所謂出則支敵國外患，入則備法家拂士者，〔註45〕其後主之諸葛亮乎？其言曰：「受任於敗軍之際，奉命於危難之間，爾來二十有一年矣。」〔註46〕又曰：「鞠躬盡瘁，死而後已。至於成敗利鈍，非臣所能逆睹。」〔註47〕何如其任事之煩哉！而豈以其一身一家也哉？其次劉、石交亂，懷、愍蒙塵，未聞遠近有勤王之師，獨張實遣兵入援。至於長安不守，諸軍逃散，惟涼州義眾千人守死不移。後又遣司馬韓璞將兵伐漢，雖卒不進，不能成討賊之功，抑亦莫可得而尤矣。《易》曰：「王臣蹇蹇，匪躬之故。」

九三：**往蹇來反。**何也？葉子曰：升乎廟堂則時不可為，反乎衡門則泌可樂饑〔註48〕。《詩》云：「我思古人，實獲我心。」〔註49〕又曰：「惠而好我，攜手同歸。」〔註50〕其兩疏之解組，顧榮、張翰歸就菰菜蓴羹鱸魚膾〔註51〕者耶？《易》曰：「往蹇來反。」

六四：**往蹇來連。**何也？葉子曰：勢孤者屈，力弱者蹶。履平世則然也，況艱難多故之秋乎！率單力而扼虎，祇見其磨牙而已矣。然則若之何而可納強援，就有道，天下之事庶有瘳乎？昔者孔明伐蜀，申好江東；樂毅破齊，先結韓、趙。雖以武王牧野之師，亦誓友邦，遠及庸、蜀、彭、濮八國之人，共為犄角之勢，而後大武之功成。以齊桓二十四年之積，必盟於貫，服江、黃，俾各守其地，按兵不動，以為八國之援，而後伐楚之謀舉。天下事果可以單弱為之乎？是故陸賈勸平、勃之交歡，許、遠合張巡而共守，未可謂不知也。雖然，不探其本，不求諸己，而惟外權之是藉，則非惟不足以濟難，而實以生難矣。小足以亡身，大足以亡國。若歸父藉晉人以去三桓而奔齊，子孔藉楚師以去諸

〔註45〕《孟子·告子下》：「入則無法家拂士，出則無敵國外患者，國恒亡。」
〔註46〕《出師表》。
〔註47〕《後出師表》。
〔註48〕參《明夷》六四爻注。
〔註49〕《邶風·綠衣》。
〔註50〕《邶風·北風》。
〔註51〕《晉書》卷九十二《文苑列傳·張翰傳》：「齊王冏辟為大司馬東曹掾。冏時執權，翰謂同郡顧榮曰：「天下紛紛，禍難未已。夫有四海之名者，求退良難。吾本山林間人，無望於時。子善以明防前，以智慮後。」榮執其手，愴然曰：「吾亦與子採南山蕨，飲三江水耳。」翰因見秋風起，乃思吳中菰菜、蓴羹、鱸魚膾，曰：「人生貴得適志，何能羈宦數千里以要名爵乎！」遂命駕而歸。著首丘賦，文多不載。俄而冏敗，人皆謂之見機。」

大夫而身殺，魯哀藉越兵以去季氏而遜國，此亡其身者也。何進召外兵以誅宦官而亡漢，崔昌遐召朱全忠以除宦官而滅唐，此亡其國者也。而又可以不慎乎？《易》曰：「往蹇來連。」

九五：大蹇朋來。何也？葉子曰：大劇之難，非一人之拯；大廈之傾，非一木之支。當堯之時，天下猶未平，洪水橫流，草木暢茂，五穀不登，禽獸逼人，堯獨憂之，舉舜而敷治焉。舜使益掌火，使禹治水，使稷播種，使契為司徒，使皋陶為士師，上也。秦政之暴，如沃油火，而項羽仍之，漢高提三尺，以一身排天下之難，而元功之助者十八人。王莽以滔天之惡，起諸盜如狼群，光武以絳冠大衣，欲復明堂之禮祀，而豪傑之助者二十八人。隋煬之末，天下鼎沸，唐祖、太宗欲以身易天下之暴，而英俊之助者二十四人。次也。關既死，飛又死，雲又死，孔明遠守漢川，而玄德以暮年壯心，伐吳報志，不逞君臣幽明之憤，而反為後生新進之困，則天也，而非人矣。嗚呼！何其不幸之甚哉！《易》曰：「大蹇朋來。」

上六：往蹇來碩，吉，利見大人。何也？葉子曰：天下有不可成之事，拘攣者恒致敗以益困；天下有可幸成之功，沈機者每因物以為利。懷、愍之禍慘矣，中國之亂極矣。如顧榮、賀循、紀瞻、卞壼、刁協、祖逖、周顗、陶侃之類，其忠義之心、英達之才，豈不可以力致中原，光復舊物也？然而天厭厥德，勢窮力阻，賈氐之事可知已矣，將何為哉？從王導之計謀，倚琅琊之位號，憑依舊業，以為新圖，則東晉復興，而司馬氏之祀不廢，元功之名不泯，一時之稍安可居，而百世之忠義不失，豈不偉哉？李克用誅王行瑜，掃清闕庭，請乘勝取李茂貞，奉詔而止，又欲入朝，蓋寅諫沮之，遂引兵歸。而茂貞驕橫如故，河西州縣多為所擾。夫克用誠能輕身入覲，力陳茂貞不誅、終為後患之意，或據「將在軍，君令有所不受」之律，蕩清岐華，駐師郊甸，釋戎服以見天子，身輔朝政，修明紀律，使東寇不得西略，王室見安矣。釋此不為，而區區疲力於幽州，爭地於燕薊，遂使全忠先手移奪唐祚，晉陽岌岌，幾不能保。此豈所謂沈幾先物，因物為利者乎？《易》曰：「往蹇來碩，吉，利見大人。」

解䷧

解：利西南，無所往，其來復吉，有攸往，夙吉。何也？葉子曰：天下之大難方殷，其猶人之大病初起乎？不平易則險思邪慮，精已竭而益竭；不安靜

則蹂動妄為，形已疲而益疲。其不羸瘠枯槁而死者幾希矣。聖人知其然，則不敢以煩苛嚴急治之也。濟之以寬大，使民樂而安；行之以簡易，使民法而守。則人心懷而天下定矣。湯去桀之虐而以寬代，武誅紂之暴而反商政，漢高除秦之苛而約法三章，唐高戡隋之亂而約法十二條，蓋有以識此矣。其為開基創業之聖主也，不亦宜乎！不然如水益深，如火益熱，是項羽、曹操而已矣，豈所以升太平、建萬世不拔之基哉？雖然，此固圖成保定之要道矣。不思所以安定而鎮固，可乎？芟夷甫就，天下之事不足為矣，則居其所而不動，與天下相安於無事。若武王歸馬華山，放牛桃林；若光武置兩子於度外，閉玉門關而謝匈奴可也。漢高已定天下而復伐匈奴，唐太宗已成大業而復征突厥，不幾於復治而為亂乎？媒孽未盡，天下事尚當為之也，則我是用瓯，以除孔熾之禍；不遑啟處，以圖有那之居。若周公不免三監之誅，而旋為東山之返；若漢高自將擊陳豨、黥布，而即還過沛宮可也。晉文盟踐土，成霸業矣。不反故絳，休兵息民，又合諸侯以會溫，率諸侯以圍許。吳光九年冬伐楚，至十年秋未還，不幾於因事而生事乎？故曰：時以靜安，機以早斷。噫！非「聰明睿知神武而不殺者」〔註52〕，其孰能與於此？《易》曰：「解：利西南，無所往，其來復吉，有攸往，夙吉。」

初六：无咎。何也？葉子曰：上有開泰之人，而我非自靖之徒，則孽由己作，自貽伊戚矣。己有恬靜之守，而上無翼運之主，則「其何能淑，載胥及溺」〔註53〕矣。生太平之盛世，負太平之厚德，為太平之逸民，而履太平之定業者，其無懷氏之民歟？葛天氏之民歟？堯、舜在上之巢、由與？東京之父老、三輔之孝悌力田與？公孫度威行海外，中國人士避亂者多歸之，北海管寧、邴原、王烈皆往依焉。抑亦其近似者已矣。莊生有言：「市南僚弄丸而兩家之難解，孫叔敖甘寢秉羽而郢人投兵。」〔註54〕則彼必有不道之道，不言之辨。德休乎道之所一，而言休乎知之所不知矣。《易》曰：「无咎。」

九二：田獲三狐，得黃矢，貞吉。何也？葉子曰：無曰難平，闌興；無曰亂已，將為亂始。陰陽消息之運，《剝》之後有《復》，即《夬》之餘藏《姤》也。太平甫定之日，能無讒邪惡佞之徒伏於其間乎？霍光、上官並受武之託，丙、魏、恭、顯雜居宣之朝，是未可以安志也，其惟搜而去之乎？邪媚之見執，

〔註52〕《周易·繫辭上》。
〔註53〕《大雅·桑柔》。
〔註54〕《莊子·徐无鬼》。

則中直之士噓吸而自至矣；妖惑之必剔，則剛正之朋旋轉而來矣。何也？君子小人相為水火冰炭，不容一刻並焉者也。世無明德，則小人者害君子者也。故曰：「使杞得志，吾屬無唯類矣。」〔註55〕世有善政，則君子者誅小人者也。故曰：「隼者，禽也。弓矢者，器也。射之者，人也。」〔註56〕去小人而得君子，獵禽獸而不失其所以獵之之具焉，豈非必然之勢而一定之理乎？周公去三叛人，而周公委任之權為益重；霍光誅上官桀等，而霍光秉執之勢為益隆。固理也，亦勢也。故楚莊好獵，大夫諫，王曰：「吾獵將以求士也。其榛叢刺虎豹者，吾是以知其勇也。其攫虎兕者，吾是以知其勁有力也。罷田而分所得，吾是以知其仁也。」因是道也而得三士焉。〔註57〕《易》曰：「田獲三狐，得黃矢，貞吉。」

六三：負且乘，致寇至，貞吝。何也？葉子曰：負也者，小人之事也；乘也者，君子之器也。小人而乘君子之器，盜斯奪之矣，其叔世之變乎？昔者《詩》〔註58〕之言曰：「我覯之子，乘其四駱。乘其四駱，六轡沃若。」而先之曰：「我覯之子，維其有章矣。維其有章矣，是以有慶矣。」又曰：「君子來朝，何錫予之。雖無與之，路車乘馬。」而申之曰：「樂只君子，萬福攸同。便便左右，亦是率從。」然則先王之世，夫豈有不可乘而己或乘之者哉？夫豈有己乘之而人或奪之者哉？《傳》曰：「官人，國之急也。能官人，則民無覦心。」〔註59〕斯之謂矣。惟夫市井販夫之徒而居公卿大夫之位，則有以起不平之心而致施奪之教，此天下之所以多紛紛也。於人乎何尤？舟之僑曰：「無德而祿，殃將至矣。」〔註60〕語云：「家有不宜之財則傷。」〔註61〕又曰：「無實而喜其名者削，無德而望其福者約，無功而受其祿者辱，禍必握。」〔註62〕蓋言天之所助弗在不信，人之所助弗在不順也。昔者鄭尉止、司臣、侯晉、堵女父、子師僕率賊以殺子駟、子國、子耳，而《春秋》書曰「盜」。〔註63〕說之者曰：

〔註55〕 《資治通鑑》卷二百二十六《唐紀四十二》：「它日杞得志，吾族無類矣。」
〔註56〕 《周易·繫辭下》。
〔註57〕 《說苑·君道》。
〔註58〕 《小雅·采菽》。
〔註59〕 《左傳·襄公十五年》。
〔註60〕 《左傳·閔公二年》。
〔註61〕 《戰國策·秦一》。
〔註62〕 《戰國策·齊四》。
〔註63〕 《春秋·襄公十年》：「冬，盜殺鄭公子騑、公子發、公孫輒。」《左傳》：「冬，十月戊辰，尉止、司臣、侯晉、堵女父、子師僕帥賊以入，晨攻執政於西宮之

鄭之從楚，以勞中國，皆騑之罪也。鄭成公卒之初，諸大夫欲從晉。騑以官命未改，止之。及鄔之役，僖公如會，以從中國，而騑弒之。及楚子囊伐鄭，子展欲堅守以待晉，而騑請從楚，以任其咎。故騑者，從夷之人，而弒君之賊，不可以當國也。而發、輒惟騑是從，惡積而不可掩，鄭不能討，而盜得殺之，所謂「上慢下暴」而「致寇至」。孔子以為「盜之招也」。噫！居高位者其知所戒也哉！「唐王鐸厚於奉養，徙義昌節度使，過魏州，侍妾成列，服御鮮華，魏博節度使樂彥貞之子從訓圍而殺之，掠其侍妾，彥貞以遇盜聞，朝廷不能詰。胡致堂曰：『鐸在相位，不明是非，用盧攜而沮鄭畋，信裴渥而庇宋威。一年之間，使賊大熾。及為都統，又不能式遏黃巢，更生劉漢宏一寇。然則謀議乖刺，施置乖方，政之所殺多矣。』」〔註64〕豈非所謂「上慢下暴，盜斯奪之」〔註65〕者與？不寧惟是。「秦楊以田農而甲一州，翁伯以販脂而傾縣邑，張氏以賣醬而逾侈，質氏以洗削而鼎食，濁氏以冒脯而連騎，張里以馬醫而擊鍾，皆越法矣。」〔註66〕夫豈自保之道哉？知幾者，惟虞玩、鄭綮而已矣。虞玩遷司空，謂賓客曰：「以我為三公，是天下無人矣。」陳讓不聽，未久而遁去。〔註67〕鄭綮拜平章事，堂吏往告之。綮搔首曰：「歇後鄭五作相，時事可知矣。」未幾而致其事。〔註68〕不亦賢矣乎？《易》曰：「負且乘，致寇至，貞吉。」

九四：解而拇，朋至斯孚。何也？葉子曰：君子小人不容並處，屏邪來正，所當慎幾。昔者桓公觀於廐，問於廐吏：「何事最難？」廐吏未對。管仲對曰：「夷吾常為圉人矣，傅馬棧最難。先附曲木，曲木又求曲木。曲木已傅，直木〔註69〕無所施矣。先傅直木，直木又求直木。直木已傅，曲木亦無所施矣。」〔註70〕然則為天子之耳目股肱而比狎客，為國家之柱石元老而昵柔邪，凡有道

朝，殺子駟、子國、子耳，劫鄭伯以如北宮。子孔知之，故不死。書曰『盜』，言無大夫焉。」
〔註64〕《資治通鑒綱目》卷五十二。
〔註65〕《周易·繫辭上》：「小人而乘君子之器，盜思奪之矣；上慢下暴，盜思伐之矣。」
〔註66〕見《漢書》卷九十一《貨殖傳》。
〔註67〕《太平御覽》卷二百〇八《職官部六》：「《晉中興書》曰：虞玩，字士瑤。王導、郗鑒、庾亮相繼薨，遷玩為司空，給羽林四十人。玩比陳讓不聽，既拜歎息謂賓客曰：『以我為三公，是天下無人矣。』談者以玩為知言。」
〔註68〕《舊唐書》卷一百七十九《鄭綮傳》、《新唐書》卷一百八十三《鄭綮傳》。
〔註69〕「木」，底本誤作「本」，據《管子》及下文改。
〔註70〕《管子·小問第五十一》。

德之守、仁義之操者，能不望望然而去之乎？蒍子馮嬖八人者，而申叔時遠之；〔註71〕郭子儀任吳曜，而僚佐去之。〔註72〕君子當知所自反矣。必也，斥去小人則君子之党進而情相得，屏逐陰邪則剛正之儔合而意相孚，斯不忝於大臣之分，而天下之難不作矣。昔沈尹戌言於子常曰：「無極，楚之讒人也，民莫不知而邁之。鄢將師矯子之命，以滅國之良，而不愆於位。子其危哉！知者除讒以自安也，而子愛讒以自危也。甚矣，其惑也！」子常曰：「是瓦之罪，敢不良圖？」殺無極與鄢將師，以說於國。謗言乃止。〔註73〕《易》曰：「解而拇，朋至斯孚。」

六五：君子維有解，吉，有孚於小人。何也？葉子曰：天下無多難，小人者造難之宗；去難無多術，去小人者除難之本。是故洪水非堯之難，而四凶不除，厲階猶在也；殷民非武之難，而三監未去，禍梗猶存也。〔註74〕君子可無慎乎？故曰：為國家者見惡，如農夫之去草焉。芟夷蘊崇之，絕其本根，勿使能植，則善者信矣。雖然，不知而不去，昏也。唐德宗不覺盧杞之邪，猶可言也。知之而不去，弱也。「宋元公惡寺人柳，欲殺之。及喪，柳熾炭於位，將至，則去之。比葬，又有寵。」〔註75〕唐肅宗不與李輔國宰相，而嘉裴冕之不從，屢欲誅之矣，而乃畏之不敢發。德宗不與竇霍白麻，而咎大臣之不拒，明識其奸矣，而乃委任之如故。楚文王明知申侯之專利，而終我之身，寵之不衰。

〔註71〕《左傳・襄公二十二年》：「復使蒍子馮為令尹，公子齮為司馬，屈建為莫敖。有寵於蒍子者八人，皆無祿而多馬。他日朝，與申叔豫言，弗應而退。從之，入於人中。又從之，遂歸。退朝見之，曰：『子三困我於朝，吾懼，不敢不見。吾過，子姑告我，何疾我也？』對曰：『吾不免是懼，何敢告子？』曰：『何故？』對曰：『昔觀起有寵於子南，子南得罪，觀起車裂，何故不懼？』自御而歸，不能當道。至，謂八人者曰：『吾見申叔，夫子所謂生死而肉骨也。知我者如夫子則可，不然請止。』辭八人者，而後王安之。」

〔註72〕《資治通鑑》卷二百二十五《唐紀四十一》：「孔目官吳曜為子儀所任，因而搆之。……既而僚佐多以病求去。」

另，楊萬里《誠齋易傳》卷十一《解》、（元）李簡《學易記》卷四上《解》：「故蒍子馮比八人者，而申叔時遠之；郭子儀任、吳曜，而僚佐去之。」（元）胡震《周易衍義》卷十《解》：「蒍子馮比八人，而申叔晦遠之；郭子儀信吳曜，而僚佐去之。」

〔註73〕《左傳・昭公二十七年》。

〔註74〕按：楊萬里《誠齋易傳》卷十一《解》、（元）李簡《學易記》卷四上《解》：「然則天下無多難，有一難。小人者，多難之宗。解難不多術，有一術。君子者，解難之源，故洪水非堯之難，而四凶過於洪水；四裔非四凶之處，而一舜烈於四裔。」

〔註75〕《左傳・昭公十年》。

唐明皇明知李林甫之奸，而終彼之身，任之不替。憲宗欲討王承宗，裴垍、李
絳以為未可輕動。宦官吐突承璀欲奪垍權，請將兵討之。宗正少卿李栻奏：「承
宗不可不討。承璀親信近臣，宜悉委以禁兵，使統諸軍。」憲宗以栻狀示，學
士曰：「此姦臣也。卿曹記之，勿令得進用。」〔註76〕夫憲宗知栻之不可用而
不能退，知承璀之不可將而不能止，既明而暗，方勇而怯，不可言也。雖然，
猶有云云而不驗於其退者。蔡確之奸，汪覿言之於先，章凡數十上；孫寬、劉
贄、蘇軾、王岩叟、朱光庭、上官均言之於後，累十餘疏。而元祐太后不忍斥
之，但罷政，出知陳州。其與知伯尊賢而不用，使賢者知其不用而怨之；賤不
肖而不遠，使不肖者知其賤己而讎恨並生、滅亡立至者，相去曾幾何哉？《易》
曰：「君子維有解，吉，有孚於小人。」

　　上六：公用射隼於高墉之上，獲之无不利。何也？葉子曰：「君子藏器於
身，待時而動。」〔註77〕動之所加，莫先解悖。先達有言：世有學屠龍之技、
搏虎之能者，縱不得龍與虎焉，猶當得長鯨肥鮫以為膾，怒彪文豹以為臘。而
區區小雀之獲，非其志也。是故漢鄧通戲殿上，丞相申屠嘉檄召府中，責之曰：
「女小臣，戲殿上，大不敬，當斬。吏合〔註78〕行斬之。」通頓首出血，天子
持節赦之，乃止。〔註79〕周紆為洛陽令，下車先問大姓主名，吏數閭里豪強以
對。紆厲聲怒曰：「本問貴戚，若馬、竇等輩，豈能知此賣菜傭乎？」於是部
吏望風旨爭，以激切為事。貴戚局蹐，京師肅清。〔註80〕順帝遣八使分行州
郡，表賢良，顯忠勤。其貪污有罪者，刺史、二千石驛馬上之，墨綬以下便輒
取舉。杜喬等受命之郡，張綱獨埋其車輪於洛陽都亭，曰：「豺狼當道，安問
狐狸？」遂劾奏：「大將軍冀、河南尹不疑，以外戚蒙恩，居阿衡之任，而專
肆貪叨，縱恣無極，以害忠良。謹條其無君之心十五事。」書奏，京師震竦。
〔註81〕李膺拜司隸校尉，小黃門張讓弟朔為野王令，貪殘無道，畏膺威嚴，逃
還京師，匿於兄家合柱中。膺知其狀，率吏卒破柱取朔，付洛陽獄殺之。自此
諸黃門常侍皆鞠躬屏息。〔註82〕元稹以裴度先進重望，恐其復有功大用，妨己

〔註76〕 《資治通鑑》卷二百三十七《唐紀五十三》。
〔註77〕 《周易·繫辭下》。
〔註78〕 「合」，《史記》作「今」。
〔註79〕 《史記》卷九十六《申屠嘉傳》。
〔註80〕 《後漢書》卷七十七《酷吏列傳·周紆注》。
〔註81〕 《資治通鑑》卷五十二《漢紀四十四》。
〔註82〕 《後漢書》卷六十七《黨錮列傳·李膺傳》、《資治通鑑》卷五十五《漢紀四十
　　　　七》。

進取，故與魏洪簡深相結納，於度所奏軍事多從中沮之。度上表曰：「逆豎搆亂，震驚山東。姦臣作朋，撓敗軍政。陛下欲掃蕩幽鎮，宜先肅清朝廷。河朔逆賊，止亂山東。禁闈姦臣，必亂天下。是則河朔患小，禁闈患大。小者，臣與諸將必能蕩滅。大者，非陛下覺悟斷制，無以驅除。臣蒙陛下委任之意不輕，遭姦臣擯擲之事不小，但欲令臣失所，而於天下理亂、山東勝負悉不之顧。若朝中姦臣盡去，則河朔逆賊不討自平。若姦臣尚存，則逆賊縱平，無益喪亡。」憲宗不得已，罷洪簡、積。〔註83〕然則備藏器之資，當待時之動，居大臣之位，解悖亂之人，使竊據不得肆，戲侮不敢恣，非其分所當為與心所莫解者乎？張九齡之不得斬祿山，施全之不得刺秦檜，天不祚國，可歎也已。《易》曰：「公用射隼於高墉之上，獲之无不利。」

〔註83〕《資治通鑒》卷二百四十二《唐紀五十八》。

葉八白易傳卷十一

損䷨

損：有孚，元吉，无咎，可貞，利有攸往。曷之用？二簋可用享。何也？
葉子曰：厚天下之生者，聖人利天下之大也，是故益道興焉；防天下之變者，
聖人慮天下之深也，是故損道備焉。過中正之制，濬我生之源，聖人之不得已
焉耳。「不信民弗從」〔註1〕，可乎？《管子》有言：「一農不耕，或為之饑；
一女不織，或為之寒。故事再其本，則無賣其子者；事三其本，則衣食足；事
四其本，則正籍給；事五其本，則遠近通，死得藏。今事不能再其本而上求之
焉無止，是使奸塗不可獨行，遺財不可均止。隨之以法，則是下罔民也。且君
朝令而求夕具，有者出其財，無有者賣其衣屨，農夫糶其五穀，三分賈而去。
是君朝令一怒，布帛流越而之天下。君求焉而無止，民無以待之，亡走而棲山
阜。持戟之士顧不見親，家族失而不分，民走於中而遁於外。此不戰而內敗矣。」
〔註2〕嗚呼！取民之不可無俱如此，況唐括商括僦匱錢，宋括金銀，至倡婦家，
於事安足濟，於民安所措乎？不可行之於一時，又可通之為再舉乎？此非聖人
之意，鬼神所不享也。《詩》曰：「豐年多黍多稌，亦有高廩，萬億及秭。為酒
為醴，烝畀祖妣。以洽百禮，降福孔皆。」〔註3〕記曰：上輕損則用下牲。下

〔註1〕《中庸》。
〔註2〕《管子·輕重甲》。
〔註3〕《周頌·豐年》。

牲則祭不備，以其舛之為不樂也。嗚呼！鬼神可以薄，而況其他乎！故曰：天下國家一體也，君為元首，臣為股肱，民為手足。下有憂民則上不盡樂，下有饑民則上不備膳，下有寒民則上不具服。徒跣而垂旒，非禮也。故「足寒傷心，民怨傷國」〔註4〕。又曰：「君以至美之道道民，民以至善之物養君。君隆其惠，民升其功。此無往不復相報之義也。故太平備物，非極欲也；物闕損禮，非儉約也。其數云爾。」〔註5〕《易》曰：「損：有孚，元吉，无咎，可貞，利有攸往。曷之用？二簋可用享。」

初九：已事遄往，无咎，酌損之。何也？葉子曰：民輸粟於君，分也；士輸道於主，義也。輸道於主而不止吾事則分，其心猶不輸也；止吾所有事而不往之極則怠，若事猶不往也。已其事則為主之心專，去之速則報主之事果，其斯君子之盛事、賢士之達節乎？紲囂囂，既而幡然改；舍草廬，遂許先帝以馳驅。古之人有行之者，伊尹、孔明是已。然忠在我，受在彼，量而後入，時然後言，君子之哲也。事畢而不言，曰：「王怒未怠」〔註6〕、「子先諫，不入，我將繼之。」〔註7〕若仲孫湫、士會者，其斯為知斟酌之道矣。不然，「薦圭璧於泥塗，固已疏矣；觸虎狼以取死庸，得為智乎？」〔註8〕此洩冶之忠，而尚不免於古人之惜而譏之也。〔註9〕《易》曰：「已事遄往，无咎，酌損之。」

九二：利貞，征凶，弗損益之。何也？葉子曰：「志於貞節者，浮雲不足以累其真；志於恬澹者，好爵不足以亂其性。是以子陵樂富春之耕〔註10〕，干

〔註4〕《素書·安禮》。
〔註5〕《申鑒·政體第一》。
〔註6〕《左傳·僖公十三年》：「十三年春，齊侯使仲孫湫聘於周，且言王子帶。事畢，不與王言。歸，覆命曰：『未可。王怒未怠，其十年乎。不十年，王弗召也。』」
〔註7〕按：引用有誤。《左傳·宣公二年》：「晉靈公不君：厚斂以彫牆；從臺上彈人，而觀其辟丸也；宰夫胹熊蹯不熟，殺之，寘諸畚，使婦人載以過朝。趙盾、士季見其手，問其故，而患之。將諫，士季曰：『諫而不入，則莫之繼也。會請先，不入，則子繼之。』」
〔註8〕木訥趙氏之說，汪克寬《春秋胡傳附錄纂疏》卷十七《宣公九年》引。
〔註9〕《左傳·宣公九年》：「陳靈公與孔寧、儀行父通於夏姬，皆衷其袒服以戲於朝。洩冶諫曰：『公卿宣淫，民無效焉，且聞不令，君其納之。』公曰：『吾能改矣。』公告二子，二子請殺之，公弗禁，遂殺泄冶。孔子曰：『《詩》云：民之多辟，無自立辟。其洩冶之謂乎。』」
〔註10〕《後漢書》卷八十三《逸民列傳·嚴光傳》：「除為諫議大夫，不屈，乃耕於富春山，後人名其釣處為嚴陵瀨焉。」

木辭於陵之聘〔註11〕。」〔註12〕雖然，「桐江一絲，扶漢九鼎」〔註13〕；西河之上，道風至今。彼豈塊然無與於世故者哉？其守彌強，其風彌揚，其節愈著，其操益勁，其德益盛。不然，其不為張楷之所譏者寡矣。初，南陽樊英少有學行，名著海內。隱於壺山之陽，州縣前後禮請，不應。公卿舉賢良方正有道，皆不行。安帝賜策書，徵之不起。順帝又以策書繡帛備禮徵英，待以師傅之禮，眾皆以為必不降志。南郡王逸勸使就聘，及後應對無奇，謀深策談者以為失望。河南張楷與英俱徵，謂英曰：「天下有二道，出與處也。吾前以子之出能輔是君也，濟斯民也，而子以不貲之身怒萬乘之主。及其受爵祿，又不聞匡救之術，進退無所據矣。」〔註14〕然則遯世而不終其身，是為虛遯。樊英、種放不免君子之議，隱身而無益於世，是為素隱。仲子、華士將罹聖王之誅，可不慎乎？可不慎乎？《易》曰：「利貞，征凶，弗損益之。」

六三：三人行則損一人，一人行則得其友。何也？葉子曰：恆物之大情，固利於益而不利於損。特其處物之大，分則專於兩而雜於三，是故二人同心以牽復，則好遯者不可以不亡；爾我攜手以偕行，則觀光者不得而不去。我既以類而聚，彼必以群而分，自然之勢也。然損其一，固所以專夫兩之謀，而不有兩，又何以為一之致？是故彼既允升以為志，則天下自有尚往之儔；吾方反就以為安，則天下亦有內喜之願。物不可以孤而立，則機必以類而從，自然之理也。然則九官十二牧濟濟推讓，而一許由不得居乎其中，非巢父者，其誰與歸乎？《易》曰：「三人行則損一人，一人行則得其友。」

六四：損其疾，使遄有喜，无咎。何也？葉子曰：風寒暑濕攻其外，陰陽虛實作於內，是故身之疾生焉。去身之疾，不可以無醫。富貴功名交於前，喜怒忿懥動於中，是故心之疾作焉。去心之疾，不可以無師。疾不去身，心必死。

〔註11〕 李翰《蒙求》：「干木富義，於陵辭聘。」按：《呂氏春秋》卷第二十一《開春‧期賢》：「魏文侯過段干木之閭而軾之，其僕曰：『君胡為軾？』曰：『此非段干木之閭歟？段干木蓋賢者也，吾安敢不軾？且吾聞段干木未嘗肯以己易寡人也，吾安敢驕之？段干木光乎德，寡人光乎地；段干木富乎義，寡人富乎財。』其僕曰：『然則君何不相之？』於是君請相之，段干木不肯受。則君乃致祿百萬，而時往館之。於是國人皆喜，相與誦之曰：『吾君好正，段干木之敬；吾君好忠，段干木之隆。』」

〔註12〕 出宋濂《文憲集》卷二十七《演連珠》。

〔註13〕 蔡清《易經蒙引》卷六上《損》。

〔註14〕 《後漢書》卷八十二上《方術列傳上‧樊英傳》、《資治通鑑》卷五十一《漢紀四十三》。

故莊生曰：「眾人焚和，生火甚多。」〔註15〕去不亟，身心日蝕。故文子曰：「宿善不祥。」〔註16〕亟而去，心中自喜。故《淮南子》曰：「人慾知高下而不能教之用管準則悅，欲知輕重而無以予之權衡則喜，欲知遠近而無能教之以金目則快射〔註17〕，又況知應無方而不窮哉！」喜疾去則惡不履。故五峰曰：「能攻人實病者至難也，能受人實攻者為尤難。人能攻我實病，我能受人實攻，朋友之義，其庶幾乎？」〔註18〕誠齋曰：「子產容國人之議己以自藥，而不毀鄉校，可謂能損其疾而懲忿。魏獻子聽閻沒、女寬之諷諫以自警，而辭梗陽人，可謂能損其疾而窒欲。」〔註19〕得之矣。楚莊王始以偷竊之計紿陳，謂陳人無動，繼以劫奪之威加陳，因縣陳。由叔時覆命，不賀一言，而「取諸其懷以予之」，乃復封陳。〔註20〕吐突承璀領功德，使盛脩安國寺，奏立聖德碑。先構樓，請敕學士撰文，欲以萬緡酬之。憲宗命李絳為之。絳言堯、舜、禹、湯未嘗立碑自言聖德，惟秦始皇刻石，高自稱述，未審陛下欲何所法。上命曳倒碑樓。承璀言樓大，不可曳，請徐毀撤。上厲聲曰：「多用牛曳之。」承璀乃不敢言。凡用百牛，曳之乃倒。〔註21〕亦可謂勇於從善而過勿憚改矣。不然，魯隱公欲讓桓而曰將〔註22〕，秦穆稱改過而曰尚〔註23〕，則君子者聽其言之不果，而豫知其心之有貳矣。《傳》曰：「君子見幾而作，不俟終日。」〔註24〕夫

〔註15〕《莊子・外物》：「利害相摩，生火甚多，眾人焚和。」

〔註16〕按：似非文子之說。《說苑》卷七《政理》：「文王問於呂望曰：『為天下若何？』對曰：『王國富民，霸國富士；僅存之國，富大夫；亡道之國，富倉府；是謂上溢而下漏。』文王曰：『善！』對曰：『宿善不祥。是日也，發其倉府，以賑鰥、寡、孤、獨。』」

〔註17〕「快射」，《淮南子・泰族訓》作「射快」。

〔註18〕胡宏《知言》卷三。

〔註19〕楊萬里《誠齋易傳》卷十一《損》。

〔註20〕參《恒》九三注。
又，《孔子家語・好生第十》：「孔子讀史，至楚復陳，喟然歎曰：『賢哉！楚王輕千乘之國，而重一言之信。匪申叔之信，不能達其義。匪莊王之賢，不能受其訓。』」

〔註21〕《資治通鑒》卷二百三十七《唐紀五十三》。

〔註22〕《左傳・隱公十一年》：「羽父請殺桓公，將以求大宰。公曰：『為其少故也，吾將授之矣。使營菟裘，吾將老焉。』羽父懼，反譖公於桓公，而請弒之。公之為公子也，與鄭人戰於狐壤，止焉。鄭人囚諸尹氏，賂尹氏，而禱於其主鍾巫，遂與尹氏歸，而立其主。十一月，公祭鍾巫，齊於社圃，館於寓氏。壬辰，羽父使賊弒公於寓氏，立桓公，而討寓氏，有死者。」

〔註23〕俟考。

〔註24〕《周易・繫辭下》。

何將之有？《語》曰：「過則勿憚改。」〔註25〕夫何尚之云乎？故魯隱公去位不亟而貪慕之形見於外，是以羽父得進弒桓之謀；宋太祖立皇太弟不早而顧惜之私逮於終，是以光義亟發好為之舉。向使隱公遜讓之意速達於外，則高蹈之風凜然在人，不仁不義者且不敢望其門牆，而況敢以殘賊之謀、狗彘之行浼之乎？藝祖金匱之盟早告天下，則季札之行義章章較著，不孝不弟者方將安於必貴，而何至喋血之禍、推刃之惡及之乎？是故為義而不早，與不義者等；改過而不亟，與不改者同耳。其為疾也，不益深乎？《易》曰：「損其疾，使遄有喜，无咎。」

六五：或益之十朋之龜，弗克違，元吉。何也？葉子曰：崔實有言：「皋陶陳謨而唐虞以興，伊箕作訓而殷周再隆。」〔註26〕則人君之福利莫大於得賢才，得賢之徵莫急於獲善。「《論語》曰：善行興邦，嘉言作則。法緣之以格奸，人依之而建德。是以聞一言之當，如得萬人之兵；獲一士之言，如得千乘之國。」〔註27〕又曰：「要域荒城重譯而獻珍，非寶也；腹心之人匍匐而獻善，寶之至矣。」〔註28〕唐太宗亦曰：「朕貴為天子，所乏者非財也，但恨無嘉言可以利民耳。與其多得數百萬緡，何如得一賢才？」〔註29〕嗚呼！此二典三謨所以為治天下之要道，保天下之蓍龜，萬世之奇寶也。而非堯、舜、禹之為君，則亦莫之有也。然則以山嶽配天之德，宅大中至正之位，懷空洞寬廣之心，挹謙柔抑損之氣，則天下賢人君子不有出其嘉謀嘉猷以為保國安民之計，陳其忠言讜論以為奉天勤民之圖，方且言之而欲其聽，聽之而欲其行，致衷情之懇惻，極實念之勤拳者乎？其為受天下之益，孰大於是？舜之「罔攸伏」〔註30〕，禹之得昌言〔註31〕，無以過此。《易》曰：「或益之十朋之龜，弗克違，元吉。」

上九：弗損益之，无咎，貞吉，利有攸往，得臣无家。何也？葉子曰：事以順為便，物以適為安。為猿貁者，非負之而升木；為魚鱉者，非挈之而入淵。是以夏觴冬絺，民不以為怨；春貸秋賦，民常以為恩。君子之居民上，而何以歡娛小道為哉？大禹力溝洫而天下無饑民，文王善養老而天下無凍餒，漢文躬

〔註25〕《論語‧學而》。
〔註26〕《後漢書》卷五十二《崔實傳》。
〔註27〕出宋濂《文憲集》卷二十七《演連珠》，「論語曰」作「蓋聞」，此非《論語》之說。
〔註28〕《申鑒‧雜言上》。
〔註29〕《資治通鑒》卷一百九十四《唐紀十》。
〔註30〕《書‧大禹謨》：「嘉言罔攸伏。」
〔註31〕《書‧大禹謨》：「禹拜昌言，曰：『俞。』班師振旅。」

節儉而有煙火萬里之富，用是道也。故曰：所謂西伯善養老者，教之樹畜，導
其妻子，使養其老，固非家賜而人益之也。然則身為大臣，分居民上，必若是
而后德不忝位，必若是而後道不違紀，必若是而後行不礙成，必若是而後民不
違志。不然，將不免於煦煦嫗嫗，如霸者之所為矣，寧不上負君而下自負哉？
昔者齊桓公之平陵，見家人有年老而自養者，公問其故，對曰：「有吾〔註32〕
子九人，家貧，無以妻之，吾使傭而未返也。」桓公取外禦者五人妻之。管仲
入見，曰：「公之施惠，不亦小乎？」公曰：「何也？」曰：「公待所見而施惠
焉，則齊國之有妻者少矣。」公曰：「若何？」「今國丈夫二十而有室，女子十
五而嫁。」噫！仲其足以知此矣。若李泌之處蕃，使復府兵，蓋亦庶幾焉。唐
河隴既沒於吐蕃，安西、北庭及西域使人在長安者，歸路阻絕，皆仰給於度支。
泌知胡客皆有妻子，買田宅安居，不欲歸命，停其給，凡四千人皆詣政府訴之。
泌曰：「此皆從來宰相之過，豈有外國使者留京師數十年不聽歸乎？今當假道
回紇，各遣歸國。不願者當於鴻臚寺自陳，授以職位，給以俸祿。人生當乘時
展用，豈可終身客死乎？」於是諸客無一人願歸者，泌皆分隸神策兩軍，禁旅
益壯，歲省五十萬緡。德宗復問府兵之法，曰：「今歲卒戌京西者十七萬人，
歲計食粟二百四萬斛。今粟直斗百五十，為錢三百六萬緡。國家比遭饑荒，經
費不充。就使有錢，亦無粟可糴，未暇議覆府兵也。吐蕃久居原蘭之間，以牛
運糧，糧盡，牛無所用。請發左藏惡繒，染為彩纈，因党項以市之。計十八萬
疋可到六萬餘頭，命諸冶鑄農器，糴麥種，分賜緣邊諸鎮，募戌卒耕荒田而種
之。約麥熟倍償其種，其餘攄時價，五分增一，官為糴之。來春種禾亦如之。
沃土久荒，所收必厚。戌卒獲利，耕者浸多，糴價必賤。名為增之，其實比今
歲所減多矣。且邊地官多闕，請募人入粟補之，可足今歲之糧。」上皆從之。
因問：「卿言府兵亦集，如何？」對曰：「舊制戌卒五年而代，今既因田致富，
必不思歸。及其將滿，下令有願留者即以開田為永業，家人願來者本貫續食遣
之。不過數番，則戌卒皆土著。乃悉以府兵之法理之，是變關中之疲弊為富強
也。」〔註33〕郭汭為荊南留後。荊南兵荒之餘，止有一十七家。汭厲精為治，

〔註32〕「有吾」，《說苑‧貴德》作「吾有」。按《韓非子‧外儲說右下》：「齊桓公微
服以巡民家，人有年老而自養者，桓公問其故，對曰：『臣有子三人，家貧，
無以妻之，傭未反。』桓公歸，以告管仲，管仲曰：『畜積有腐棄之財則人飢
餓，宮中有怨女則民無妻。』桓公曰：『善。』乃論宮中有婦人而嫁之，下令
於民曰：『丈夫二十而室，婦人十五而嫁。』」
〔註33〕《資治通鑒》卷二百三十二《唐紀四十八》。

撫集凋殘，通農務商，晚年殆及萬戶。時藩鎮各務兵力相殘，莫以養民為事，獨華州刺史韓建招撫流散，勸課農桑，數年之間，民富軍贍，時人謂之北韓南郭。〔註34〕嗚呼！此誠元臣之職分，大光之事業，而無負牧民之精忠也。彼何曾不恤國危而但知萬錢之食〔註35〕，楊素坐視國亡而日收廛市之利〔註36〕，王戎身為司徒而執籌會稽如或不足者〔註37〕，固不足道。而子文之自毀其家，以紓楚國之難者，〔註38〕視此亦末矣。不亦淺之乎？其為丈夫已乎？甚至魏博節度使田悅事朝廷恭順，河北黜陟使洪經綸不曉時務，聞悅軍七萬人，符下，罷其四萬人，令還農。悅陽順命罷之，而集應罷者謂曰：「女曹久在軍中，有父母妻子。今一旦為黜陟使所罷，將何以自衣食乎？」眾大哭，悅乃出家財以賜之，使各還部伍，於是軍士皆德悅而怨朝廷。〔註39〕夫經綸固不足言，而悅之所為則去陳氏、季孫、宋鮑無幾矣，可不戒乎？《易》曰：「弗損益之，无咎，貞吉，利有攸往，得臣无家。」

益☷

益：利有攸往，利涉大川。何也？葉子曰：天下無不可使之民，患無有以利之耳；亦無不可殺之民，患無有以感之耳。利之則行，感之則奮，孰知夫我而孰知夫民焉。河間獻王曰：「禹稱民無食，則我不能使也；功成而不利於人，則我不能勸也。故疏河以導之，鑿江通於九派，灑五湖而定東海，民亦勞矣，然而不怨者，利歸於民也。」〔註40〕利歸於民，故惟其所動。天下無事，則下令如流水，隨所使而不鬲。天下有事，則涉險如夷途，捐其生以赴難。《傳》曰：「悅以使民，民忘其勞。悅以犯難，民忘其死。」〔註41〕《孟子》曰：「以佚道使民，雖勞不怨；以生道殺民，雖死不怨。」〔註42〕殺者，其是之謂乎？

〔註34〕《資治通鑒》卷二百五十七《唐紀七十三》。
〔註35〕參《節》六三爻注。
〔註36〕《隋書》卷四十八《楊素傳》：「素貪冒財貨，營求產業。東、西二京，居宅侈麗，朝毀夕復，營繕無已。爰及諸方都會處，邸店、水磑並利田宅以千百數，時議以此鄙之。」
〔註37〕參《節》六三爻注。
〔註38〕《左傳·莊公三十年》：「秋，申公鬬班殺子元，鬬穀於菟為令尹，自毀其家，以紓楚國之難。」
〔註39〕《資治通鑒》卷二百二十六《唐紀四十二》。
〔註40〕《說苑》卷一《君道》。
〔註41〕《兌·象》。
〔註42〕《孟子·盡心上》。

噫！非堯、舜通天下為一身百姓皆以堯舜之心為心者，不足以語此。《易》曰：「益：利有攸往，利涉大川。」

初九：利用為大作，元吉，无咎。何也？葉子曰：以利利天下者，大君之設施也；以忠忠朝廷者，良臣之報效也。臣有報主之忠，而後君無虛空之惠矣。雖然，《管子》有言：「飛蓬之問，不在所賓；燕雀之集，行道不顧。」〔註43〕君子之於天下，不為則已，為而止於以小事塞焉，猶不為也。何以為急君之義，盡一己之責乎？故曰：「撰良馬者，非以逐狐貉，將以射麋鹿；砥利劍者，非以斬縞衣，將以斷犀兕。」〔註44〕雖然，任天下之大事者，報上之忠；善天下之大事者，塞任之責。居然受上之益，而不知報物之冥也；徒然報上之德，而弗克善忠之末也。故曰：日月不高則光不赫，水火不積則輝潤不博，珠玉不睹乎外則王公不以為寶，禮義不加乎國家則功名不白。是以古之君子謀人之國者，福於己而禍於人則事有所不立，利於今而害於後則功有所不成。何也？為其必有大作為也，為其作君之大謨而後作為始大。作君之大謨者，忠激而慮淺則咎生，故稽天質人愁潛以深，考古驗今欲參以伍，審時制變欲完以堅，則大謨不紛而天下陰受其利矣，是之謂以其言報君，斯之謂忠言，不謂之罪言矣。作天下之大政者，志廣而才疏則咎生，故可繁而弗可使亂弗治，可勞而弗可使治弗興，可速而不可使弊易生，則大政不擾而天下陰受其福，是之謂以其身報君，斯之謂委身，不謂之愛身也。庶幾乎此者，其董生、賈誼、諸葛亮、郭子儀之流乎？不然，若晉殷浩承重徵，厚聘而出，欲以經略中原為己任，而無故輕襲姚襄，以開首禍，輕師北伐，兵敗糧盡。乖繆若此，非惟不克成功，而反致禍亂矣。又若唐崔造少與韓會、盧東美、張正則為友，以王佐自許，時人謂之四夔。德宗以造敢言，故不次用之。滋、映多讓事於造。造久在江外，疾錢穀諸使罔上之弊，奏罷水陸度支轉運等使，諸道租稅悉委觀察使、刺史遣官送京師，令宰相分判六曹。映判兵部，李勉決刑部，劉滋判吏、禮部，造判戶、工部。造與戶部侍郎元琇善，使判諸道鹽鐵榷酒。韓滉奏論其過失，罷之。〔註45〕夫四夔以王佐自許，獨造至宰相，所設施者罷轉運一事。而所以易之者，卒於無成，虛名而少實，夫豈足以副委任之意乎？他如石敬瑭拒命，唐發兵討之。契丹將兵救敬瑭，唐兵大敗。唐主懼，發洛陽，謂盧文紀曰：「朕排眾議

〔註43〕《管子‧形勢》。
〔註44〕《淮南子‧說山訓》。
〔註45〕《資治通鑑》卷二百三十二《唐紀四十八》。

用卿，今禍難如此，嘉謀安在乎？」文紀但拜謝，不能對。馮延巳與其黨談論，常以天下事為己任。及唐主去帝號，降周世宗，延巳之黨相與言，有謂周為大朝者。常夢錫笑之曰：「諸公常言致君堯舜，何意今日為小朝邪？」〔註46〕夫君不能量材而受任，臣不能自量以膺責，卒之交尤爭怨，此姍彼笑，胡為者哉？《易》曰：「利用為大作，元吉，无咎。」

六二：或益之十朋之龜，弗克違，永貞吉。王用亨于帝，吉。何也？葉子曰：嘉謨嘉猷足以永天祿而保國家者，君之寶也；尊官大爵足以立功名而澤天下者，臣之寶也。秉虛中謙益之貞，而蒙股肱心膂之寄，極林鳥魚水之歡，將有推之而不可得、解之而不可使去者，則功成而無忌，道行而不阻，其為人臣之福慶何如哉？太甲賴匡救之德，高宗資舟楫霖雨之用是也。伊尹、傅說之所謂益，不亦大乎？雖然，臣為上為德，為下為民，其難其慎，惟和惟一，尹之允執其中也，「敢不祇若王之休命」〔註47〕，「敢對揚天子之休命」〔註48〕，說之終始典於學也〔註49〕，克念不怠，服膺勿失，其臣道之大常乎？如此而君臣之感通，是為幽明之孚達，可以歆上帝，可以蠲明神矣。故曰：「惟尹躬暨湯，咸有一德，克享天心。」〔註50〕又曰：「非天私我有商，惟天祐於一德。」〔註51〕嗚呼！盛哉！不然，若魯雖僭，請郊於平王，至僖公四卜而不從，宣復覿焉，愈卜愈違，而天心終莫之與矣。明神之交，可畏也哉！《易》曰：「或益之十朋之龜，弗克違，永貞吉。王用亨于帝，吉。」

六三：益之，用凶事，无咎。有孚中行，告公用圭。何也？葉子曰：慶賞爵祿，上之所以勞有功也；警戒飭罰，上之所以勵不及也。古之人重材。何重乎其材？試之而未振則敲之，敲之而未成則作之，是故雨露之潤，不先震擊；蕙蘭之煏，常繼嚴霜。故古之王者必立牧方二人，使窺遠牧眾也。若之何窺遠而牧眾也？遠方之民，有飢寒而不得衣食，有獄訟而不平其冤，有失賢而不舉者，入告於天子，天子於其君之朝也，揖而進之，曰：「噫！朕之政教有不得爾者邪？何如乃有飢寒而不得衣食，有獄訟而不平其冤，失賢而不舉？」然後其君退，而與其卿大夫謀之。謀之不臧而戒飭，不喻而罰及矣。三約五需，必

〔註46〕《資治通鑒》卷二百九十四《後周紀五》。
〔註47〕《尚書·說命上》。
〔註48〕《尚書·說命下》。
〔註49〕《尚書·兌命》：「念終始典於學。」
〔註50〕《尚書·咸有一德》。
〔註51〕《尚書·咸有一德》。

使二人之告，曰：「衣食給矣，獄訟折矣，進賢而有眾用矣。」然後天子嘉績而燕饗焉。此勸群闢而登百姓之道也。故古之明王，天下有不順者，必諄諄而告，教之多方而訓飭之。再三不可，然後黜責，征討加焉。則負義者知罪，加刑者有辭矣。觀之唐末，自失河朔，或討伐之，或姑息之，不聞有文告之命，戒飭之辭也。是以兵加而不服，恩厚而愈驕。自武宗以削平渾一為志，李德裕以裁成輔相為宜，故於河北三鎮，再遣使者至京師。德裕嘗面諭之曰：「河朔兵力雖強，不能自立，須藉朝廷官爵威命以安軍情。語女使：與大將要救使以求官爵〔註52〕，何如自奮忠義，立功立事，結知明主乎？且李載義為國家平滄景，及為軍中所逐，不失作一節度使。楊志誠遣大將遮敕，使馬求官，及為軍中所逐，朝廷竟不赦其罪。此二人禍福足以觀矣。」由是三鎮不敢有異志，而朝廷制之如運掌。《易》曰：「益之，用凶事。有孚中行，告公用圭。」

六四：中行告公從，利用為依遷國。何也？葉子曰：無所逃於天地之間者，君臣之分也；不可解於手足腹心之際者，君臣之情也、義也。是故患吾立身之不臧耳，不患其聞言而不入；患吾陳言之不善耳，不患其聞善而不行；患吾聞命而不告耳，不患其入告而不聽。何也？告者，分也；從者，義也，情也。是故時平而陳天下之謨，若舜、禹之洪濟，董、賈之經綸；有急而鳴一時之變，若祖己之奔告於王。鄭商弦高之使遽告於鄭。彼豈好為是紛紛喋喋以媚其君哉？忠臣之分也。堯、舜之俞，文、武之允，商紂、鄭穆之為備，夫亦情義之不容已者乎？若夫曲沃叛昭公於晉，而「我聞有命，不敢以告」〔註53〕；田氏召陽生於魯，而國人知之，不敢言。〔註54〕是君之賊而國之蠹矣。雖然，告而不以利，民猶不告也。利民而不以安國，猶不利也。桑弘羊、孔僅之開導利源，權萬紀、韋堅、王琚、楊慎矜、王涯、孔循之潛民以生，《孟子》所謂諸侯罪人也〔註55〕，又何以告為哉？吾有取於元凱焉。晉大水，詔以災問主者：何以佐百姓？杜預上疏，以為：今者水災，東南尤劇，宜敕兗豫等州留漢時舊陂以畜水，餘皆決瀝，令饑者得魚菜蝦蚌之饒。此目下日

〔註52〕 此句，《資治通鑒》卷二百四十八《唐紀六十四》作「與其使大將邀宣慰敕使以求官爵」
〔註53〕 《唐風・揚之水》。
〔註54〕 《左傳・哀公六年》：「陳僖子使召公子陽生。陽生駕而見南郭且於，曰：『嘗獻馬於季孫，不入於上乘，故又獻此，請與子乘之。』出萊門而告之故。闞止知之，先待諸外。公子曰：『事未可知，反，與壬也處。』戒之，遂行。逮夜，至於齊，國人知之。」
〔註55〕 《孟子・告子下》：「今之諸侯，五霸之罪人也。」

給之益也。水去之後，填淤之田，畝取數鍾，此又明年之益也。典牧種牛，有四萬五千餘頭。可給民，與耕種，責其租稅，此又數年以後之益也。晉主從之，民賴其利。〔註56〕唐張平叔欲於大旱中徵三十六年前逋欠，李渤以一言而悉免。〔註57〕嗚呼！其亦知所以告矣。利於民而亦利於國，故時平而安堵如故，有急而遷徙如那。不特韓獻子十世之利，而實在郇文公養民之命矣。豈必水深土厚，阻山帶河，堯之平陽，舜之蒲阪，禹之冀，湯之亳，周之鎬，漢之關中，唐之長安，其深足以畜其厚，足以載其阻，足以塞其帶，足以匯天地之所合，四時之所交，風雨之所會，陰陽之所和，然後其本固而其勢壯，為天下之大利哉？雖然，利而遷，遷可也。不遷而利，可無遷矣。楚大饑，群蠻叛之。於是申息之北門不啟，楚人謀徙阪高。蔿賈曰：「不可。」於是以秦人、巴人滅庸，而楚益大。蘇峻之亂，宗廟宮室盡為灰燼。溫嶠欲遷豫章，三吳之豪欲遷會稽。司徒王導曰：「孫仲謀、劉玄德俱言建康，王者之宅。古之帝王不以豐儉移都，苟務本節用，何憂凋敝？若農事不脩，則樂土為墟矣。且北寇遊魂，伺我之際，一旦示弱，竄於蠻域，求之望實，懼非良計。今宜鎮之以靜，群情自安。」由是不復徙都而晉始安。蘇子曰：「平王之初，周雖不能如楚之強，顧不愈於東晉之微乎？使平王有一王導、蔿賈定不遷之計，收豐、鎬之遺民，而脩文、武、成、康之政，以形勢臨東諸侯，諸侯雖強，未敢貳也，而秦何自霸哉？」〔註58〕是故無故而遷，未有不削。若魏惠王之遷於大梁，楚昭王之遷於郢，頃襄王之遷於陳，考烈王之遷於壽春，李景之遷於豫章，皆不復振，有亡徵焉。嗚呼！盤庚而下，其可以易言哉！其可以易言哉！《易》曰：「中行告公從，利用為依遷國。」

〔註56〕 《資治通鑒》卷八十《晉紀二》。

〔註57〕 《舊唐書》卷一百七十一《李渤傳》：「張平叔判度支，奏徵久遠逋懸，渤在州上疏曰：『伏奉詔敕，雲度支使所奏，令臣設計徵填當州貞元二年逃戶所欠錢四千四百一十貫。臣當州管田二千一百九十七頃，今已旱死一千九百頃有餘，若更勒徇度支使所為，必懼史官書陛下於大旱中徵三十六年前逋懸。臣任刺史，罪無所逃。臣既上不副聖情，下不忍鞭笞黎庶，不敢輕持符印，特乞放臣歸田。』乃下詔曰：『江州所奏，實為懇誠。若不蠲容，必難存濟。所訴逋欠並放。』」

《新唐書》卷一百一十八《李渤傳》：「度支使張平叔斂天下逋租，渤上言：『度支所收貞元二年流戶賦錢四百四十萬，臣州治田二千頃，今旱死者千九百頃。若徇度支所斂，臣懼天下謂陛下當大旱責民三十年逋賦。臣刺史，上不能奉詔，下不忍民窮，無所逃死，請放歸田里。』有詔蠲責。」

〔註58〕 蘇軾《平王論》。

九五：有孚惠心，勿問元吉，有孚，惠我德。何也？葉子曰：君臣一體，休戚相通，感之而即應者，機之真也；倡之而即和者，衷之孚也。《管子》曰：「民惡憂勞，我佚樂之；民惡貧賤，我富貴之；民惡危墜，我安存之；民惡滅絕，我生育之。能佚樂之，則民為之憂勞；能富貴之，則民為之貧賤；能安存之，則民為之危墜；能生育之，則民為之滅絕。」〔註59〕又曰：「莫樂之則莫哀之，莫生之則莫死之。」〔註60〕何也？欒共子曰：「報生以死，報賜以力，人之道也。」〔註61〕君子者能以人道待其民，則民亦必以人道報其君矣。故晁錯曰：「三王主臣俱賢，故合謀相助，計安天下，莫不本於人情。人情莫不欲壽，三王生而不傷也。人情莫不欲富，三王厚而不困也。人情莫不欲逸，三王節其力而不盡也。其為法令也，合於人情而後行之。其動眾使民也，本於人事然後為之。取人以己，內恕及人。情之所惡，不以強人；情之所欲，不以禁人，是以天下樂其政，歸其德，望之若父母，從之如流水。」〔註62〕陸贄曰：「當今急務，在於審察群情。群情之所甚欲者，陛下先行之。群情之所甚惡者，陛下先去之。欲惡與天下同，而天下不歸者，未之有也。」〔註63〕又曰：「當違欲以行己所難，布誠以除人所病。竊聞輿議，頗究群情。四方則患於中外意乖，百辟又患於君臣道隔。郡國之志不達於朝廷，朝廷之情不陛於軒陛，上澤壅於下布，下情壅於上聞，欲無疑阻，其可得乎？誠宜總天下之知以助聰明，順天下之心以施教令，則君臣同志，何有不從遠邇歸心，孰與為亂？」〔註64〕噫！非二帝三王，曷足以及此？故曰：寧戚擊牛角而歌，桓公舉以大政；雍門子以哭見孟嘗君，流涕沾纓。歌哭，眾人之所能也。一發聲，入人耳，感人心，誠之至也。故唐、虞之法可效也，其論人心不可及也。其是之謂乎？雖然，楚師伐宋，師人多寒，王循三軍，撫而勉之，三軍之士皆如挾纊。〔註65〕楚人有饋簞醪者，莊王投之於河，令將士迎流而飲之，

〔註59〕《管子·牧民》。

〔註60〕《管子·形埶》、《形勢解》。

〔註61〕《國語·晉語一》。

〔註62〕《漢書》卷四十九《晁錯傳》。

〔註63〕陸贄《翰苑集》卷十二《奉天論奏當今所切務狀》、《資治通鑑》卷二百二十九《唐紀四十五》。

〔註64〕陸贄《翰苑集》卷十二《奉天論奏當今所切務狀》。

〔註65〕按：作「楚伐衛」誤。《左傳·宣公十二年》：「冬，楚子伐蕭，宋華椒以蔡人救蕭。蕭人囚熊相宜僚及公子丙。王曰：『勿殺，吾退。』蕭人殺之。王怒，遂圍蕭，蕭潰。申公巫臣曰：『師人多寒。』王巡三軍，拊而勉之。三軍之士皆如挾纊。遂傅於蕭。」

三軍皆醉。〔註66〕夫楚子不能使皆挾纊而三軍為之煖,煖其言也;莊王不能使河為醴而三軍為之醉,醉其賜也。不勞之以虛辭詭說,而與之以心,則有不貴而惠者矣。嗟乎!後世如此,而況唐、虞三代者乎!不然,停稅之詔,是謂惠民以耳也,民將塞其耳。罷役之議,是謂惠民以目也,民將閉其目。夫何相惠之有?《易》曰:「有孚惠心,勿問元吉,有孚,惠我德。」

　　上九:莫益之,或擊之,立心勿恒,凶。何也?葉子曰:善可求也,利不可求也。求善不已,則四海之內皆將輕千里而來告之以善。求利不已,則妨者爭,病者角,天下之禍不知其所終矣。荀氏之書曰:「太上不空市,其次不偷竊,其次不掠奪。上以功惠綏民,則下以財力奉上。是以相與空市,則民不與。不與則為巧詐而取之,謂之偷竊,則民備之。備之而不得,則暴迫而取之,謂之掠奪,民必交爭,禍亂作矣。」〔註67〕程子曰:「利者,眾人之所同欲也。專欲益己,其害大矣。欲之甚則昏蔽而忘義理,求之極則侵奪而致仇怨。」〔註68〕嗚呼!可不戒哉?虞公求璧於虞叔,已而又求其寶劍;知伯求地於韓魏,已而又求蔡皋狼於趙;卒之身不保而禍敗隨矣。唐李罕之據河陽,張全義據東都,二人刻臂為盟,相得甚歡。罕之勇而無謀,性復貪暴,意輕全義。聞其勤儉力嗇,笑曰:「此田舍一夫耳。」屢求穀帛,全義皆與之。少不如所欲,輒械主吏杖之。河南將佐皆憤怒,全義竭力奉之。罕之益驕,所部不耕稼,專以剽掠為資。至是悉眾攻絳州,降之。進攻晉州,王重盈密結全義以圖之。全義潛發屯兵,夜襲河陽,黎明入之。罕之踰垣走,奔澤州。嗚乎!貪求之禍,豈惟商紂之鹿臺、董卓之郿塢、唐德宗之大盈,不免悖出之患乎?故曰:「非道而行之,雖勞不至;非其有而求之,雖強不得。故知者不為非事,廉者不求非有,是以遠害而名彰。」〔註69〕《雄雉》之卒章:「不忮不求,何用不臧?」其是之謂乎?是故《管子》曰:「君有三欲於民。三欲不節,則上位圮。三欲者何也?一曰求,二曰禁,三曰令。求必欲得,禁必欲止,令必欲行。求多者,其得寡。禁多者,其止寡。令多者,其行寡。求而不得,則威日損。禁而不止,

---

〔註66〕（明）無名氏《比事摘錄·楚軍煖醉》:「楚人有饋簞醪者,楚莊王投之於河,令將士迎流而飲之。」按:《文選》卷三十五張協《七命》:「單醪投川,可使三軍告捷。」李善《注》引《黃石公記》:「昔良將之用兵也,人有饋一簞之醪,投河,令眾迎流而飲之。夫一簞之醪,不味一河,而三軍思為致死者,以滋味及之也。」

〔註67〕《申鑒·政體第一》。

〔註68〕《伊川易傳·益》上九。

〔註69〕《韓詩外傳》卷一,後有「《詩》云:『不忮不求,何用不臧』」。

則刑罰侮。令而不行，則下陵上。故未有能多求而多得者也，未有能多禁而多止者也，未有能多令而多行者也。故曰上苛則下不聽，下不聽而強以刑罰則為人上者眾謀矣，為人上而眾謀之，雖欲毋危，不可得也。」〔註70〕《易》曰：「莫益之，或擊之，立心勿恒，凶。」

夬☰

夬：揚于王庭，孚號有厲，告自邑，不利即戎，利有攸往。何也？葉子曰：未嘗無小人者，陰陽升降之機也；慎重以圖之者，君子芟荑之道也。眾君子之中而間一小人焉，去之若易易矣。孰知易易者，勢也；而不敢以易易者，機之所伏，不得而不然也。何者？急之則變生一時，緩之則禍釀數世，徒恃我則力懼其不足，假之人則亂恐其有餘。王、曹未誅，而陳、竇先誅；張、段未死，而何進先死。漢之去宦官以袁紹，而漢亡亦以紹；唐之去宦官以崔昌遐，而唐亡亦以昌遐。去小人豈易易乎哉？剛中有柔，然後剛不敗；怯中有勇，然後怯不葸。舜有十六相矣，所去者四凶也。周公有十夫之助矣，所誅者三監也。宜其甚易而無難者。然而聖人寧有惕志焉，無易舉也。是故去小人有四道：名其為賊，敵乃可服，三老所以說高祖也；〔註71〕人眾虎寡，虎為人勝，常安民所以勸呂公著也；〔註72〕各為朋黨以相訾議，史臣所以誚宋賢也；〔註73〕紛召外兵，事必先露，曹操所以譏何進也。〔註74〕嗚呼！戒之哉！昔者荊楚之僭逆，橫行江漢，馮陵中夏，駸駸有逼周之勢，齊桓起而圖之，不苟然也。責包茅之不貢，討王祭之不供，楚罪著矣。結江、黃以為八國之援，好鄭、魯以為東西之助，齊力並矣。不受子華之叛，不貪天子之命，自治嚴矣。按兵於陘，脩文告之詞；退舍召陵，謹會盟之禮；威武紲矣。然後楚人帖服而周室奠安。

〔註70〕《管子‧法法》。

〔註71〕《前漢書》卷一上《高帝紀上》：「洛陽新城三老、董公遮說漢王曰：『臣聞順德者昌，逆德者亡。兵出無名，事故不成。故曰明其為賊，敵乃可服。』」

〔註72〕《宋史》卷三百四十六《常安民傳》：「是時，元豐用事之臣，雖去朝廷，然其黨分布中外，起私說以搖時政。安民竊憂之，貽書呂公著曰：『……猛虎負嵎，莫之敢攖，而卒為人所勝者，人眾而虎寡也。故以十人而制一虎則人勝，以一人而制十虎則虎勝，奈何以數十人而制千虎乎？』」

〔註73〕（明）馮琦原《宋史紀事本末》卷十《洛蜀黨議》：「諸賢不悟，各為黨比，以相訾議。」

〔註74〕《三國志》魏志卷一《武帝紀》裴松之《注》：「《魏書》曰：『太祖聞而笑之，曰：閹豎之官，古今宜有，但世主不當假之權寵，使至於此。既治其罪，當誅元惡，一獄吏足矣，何必紛紛召外將乎？欲盡誅之，事必宣露，吾見其敗也。』」

二十年間，中國得以晏然無事，齊桓曲盡抑夷之道故也。霸者尚然，況欲以王道行之哉！《易》曰：「夬：揚于王庭，孚號有厲，告自邑，不利即戎，利有攸往。」

初九：壯于前趾，往不勝，為咎。何也？葉子曰：天下之不可不為者，事也；而不可不審者，幾也。《兵法》曰：「知彼知己，百戰百勝。」〔註75〕《傳》曰：度德而動，知難而退，善之善者矣。〔註76〕然則君子於天下之事，可不知所以處之乎？不然，以都尉之微而決然當乎一隊，無後援之救而以孤軍深蹂戎馬之地，銳於行而壯於往，欲以單刀決強敵，敵其可勝乎？此李陵所以有濬稽之敗也。是知天下事果不可以奮志而為之矣。故古之君子視天下之有小人，觀國家之有奸宄，若吾有大患焉，豈不欲一決而快吾之志哉？然而必若有所待然，不敢苟且以發大難之端者，恐不勝也。向戌乞蓋華臣之不順〔註77〕，子產弗討駟黑之強盟〔註78〕，不以是乎？不知此，不度德，不量力，不觀時，不審勢，無故而發大難之端，則大之禍國家，若南蒯之強公室〔註79〕，庾亮之徵蘇

〔註75〕《孫子兵法·謀攻篇》：「知彼知己，百戰不殆。」

〔註76〕《左傳·隱公·隱公十一年》：「度德而處之，量力而行之，相時而動，無累後人，可謂知禮矣。」《左傳·宣公十二年》：「見可而進，知難而退，軍之善政也。」

〔註77〕《左傳·襄公十七年》：「宋華閱卒，華臣弱皋比之室，使賊殺其宰華吳，賊六人，以鈹殺諸盧門合左師之後。左師懼，曰：『老夫無罪。』賊曰：『皋比私有討於吳。』遂幽其妻，曰：『畀余而大璧！』宋公聞之，曰：『臣也不唯其宗室是暴，大亂宋國之政，必逐之。』左師曰：『臣也，亦卿也。大臣不順，國之恥也。不如蓋之。』乃舍之。左師為己短策，苟過華臣之門，必騁。」

〔註78〕《左傳·昭公元年》：「大夫皆謀之。子產曰：『直鈞，幼賤有罪，罪在楚也。』乃執子南，而數之，曰：『國之大節有五，女皆奸之。畏君之威，聽其政，尊其貴，事其長，養其親，五者所以為國也。今君在國，女用兵焉，不畏威也；奸國之紀，不聽政也；子晳上大夫，女嬖大夫，而弗下之，不尊貴也；幼而不忌，不事長也；兵其從兄，不養親也。君曰：余不女忍殺，宥女以遠，勉，速行乎，無重而罪！』五月庚辰，鄭放遊楚於吳。將行子南，子產諮於大叔。大叔曰：『吉不能亢身，焉能亢宗？彼，國政也，非私難也。子圖鄭國，利則行之，又何疑焉？周公殺管叔而蔡蔡叔，夫豈不愛？王室故也。吉若獲戾，子將行之，何有於諸遊？』」

另，前面文字未錄，參《歸妹》上六之注。

〔註79〕《左傳·昭公十四年》：「南蒯之將叛也，盟費人。司徒老祁、慮癸偽廢疾，使請於南蒯曰：『臣願受盟而疾興，若以君靈不死，請待間而盟。』許之。二子因民之欲叛也，請朝眾而盟。遂劫南蒯曰：『群臣不忘其君，畏子以及今，三年聽命矣。子若弗圖，費人不忍其君，將不能畏子矣。子何所不逞欲？請送子。』請期五日。遂奔齊。侍飲酒於景公。公曰：『叛夫？』對曰：『臣欲張公

峻〔註80〕；小之禍一身，若陽處父之抑狐射姑〔註81〕，宋義之排項羽〔註82〕。深思而淺謀，邇身而遠志，家臣而君圖，千古之鑒矣。雖然，《詩》之言曰：「民今方殆，視天濛濛。既克有定，靡人弗勝。」〔註83〕陸東坤氏曰：「觀水之克火，而知漢之於楚，眾有以勝寡；觀火之克金，而知晉之於苻秦，精有以勝堅；觀金之克木，而知秦之於胡，剛有以勝柔；觀木之克土，而知曹之於袁，專有以勝散；觀土之克水，而知光武之於莽，實有以勝虛。故曰近取諸身，仁不勝道；遠取諸物，妖不勝德。」君子亦審其所以勝彼者，天下之事果終不可往乎？《易》曰：「壯于前趾，往不勝，為咎。」

室也。』子韓皙曰：『家臣而欲張公室，罪莫大焉。』司徒老祁、慮癸來歸費，齊侯使鮑文子致之。」

〔註80〕《晉書》卷一百《蘇峻傳》：「時明帝初崩，委政宰輔，護軍庾亮欲徵之。峻聞將徵，遣司馬何仍詣亮曰：『討賊外任，遠近從命，至於內輔，實非所堪。』不從，遂下優詔徵峻為大司農，加散騎常侍，位特進，以弟逸代領部曲。」

〔註81〕《左傳·文公六年》：「六年春，晉蒐於夷，舍二軍。使狐射姑將中軍，趙盾佐之。陽處父至自溫，改蒐於董，易中軍。」
又，《春秋·文公六年》：「晉殺其大夫陽處父。」《穀梁傳》：「晉將與狄戰，使狐夜姑為將軍，趙盾佐之。陽處父曰：『不可。古者君之使臣也，使仁者佐賢者，不使賢者佐仁者。今趙盾賢，夜姑仁，其不可乎？』襄公曰：『諾。』謂夜姑曰：『吾始使盾佐女，今女佐盾矣。』夜姑曰：『敬諾。』襄公死。處父主竟上，夜姑使人殺之。」

〔註82〕《史記》卷七《項羽本紀》：「初，宋義所遇齊使者高陵君顯在楚軍，見楚王曰：『宋義論武信君之軍必敗，居數日，軍果敗。兵未戰而先見敗徵，此可謂知兵矣。』王召宋義與計事而大說之，因置以為上將軍，項羽為魯公，為次將，范增為末將，救趙。諸別將皆屬宋義，號為卿子冠軍。行至安陽，留四十六日不進。項羽曰：『吾聞秦軍圍趙王鉅鹿，疾引兵渡河，楚擊其外，趙應其內，破秦軍必矣。』宋義曰：『不然。夫搏牛之虻不可以破蟣蝨。今秦攻趙，戰勝則兵罷，我承其敝；不勝，則我引兵鼓行而西，必舉秦矣。故不如先鬥秦趙。夫被堅執銳，義不如公；坐而運策，公不如義。』因下令軍中曰：『猛如虎，很如羊，貪如狼，彊不可使者，皆斬之。』乃遣其子宋襄相齊，身送之至無鹽，飲酒高會。天寒大雨，士卒凍饑。項羽曰：『將戮力而攻秦，久留不行。今歲饑民貧，士卒食芋菽，軍無見糧，乃飲酒高會，不引兵渡河因趙食，與趙并力攻秦，乃曰承其敝。夫以秦之彊，攻新造之趙，其勢必舉趙。趙舉而秦彊，何敝之承！且國兵新破，王坐不安席，埽境內而專屬於將軍，國家安危，在此一舉。今不恤士卒而徇其私，非社稷之臣。』項羽晨朝上將軍宋義，即其帳中斬宋義頭，出令軍中曰：『宋義與齊謀反楚，楚王陰令羽誅之。』當是時，諸將皆慴服，莫敢枝梧。皆曰：『首立楚者，將軍家也。今將軍誅亂。』乃相與共立羽為假上將軍。使人追宋義子，及之齊，殺之。使桓楚報命於懷王。懷王因使項羽為上將軍，當陽君、蒲將軍皆屬項羽。」

〔註83〕《小雅·正月》。

九二：惕號，莫夜有戎，勿恤。何也？葉子曰：天下之事，甚不可以易心
為之也，易者則必傾。鄭伯請成於陳，陳侯不許。五父諫曰：「親仁善鄰，國
之寶也。君其許鄭！」陳侯曰：「宋衛實難，鄭何能為？」君子曰：「善不可失，
惡不可長，其陳桓公之謂乎？長惡不悛，從自及也。雖欲救之，其將能乎？」
〔註84〕亦不可以單力為之也，單者則必蹶。黃巢屯信州，遇疾疫，卒徒多死。
張璘擊之，乃請降於高駢。駢欲誘致之，許為求節鉞。時昭義、感化、義武等
軍皆至淮南，駢恐分其功，奏悉遣之。賊知之，乃告絕請戰。駢怒，令璘擊之。
兵敗璘死，巢勢復振，陷睦、婺二州，渡江踰淮，大為世患。〔註85〕然則天下
事其可苟然而已乎？而況小人之決乎！唐人有言：「去河北賊易，去中朝朋黨
難。」〔註86〕王允誅董卓，卓誅而汜、催興；五王誅二張，二張誅而三思起；
趙汝愚立嘉王，嘉王立而侂胄至。熙、豐小人退休散地，怨入骨髓，陰伺間隙，
而諸賢不悟，各為朋黨，以相訾議，不旋踵而為紹聖之禍。向使諸公內懷兢懼，
霍然若臨大敵而慮之周，外謹呼招，翕然若集大眾而處之密，早聽士孫端〔註
87〕、薛季昶、常安民、葉適先見之言，而引用其人，糾集其眾，則有備無患，
過防莫戕，必無一旦之禍，而禍起一旦，不足憂；必無倉卒之變，而變起倉卒，
不足慮矣。何至殺身亂國之敗哉？昔盧杞貶遇赦，欲用為饒州刺史，給事中袁
高不草制，更命他舍人。制出，而高執之不下，且奏杞極惡窮凶，何可復用？
使補闕陳京、趙需等亦上書論之。上大怒，諫者稍卻。京顧曰：「需等勿退，
此國家大事，當以死爭之。」上怒稍解，以為澧州別駕，杞竟死澧州。〔註88〕
敬宗欲討王承宗，以吐突承璀為神策、河中等道行營兵馬、諸軍招討處置等使，
白居易諫以為國家征討，當責成將帥。近歲以中使為監軍，已非令典。今徵天
下之兵，專令中使統領，則諸道恥受指揮，心既不齊，功何由立？引度支使李
元素、鹽鐵使李鄘及許孟容、李夷簡、諫官孟簡、李元膺、穆質、獨孤郁等極
言其不可。上不得已，削承璀四道兵馬使，改處置為宣慰。〔註89〕此庶乎得去
小人之道矣。《易》曰：「惕號，莫夜有戎，勿恤。」

〔註84〕《左傳·隱公六年》。
〔註85〕《資治通鑑》卷二百五十三《唐紀六十九》。
〔註86〕《新唐書》卷一百七十四《李宗閔傳》：「嘗歎曰：『去河北賊易，去此朋黨
　　　　難！』」
〔註87〕按：士孫端，當為「士孫端」，參《謙》九三。
〔註88〕《資治通鑑》卷二百三十一《唐紀四十七》。
〔註89〕《資治通鑑》卷二百三十八《唐紀五十四》。

　　九三：壯于頄，有凶。君子夬夬，獨行遇雨，若濡，有慍，无咎。何也？
葉子曰：君子之去小人，不在色而在志，不以跡而以心。以跡而色，徒取禍焉
耳。李懷光自蒲城引兵，敗朱泚於醴泉，救奉天之難，初志亦忠矣。不知降軫
之道，顧數與人言盧杞、趙贊、白志貞之姦佞，且曰：「吾見上，當白誅之。」
卒使杞知而讒譖行，隨為叛逆之鬼。徵色發聲之禍，可不戒哉？故君子不幸而
遇小人，棄同而即異，叛正而附邪。若張奐從宦官而敗正直，段紀明助閹尹而
害忠烈，固不足道矣。若能決而又決，以斷諸心，似和非和，以成其事。如溫
太真之處王處仲，以全朝廷；顏杲卿之著金紫，以討祿山。則跡雖似穢而心實
無怍，始雖見疑而終則無污，去污以自潔，捨故以自新，天下孰不與之？然則
君子之於小人，又何事於聲色之為也哉？唐馮行襲、宋安丙，亦庶幾焉。賊帥
孫喜聚眾攻均州，刺史呂某不知所為，都將馮行襲伏兵江南，自乘小舟迎，謂
喜曰：「州人得良牧，無不歸心。然公卒從太多，州人懼其剽掠，尚以為疑。
不若置軍江北，獨與腹心輕騎俱進，請為鄉導，告諭州人，無不服者矣。」喜
從之。既渡江，伏兵發，行襲手擊喜，斬之。〔註90〕吳曦反，豪傑付之撫髀歎
息。資政殿學士安丙奮由儒生，獨能周旋其間，濡跡以就事。部分既定，即矯
詔誅曦以聞。〔註91〕《易》曰：「壯于頄，有凶。君子夬夬，獨行遇雨，若濡，
有慍，无咎。」

　　九四：臀无膚，其行次且。牽羊悔亡，聞言不信。何也？葉子曰：螳螂奮
臂以當車轍，青蛙怒目而視吳王，此其志之勇也，而不知其材之不美而力之不
勝也。何為者哉？是故眾方彈冠而吾獨不甘於掛冠，眾方肉食而吾獨不安於藜
藿以為食，眾方號君子去小人而吾愧齒於碌碌之庸人，此人情也。然天下之事
不可以菲材濟，天下之功不可以弱質成，天下之小人不可以寡德去，則又天下
之定理也。又何貴於徒以其情為哉？其惟乘天時，藉人力，彼當勞，吾處佚，
安然不動聲色而成天下之大事，則功成而無阻矣。嗚呼！此非常人所及也。雷
霆之聲遍達天下而不能使聾者卒有聞，日月之明遍照天下而不能使盲者卒有
見，是之謂也。昔者宋襄公乘齊桓之卒，欲襲霸統，而急於合諸侯，偲偲然不
安於從令而必欲出令，不肯為眾諸侯而必欲霸諸侯，何其志之厲而進之猛也。
然而以暗弱之才，冒雄豪之事，借小道之詐，犯虎狼之威，卒之執於盂，釋於
薄，敗死於泓，為天下笑。不審己力，不量彼勢，不乘天時，不藉人力之禍也。

〔註90〕《資治通鑒》卷二百五十六《唐紀七十二》。
〔註91〕《宋史》卷四百〇二《安丙傳》。

向使不虐二國之君，重結齊、魯之好，使天下諸侯不我疾而我親，然後因其勢而動乘夫時而起，得霸不難矣。不知此術，夫何益哉？雖然，「無闕然後動」，子魚勸其以德攻於始；〔註92〕「小國爭盟」，「君欲已甚」，子魚戒其以禍敗於終。〔註93〕而茲父聽之為塵談草說也，何以得死？《易》曰：「臀无膚，其行次且。牽羊悔亡，聞言不信。」

九五：莧陸夬夬，中行无咎。何也？葉子曰：堯、舜在上，懼讒說殄行，震驚朕師也，而聖之禹、皋陶之相為股肱，懼驩兜、有苗之巧言令色孔壬也而畏憂之。何也？鼷鼠食牛，能貫心徹骨而莫之覺；小人蠱惑其君，使身弒國亡而不自知其禍之大。而害之深者也，可不奮然而去之乎？然惑之必已近，近之必已寵，寵之必已尊，既尊則必僭，既僭則必強，既強則難動，決之又易為乎？急之則禍不測，緩之則患益深，故必待其發而乘其際，推其墜而扼其絕，然後用力約而無後患，功成而天下安之矣。此根之難拔者，不輕動以激其變；惡之既稔者，不緩治以失其機。有勸懲之公而無忿疾之道者，子產之所以為善也。然則人君可使小人得以近而惑之乎？晉之王敦，其初不過一總戎，其後至於共天下，逆已行而元帝不敢名征之，至病而哭其喪。唐之李輔國，其初不過一家奴，其晚至於稱尚父，惡貫盈，而代宗不敢顯戮之，至遣盜以竊其首。決之雖不暴，而典刑則不存矣，是豈光明正大之業哉？甚而憲宗誘執盧從史失之詭，征討王承宗失之遽，其罷吐突承璀也，迫於裴度、李絳之奏，皆非處置得宜之道，心愈勞而事愈拙矣。是故求善於其終，不若致謹於其始；致謹於其始，莫若決之使不得而近。嗚呼！聖人之慮遠矣。《易》曰：「莧陸夬夬，中行无咎。」

上六：无號，終有凶。何也？葉子曰：小人之在天下之間也，其始也翩翩不富，毒痛於四海；其終也壁立一身，七尺不能存。何也？方其勢之盈也，醯酸而蚋集。及其勢之衰也，睍見而雪消。理也。張讓、段圭之徒，田令孜、劉季述、韓全誨之輩，則亦威脅天子，毒流縉紳矣。而卒不免於群之殲而黨之滅，冤號之聲徹於內外。盧攜初倚高駢，崔胤初倚宣武，昭緯初倚邠岐。田令孜自

〔註92〕《左傳·僖公十九年》：「宋人圍曹，討不服也。子魚言於宋公曰：『文王聞崇德亂而伐之，軍三旬而不降。退修教而復伐之，因壘而降。《詩》曰：刑于寡妻，至于兄弟，以御于家邦。今君德無乃猶有所闕，而以伐人，若之何？盍姑內省德乎？無闕而後動。』」

〔註93〕《左傳·僖公二十一年》：「二十一年春，宋人為鹿上之盟，以求諸侯於楚。楚人許之。公子目夷曰：『小國爭盟，禍也。宋其亡乎，幸而後敗。』」又：「秋，諸侯會宋公於盂。子魚曰：『禍其在此乎！君欲已甚，其何以堪之？』於是楚執宋公以伐宋。冬，會於薄以釋之。子魚曰：『禍猶未也，未足以懲君。』」

知不為天下所容，自除西川監軍，往依陳敬瑄。其後星散漚滅，卒為齏粉，不亦可悲之甚乎？夫亦可以戒矣。《易》曰：「无號，終有凶。」

姤☰

姤：女壯，勿用取女，无攸利。何也？葉子曰：此聖人所以獨靈於心而高超於世也。《傳》曰：「象事知器，占事知來。」〔註94〕又曰：「知幾，其神乎！幾者，動之微，吉之先見者也。君子見幾而作，不俟終日。」〔註95〕斷可識矣。故辛有適伊川，見被髮而祭於野者，曰：「不及百年，此其戎乎？其禮先亡矣。」〔註96〕杜鵑鳴於洛陽，邵雍聞之不樂。客問其故，雍曰：「洛陽舊無杜鵑，今始至。天下將治，地氣自北而南；將亂，自南而北。今南方地氣至矣。禽鳥飛類，得氣之先者也。不二年，用南人作相，天下自此多事矣。」〔註97〕辛有觀事而知其兆，邵雍觀物而知其幾。古之哲人，其前知而豫憂類如此。況於一陰之生成剝之形，一小人之興大亂之徵，君子可以為微而親暱之哉？養虎而需其成，狎虺而俟其振，禍始迫矣。子西暱白勝，以為莫我親也，而卒死於白勝。五王暱三思，以為几上肉也，而卒死於三思。〔註98〕可不戒哉？故彼雖有及我之機，而我宜避之於早；彼雖有合我之意，而我當絕之於先。不然，則為狐所惑而蒙妖所迷矣。是故有仍氏之女玄妻黰而甚美，光可以鑒。后夔取之，生伯封，而后夔遂以不祀。申公巫臣之女美而不妒，聞於諸侯，叔向不知「甚美必有甚惡」也，取之而生伯石，狼子野心，以滅羊舌氏之族。〔註99〕故曰：三代之亡，共子之廢，皆是物也。美而豔，冶而嬌，是常人之所好，而聖人之所甚

〔註94〕《周易·繫辭下》。

〔註95〕《周易·繫辭下》。

〔註96〕《左傳·僖公二十二年》。

〔註97〕邵伯溫《聞見錄》卷十九。

〔註98〕參《艮》六二注。

〔註99〕《左傳·昭公二十八年》：「初，叔向欲娶於申公巫臣氏，其母欲娶其黨。叔向曰：『吾母多而庶鮮，吾懲舅氏矣。』其母曰：『子靈之妻殺三夫、一君、一子，而亡一國、兩卿矣。可無懲乎？吾聞之：甚美必有甚惡。是鄭穆少妃姚子之子，子貉之妹也。子貉早死，無後，而天鍾美於是，將必以是大有敗也。昔有仍氏生女，黰黑，而甚美，光可以鑒，名曰玄妻。樂正后夔取之，生伯封，實有豕心，貪惏無饜，忿類無期，謂之封豕。有窮后羿滅之，夔是以不祀。且三代之亡，共子之廢，皆是物也。女何以為哉？夫有尤物，足以移人。苟非德義，則必有禍。』叔向懼，不敢取。平公強使取之，生伯石。伯石始生，子容之母走謁諸姑，曰：『長叔姒生男。』姑視之，及堂，聞其聲而還，曰：『是豺狼之聲也。狼子野心，非是，莫喪羊舌氏矣。』遂弗視。」

憂也。如之何而引以自配焉？《易》曰：「姤：女壯，勿用取女，无攸利。」

初六：**繫于金柅，貞吉，有攸往，見凶，羸豕孚蹢躅。**何也？葉子曰：水火之始甚弱也，其終至於燎原而滔天也，必至之勢也。何也？不遏之故也。遏之則水由地中行火，然為世用矣。雖然，遏之於微而微不可遏，圖之於細而細不可圖，君子可無慎乎？是故小人之始進也，能自止而知分，則為小人之利；君子遇小人之進也，能自止而知幾，則無君子之災。魯肅素知呂蒙、陸遜有陰圖關侯之志，嘗勸孫權，以曹操尚存，宜且撫輯關侯，與之同仇，不可失也。固亦以正道柅而止之矣。其如小人之本性何哉！雲長昧於知幾之哲，忘其奔突之凶，顧以力稱功美之詐，深自屈抑之奸，盡忠自託之詭，使意大安，無所復嫌。是以撤兵赴樊，卒為所圖。豈非萬世之鑒哉？《易》曰：「繫于金柅，貞吉，有攸往，見凶，羸豕孚蹢躅。」

九二：**包有魚，不利賓。**何也？葉子曰：君子之於民也，彼不我邁，則視之如浮雲，未嘗求之而使比。既與我遇而合矣，則保之如赤子，防之如處女，有棄焉而使為他人所魚肉，縱焉而使為仇敵之愚弄者哉？是故既歸一則理無兩屬，我為主則義不及賓。劉琮舉荊州降曹操，昭烈將其眾去，過襄陽，州人多歸之。比到當陽，眾十餘萬人，輜重數千輛，日行十餘里。或曰：「宜速行，保江陵。」昭烈曰：「濟大事以人為本。今人歸吾，吾何忍棄之？」夫君子之保愛而顧惜之者固如此。魯襄如會聽政，孟獻子請屬鄫。既而狐駘之敗，不能復庇，乃以屬鄫為不利，使鄫大夫聽命於會。金人陷宋京，議割中山、太原、河間三鎮及兩河之地以畀之，而三鎮固守不下。何㮚曰：「三鎮，國之根本，奈何一旦棄之？河北之民皆吾赤子，棄地則並其民棄之。為民父母而棄其子，可乎？」竟以畀敵。及高宗即位，仍敕刑部不得報赦文於河東、河北、陝之蒲解。嗚呼！棄願屬之國與固守之民，曾是而為英君誼闢之道哉？甚者，呂蒙、陸遜襲關侯，得侯及將士家屬，皆撫慰之，令軍中不得干歷人家，有所求取。且暮使親近存恤耆老，問所不足，給醫藥，賜衣糧。侯數使人與蒙相聞，輒厚遇其使。周遊城中，家家致問，或手書示信使還。人知家門無恙，見待過於平時，皆無鬥心，卒為蒙所圖。楊行密畏孫儒之眾，欲退保銅官。戴友規以為望風棄城，正墮其計。淮南士民及儒軍來降者甚眾，宜遣將先護送歸，使復生業。儒軍聞淮南安堵，皆有歸思。人心既搖，安得不敗？卒擒斬儒。嗚呼！儒不足道，蒙、遜小人，亦何掛齒。而雲長忠勇義烈，貫日月，照古今者，何不思之甚，而以已家眾使他人得撫而愚弄之邪？是可歎矣。其去齊景、魯哀、宋昭坐

視陳氏、季孫、宋鮑竊其民而利之者相去曾幾何哉！然則太王之屬其耆老，捐邠民而與狄，自拔而遷之岐山非與？曰：太王固知吾民之我懷，而從者之如市，特要民以去，所不為焉耳。《易》曰：「包有魚，不利賓。」

九三：臀无膚，其行次且，厲，无大咎。何也？葉子曰：民不我屬，非久居之地也，何以展驥足而立宏功？此先主無用武之地，而逃遁以至荊，依劉表以從事，而慨然流涕，是不安於下者也。權非我有，無可挾之資也，何以令諸侯而行天下？此獻帝已為曹操所得，而中原不可圖，江東已為吳所有，而秖可以為援，皆不遂其行者也。保全三蜀，姑成鼎足，斯其為不幸矣夫。《易》曰：「臀无膚，其行次且，厲，无大咎。」

九四：包无魚，起凶。何也？葉子曰：古之王者之得民也，中心悅而誠服也，如七十子之服孔子也。故曰：「王者，往也。」〔註100〕天下之所歸往也，環而視其域中，無匹夫焉，可乎？《淮南子》曰：「孔子弟子七十人，養徒三千人，皆入則孝，出則弟，言為文章，行為儀表，教之成也。墨子服役者百八十人，皆可使赴火蹈刃，死不旋踵，化之所致也。」〔註101〕夫孔、墨，匹夫之微耳，而其從如水，況為天下君而可使無民乎！《書》曰：「民之戴商，厥惟舊哉！」〔註102〕《孟子》曰：「太王去邠，邠人曰：『仁人也。不可失也。』從之者如歸市。」〔註103〕《春秋》書「齊、宋次郎」，以見齊霸之難；書「楚、蔡次厥貉」，以見楚霸之難。而說之者曰：於此可以見人心也。不苟於從齊，是人心猶有周；不苟於從楚，是人心猶在晉焉耳。燕樂毅以秦、魏、韓、趙之師破齊，與楚淖齒共殺齊愍王，分其地，未期年而王孫賈一呼，齊人皆袒右攻賊。劉玄德走江陵，而荊州之民攜老扶幼，從之者數百萬家。為君而無民，大事去矣。《傳》曰：「無民而欲逞其志者，未之有也。國君是以鎮撫其民。」〔註104〕魯君失民矣，焉得逞其志？又曰：「無民，孰戰？」〔註105〕無民孰守？無民其誰與我？亡無日矣。此魯昭處於鄆，鄆潰而自是削於魯，尺地一民皆非其有，而客死乾侯。狄攻衛，懿公欲戰，而民皆曰：「使鶴與狄人戰。」而殺於熒澤。晉主夏盟，威服天下。及大夫專政，賄賂公行，內外離叛，示威平丘而

〔註100〕　《春秋繁露‧深察名號第三十五》。

〔註101〕　《泰族訓》。

〔註102〕　《尚書‧仲虺之誥》。

〔註103〕　《孟子‧梁惠王下》。

〔註104〕　《左傳‧昭公二十五年》。

〔註105〕　《左傳‧成公十五年》。

齊叛，請辭召陵而蔡叛，盟於沙咸而鄭叛，次於五氏而衛叛，涖於鄭，會於夾谷，歃於黃而魯叛，諸侯叛於外，大夫叛於內，故奔於晉陽而趙鞅叛，入於朝歌而荀寅、士吉射叛。以晉之大，天下莫強焉，邦分崩離析而不能守也。襄之末年，享范獻子，而功臣不能具三耦。昭之末年，「禘於襄公，萬者二人，其眾萬於季氏」〔註106〕。魯君若贅旒，其何以託國也？故柳伉上德宗疏曰：「犬戎犯關度隴，兵不血刃，而入京師，劫宮闈，焚陵寢，武士無一人至者，此將帥叛陛下也。自十月朔召諸道兵，盡四十日，無只輪入關，此四方叛陛下也。內外離叛陛下，以今日之勢，安邪？危邪？」〔註107〕噫！此可以觀矣。《易》曰：「包无魚，起凶。」

九五：以杞包瓜，含章，有隕自天。何也？葉子曰：慎也，慎之至也。夫以君治民，何不服？以正治邪，何不順？以德治佞，何不散？然必靜俟而深計，委曲而周旋，非煩之也。臣也，邪也，佞也，人也；消也，息也，盈也，虛也，天也。天不可違，其惟人定足以勝之乎？嗚呼！人豈易定哉？昔魯昭公欲去季氏，告子家子。子家子曰：「讒人以君僥倖，若不克，君受其名，不可為也。捨民數世，以求克事，必不可也。且政在焉，其難圖也。」公不聽，而反為季氏之所逐。說之者曰：昭公即位雖久，而民不見德，則無德。以叔孫婼子家駒之賢，而不能專任以聽其言，則無人。臧孫、子家皆以為不可，而遽信群小之言以圖之，則無謀。「公徒釋甲，執冰而踞」〔註108〕，莫有鬥心，則無兵。四者無一焉，而奮然怒螳螂之臂以當轍，其不為曹髦之刃出於背者，幸而免耳。使昭果能修德用賢，俟其信孚於人，而援之者眾，然後審謀治兵，一舉而戮巨奸，誰曰不可？潁濱亦曰：「魯侯之失國也久矣，至昭公不忍其逼，未能收民而舉兵攻之，遂以失國。哀公孤弱，甚於昭公。又欲以越人攻之，終亦出死於越。嗟夫！棄民五世而欲以一朝收之，難哉！昔齊晏子告景公以田氏之禍，惟禮可以已之，景公稱善而不能用，齊卒以亡。語稱哀公問社於宰我，宰我對曰：『夏后氏以松，殷人以柏，周人以栗，曰使民戰慄。』孔子聞之，曰：『成事不說，遂事不諫，既往不咎。』以為哀公將去三桓而不敢正言。古者戮人於社，其託於社者，有意於誅也。宰我知其意，而亦以隱答焉。其曰『使民戰慄』，以誅告也。孔子知其不可也，此先君之所為，植根固矣，不可以誅戮齊也。蓋

〔註106〕《左傳・昭公二十五年》。

〔註107〕《新唐書》卷二百零七《宦者列傳上・程元振傳》、《資治通鑒》卷二百二十三《唐紀三十九》。

〔註108〕《左傳・襄公二十五年》。

亦有意於禮乎？不然，何咎予之深也？」〔註109〕嗚呼！此可以知去禍之道矣。
是故東坡有言：「國之有小人，如人之有癭。癭必生於頸而附於咽，是以不可
去。有賤丈夫者不勝其患而決去之，是以癭去而得死。漢、唐之亡，由此故也。」
〔註110〕漢、唐末世，議者以為天下之患在宦官，宦官去則天下無事。故漢之
竇武、何進，唐之李訓、鄭注擊之不勝，止於身死；袁紹、崔胤擊之而勝，漢、
唐遂因之而亡。方其未去，是累然者癭而已。及其既去，則遂潰裂四出，而死
繼之矣。「噫！後之人自謀其國者，其尚思所以消導解散之，無使癭生吾之頸
而至於不可去。謀人之國者，亦無快吾之一決而傷人之命。」〔註111〕庶幾於
此者，其唐德之任李泌乎？陝虢兵馬使達奚抱暉鴆殺節度使張勸，代攝軍務，
邀求旌節，且邀求李懷光將達奚小俊為援。德宗謂李泌曰：「若河陝連橫，則
卒不可制，而水陸之運皆絕矣。不得不煩卿一往。」乃以泌為都防禦水陸運使，
欲以神策軍送之。泌曰：「陝城三面懸絕，攻之未可以歲月下也。臣請以單騎
入之。且令河東全軍屯安邑。馬燧入朝，願敕燧與臣同辭皆行，使陝人知之，
亦一勢也。」許之。泌見陝州將吏在長安者，語之曰：「主上以陝虢饑，故不
授泌節而領運使，欲令督江淮米以賑之。今當使抱暉將行營有功，則賜旌節
矣。」抱暉稍自安，泌與馬燧疾驅而前。將佐不俟抱暉之命來迎。泌笑曰：「吾
事濟矣。」去城十五里，抱暉亦出謁，泌慰撫之。抱暉喜，泌視事，賓佐有請
屏人白事者。泌曰：「易帥之際，軍中煩言，乃其常理，泌到則自安帖矣，不
願聞也。」由是反仄者皆自安。泌但索簿書治糧儲。明日召抱暉語之曰：「吾
非愛女而不誅，恐今日有危疑之地，朝廷所命將帥皆不能入，故丐女餘生。女
為我齎版幣祭前使，慎無入關，自擇安處，潛來取家，保無他也。」抱暉遂亡
命，不知所終。〔註112〕不然，若昭宗決策討李茂貞，命杜讓能專掌其事。崔
昭緯陰結邠岐為耳目，讓能朝發一言，二鎮夕必知之，以至卒不能討而敗，誅
讓能以為悅。嗚呼！討亂若此，幾何而不敗哉？《詩》曰：「於鑠王師，遵養
時晦。」〔註113〕救敗之道也。《易》曰：「以杞包瓜，含章，有隕自天。」

　　上九：姤其角，吝，无咎。何也？葉子曰：牝牛所以為麗，陽剛不為物先。

〔註109〕蘇轍《古史》卷十。
〔註110〕歸有光《新刊全補通鑒標題摘要》卷十一引「丘瓊山曰」，稱「按：蘇軾曰……」。
　　　　（嚴佐之、譚帆、彭國忠主編《歸有光全集》第 2 冊，上海人民出版社 2015
　　　　年版，第 678～679 頁）
〔註111〕丘瓊山之說，同上。（第 679 頁）
〔註112〕《資治通鑒》卷二百三十一《唐紀四十七》。
〔註113〕《周頌·酌》。

桓公曰：「人臣剛，朋友絕」〔註114〕，此寧嬴之所以去陽處父〔註115〕乎？夫人之情，柔和則易親，落落則難合。雖以程伊川之賢，顧壁立萬仞，不如明道之和風慶雲也，則入門之際，明道雲從而伊川子立。況華而不實，怨之所聚，犯而聚怨，不可以定身者乎！人懼不獲其利而罹其難，安得而不去也？雖然，亦有貞孤絕俗，介性所至者。物莫與群，仇莫能即，亦君子之所不廢焉。蜀中常侍黃皓用事，諸葛瞻等不能矯正，士大夫多附之，惟樊建不與往來。秘書令郤正久在內職，與皓比屋，周旋三十餘年，澹然自守，以書自娛。既不為所愛，亦不為所憎，故官不過六百石，而亦不罹其禍。《易》曰：「姤其角，吝，无咎。」

〔註114〕《說苑・敬慎》：「桓公曰：『金剛則折，革剛則裂，人君剛則國家滅，人臣剛則交友絕。』」

〔註115〕《國語・晉語五》：「陽處父如衛，反，過寧，舍於逆旅寧嬴氏。嬴謂其妻曰：『吾求君子久矣，今乃得之。』舉而從之，陽子道與之語，及山而還。其妻曰：『子得所求而不從之，何其懷也！』曰：『吾見其貌而欲之，聞其言而惡之。夫貌，情之華也；言，貌之機也。身為情，成於中。言，身之文也。言文而發之，合而後行，離則有釁。今陽子之貌濟，其言匱，非其實也。若中不濟，而外強之，其卒將復，中以外易矣。若內外類，而言反之，瀆其信也。夫言以昭信，奉之如機，歷時而發之，胡可瀆也！今陽子之情譸矣，以濟蓋也，且剛而主能，不本而犯，怨之所聚也。吾懼未獲其利而及其難，是故去之。』期年，乃有賈季之難，陽子死之。」

葉八白易傳卷十二

萃☷

萃：亨。王假有廟，利見大人，亨，利貞。用大牲吉，利有攸往。何也？葉子曰：吾嘗觀之堯、舜、三王之世矣，天地交而陰陽和，萬物會而貨食足，君臣契而大道行，萬民協而天下熙，此物生全盛之候，天人交會之機也。不其至盛矣乎！惟聖人處盛有道焉。何也？萃者，渙之根；渙者，萃之原。將交渙而不交神，是不告也，不告則昧本而弗能聚。渙已聚而神不交，是不報也，不報則忘本而聚復散。萬物本乎天，人本乎祖，本其可忘乎？劉玄德即位而大祫禘，宋太祖登極而立四親廟，知此道矣。萃者，蹇之平；蹇者，萃之傾。方在蹇而無大人，孰與開創？無開創則業不就。已就聚而無大人，孰與保成？無保成則聚復散。自古有治人，無治法，人其可無乎？晉武帝疏杜預，用賈充，而成永嘉之禍；唐罷張九齡，相李林甫，而釀天寶之亂。可以鑒矣。萃者，損之反；損者，萃之簡。損而祭之厚，是為大皁，大皁則神有時恫；物有所萃而祭之薄，是為不足，不足則神有時怨。「牲牷肥腯，粢盛豐備」[註1]，然後明德以薦馥香犧牲不成，粢盛不潔，不敢為賜。薄而請之厚享，其可苟乎哉？萃者，剝之對。剝非萃之配。剝落而有事，是為冥行。冥行者往而困，萃聚而無為，是為費事。費事者失時。極講藝於投戈之後，則禮樂積德而可興；修文於偃武之日，則詩書比屋而可講。事其可廢乎哉？非天下之至精，其孰能與於此？《易》曰：「萃：亨。王假有廟，利見大人，亨，利貞。用大牲吉，利有攸往。」

〔註1〕《左傳・桓公六年》。

　　初六：有孚不終，乃亂乃萃，若號，一握為笑，勿恤，往无咎。何也？葉子曰：君子之於天下也，兩不可相背，猶當觀諸其會通；兩不必並與，夫安得而浮游其志意哉？里克於獻公之私，則告之以慈；於申生之懼，則告之以孝。可謂善處其父子矣。其後驪姬之奸謀欲成，優施之巧言漸惑，乃曰：「秉君而殺太子，吾不忍。通復故交，吾不敢。中立其免乎！」夫克不知徇貞之道，會通之宜，而為浮游之態，卒使奸謀成而晉禍稔，變其初心之過也。雖然，克非附姬以反友也，特其不學無術，徒知父子之間當兩全，而不知邪正之間必不可以並而立，是以一誤而至此。故東萊責之曰：「兩刃之下，人不容足；兩虎之鬥，獸不容蹄。驪姬、申生之際，夫豈人臣中立之地哉？夫中立且不可，而況叛正而與邪哉！」〔註2〕叛正而與邪，難乎免於世之姍而笑矣。雖然，人言不足恤，而吾之禮義必不可愆。失之於初，猶可反之於後也。《詩》曰：「士也罔極，二三其德。」〔註3〕君子姑勿論其始。語曰：「無適無莫，義之與比。」〔註4〕君子不可不正其終。魏舒初從欒書之亂，既而乃歸范宣子召伯盈。初已從王子朝之僭，既而乃從劉文公，君子之所與也。高季興之叛唐也，其子從誨切諫，不聽。既襲位，謂僚佐曰：「唐近而吳遠，唐正而吳逆，非計也。」乃由楚王殷以謝罪於唐，求復脩職貢。亦庶乎近之。若輕於背與國，妄以附強家，如魯宣之捨齊而媚晉，欲以去三桓而強公室，則臣不可保而出奔，君無如何而事輟矣。寧不為天下後世哂哉？又況既從朝廷，復叛朝廷，既從靈寶，復叛靈寶！若劉牢之者，則去呂布無異矣。君子何所齒哉？《易》曰：「有孚不終，乃亂乃萃，若號，一握為笑，勿恤往，无咎。」

　　六二：引吉，无咎，孚乃利用禴。何也？葉子曰：君臣一體，呼吸同情。齊桓禮東野之九九，期月而四方之士相導而杳至；燕昭王延郭隗以致士，未幾而樂毅自趙往，劇辛自齊往。君之引其臣也，從古則然矣。當間隔之際，遇剝落之時，臣獨不當引君以相聚，引類以聚君乎？多方以求遂其魚水之歡，委曲以求致其明良之會。若鄭之以齊朝王，若魯之以衛會晉。若靡之於少康，崎嶇亂離之間，復禹跡，還舊都。若雲長之於先主，歷五關，斬諸將，而追赴汝南。若韓滉之於劉玄佐，約為兄弟，請拜其母，遺之錢以備行裝，出金帛以勞軍士卒，使一軍傾動。玄佐驚服，遂與曲環俱入朝。此其誠意為何如，固所以行無

〔註2〕《左氏博議》卷九《里克諫晉侯使太子伐東山皋落氏》。
〔註3〕《衛風·氓》。
〔註4〕《論語·里仁篇》：「子曰：『君子之於天下也，無適也，無莫也，義之與比。』」

所逃之義，亦所以盡不可解之心也。上帝有不享而明神有不福之者乎？《易》曰：「引吉，无咎，孚乃利用礿。」

六三：萃如嗟如，无攸利，往无咎，小吝。何也？葉子曰：君子之於天下也，備盛德至善則終不可誼分，有威儀風度則秉彝者好德，故使人之未見也，有翹然願見之心；其既見也，有戀然願留之心；至其不可留而去也，則有悵然恨失之心。李膺、黃憲之於漢，明道、溫公之於宋，是可見也。乃若不為流俗之所容，何邪？豈不以下交者，道德之助也，我之不賢，人將拒我矣，雖瀆之而奚益？上交者，功業之引也，我非其人，則棄之如遺矣，雖謟之而奚為乎？是故下焉者，獲魯賢之多而不我與，盡青雲之志而莫我親；上焉者，多田文之愛客而莫我收，同鄭莊之好賢而莫我顧。俍俍乎其何之矣？其父母國人皆賤之，無所容而承以羞者乎？推其極，商鞅之投民舍，章惇之走雷州，斯其類矣。山澤納污，川藪藏疾，瑾瑜匿瑕，國君含垢。無已，其求之上乎？雖然，我非出門之誠，彼無炙手之勢，則亦何益矣？君子所以貴自奮也。不然，周禎、漢雋將何足羨焉？《易》曰：「萃如嗟如，无攸利，往无咎，小吝。」

九四：大吉，无咎。何也？葉子曰：君子所以大居正也，何者？眾皆仰之。君子之樂事也，或者違道以干譽乎？君無尤焉。君子之大欲也，或者逢迎以為悅乎？中正以觀天下，精白以承休德，為伊尹，為周公，斯無愧矣。不然，季氏世脩其勤而得魯眾，田氏家貸公入而齊民德之，是國賊也。張禹、孔光之昵於漢，林甫、盧杞之比於唐，是民蠹也。而可乎？故曰：進不負其君，退不愧其民，君子哉！以其所不負者卷而藏之以繹天下之思，沒而為遺愛，夫是之謂不負。《詩》曰「蔽芾甘棠，勿剪勿伐，召伯所茇」〔註5〕是已。以其所不愧者舉而措之以對天下之望，去而為遺澤，夫是之謂不愧，《詩》曰「芃芃黍苗，陰雨膏之。四國有王，郇伯勞之」〔註6〕是已。《易》曰：「大吉，无咎。」

九五：萃有位，无咎。匪孚，元永貞，悔亡。何也？葉子曰：君天下有道，「皇極之敷」〔註7〕是也；感天下有機，「愛人不親，反其仁；治人不治，反其智」〔註8〕是也。荀卿之言曰：「君者何也？能群也。群者何也？善生養人者也，善班治人者也，善顯設人者也，善藩飾人者也。善生養人者，人親之。善

〔註5〕《召南·甘棠》。
〔註6〕《曹風·下泉》。
〔註7〕《尚書·洪範》。
〔註8〕《孟子·離婁上》。

班治人者，人安之。善顯設人者，人樂之。善藩飾人者，人榮之。四統者俱而天下歸之，夫是之謂能群。」〔註9〕能群則君道盡矣。《詩》曰：「自西自東，自南自北，無思不服。」〔註10〕此之謂也。雖然，苗民逆命，帝乃誕敷文德；伐崇不降，文王退脩政教。凡有血氣，莫不尊親。雖聖人配天之盛，而朕躬有罪，無以萬方。又聖人事天之誠，聖人豈固捨己而顓求之人者哉？故曰：「無然畔援，無然歆羨。」〔註11〕又曰：「不大聲以色，不長夏以革。」〔註12〕若譚子以無禮誅，曹共公以不禮伐，則王德衰而躬不厚矣。區區責人而罪彼，何為者哉？《易》曰：「萃有位，无咎。匪孚，元永貞，悔亡。」

上六：齎諮涕洟，无咎。何也？葉子曰：天下會合之際，公卿大夫聚於朝，明經孝廉聚於鄉，進之則行道，退之則脩德，時之盛，樂之極也。吾獨悵悵乎奚之？不為天下之棄物乎？欲允升而為常安民之所攻，將來連而為陳同甫之所逃，斯其可悲已矣。憂懼而不寧，哀痛之日甚，其將能已乎？雖然，悲哀疾痛之地，庶幾反身修德之鄉；自怨自艾之餘，抑亦克終厥德之候。可則為太甲之善反，不可則昌邑之不克終矣。可不慎乎？《易》曰：「齎諮涕洟，无咎。」

升䷭

升：元亨。用見大人，勿恤，南征吉。何也？葉子曰：日月之昃而落也，景物為之收含；草木之伏而歸也，枝葉為之憔悴。及其離海角而麗中天，則景開而物動；感陽和而舒發，則枝暢而葉伸。何也？時也。是故物必遭時，聖賢不能違時。堯之大明於上，不但九官十二牧之甄拔超擢也。雖深山之側，微有鰥之匹夫，方且一舉而登庸之，而況其他乎！春秋日昃之離，秋末之候也；戰國日入地中，隆冬之逼也。孔、孟休矣，他尚何說焉！是故物必遭時，聖賢不能違時。《易》曰：「升：元亨。用見大人，勿恤，南征吉。」

初六：允升，大吉。何也？葉子曰：塵埃之中，物色之所不來；大行之下，然諾之所併起。世之態，人之情也。《傳》曰：「鳳凰之初起也，翾翾十步之雀咿喔而笑之。及其陞於高，一屈一申展，而雲間藩木之雀超然知其不及遠矣。士褐衣縕著，未嘗完也；糟糠之食，未嘗飽也。世俗之士即以為羞耳。及其出

〔註 9〕《荀子·君道篇》。
〔註10〕《大雅·文王有聲》。
〔註11〕《大雅·皇矣》。
〔註12〕《大雅·皇矣》。

則安百議，用則延民命，世俗之士超然自知不及遠矣。」〔註13〕故《淮南子》曰：「百里奚之飯牛，伊尹之負鼎，太公之鼓刀，寧戚之商歌，其美有存焉者矣。人見其位之卑賤，事之污濁，而不知其大略，以為不肖。及其發於鼎俎之間，出於屠沽之肆，解於縲紲之中，興於牛頷之下，洗之以湯沐，祓之以爟〔註14〕火，立於本朝之上，倚於三公之位，內不慚於國家，外不愧於諸侯，符志有以內合，乃始信於異眾也。故未有功而知其賢者，堯之知舜也；功成事立而知其賢者，眾人之知舜也。」雖然，賢人之才德，石藏於玉，時人未之知也，而和則知之。故鮑叔之識仲，不待於葵丘，而一軍皆驚。「此子亦參政」〔註15〕，是橫目之常度。必待其樹功揚名而後，人人無異訾。甚而宋璟亦曰：「不意韓休乃能如是矣。」〔註16〕若小人之邪惡，狐為美女，眾人未之知也，而賢亦為所欺。故歐陽修為王安石延譽，趙鼎薦秦檜可大用，而蘇明允之《辨奸》，晏敦復之憂色〔註17〕，古今蓋罕有矣。豈惟君子之善定於成功，雖小人之惡亦且彰之於事定也哉？《易》曰：「允升，大吉。」

九二：孚乃利用禴，无咎。〔註18〕何也？葉子曰：君臣之間，甚矣其難合也，而亦易投也。何也？其始也，相遇之疏而難合，是以三聘猶嫌其為簡，七戒猶懼其或輕。光武撫嚴光之腹，曰：「咄咄子陵，不可相助為理耶？」光乃張目熟視曰：「昔唐堯著德，巢由洗耳。士固有志，何至相迫乎？」及其終也，相須之殷而易投，則固契以心而不以跡，交以誠而不以偽。臣有所當為，雖遂事而不為專；上有所重發，雖衡命而不為悖。股肱心膂，通為一身，安事外飾之虛文乎？《書》曰：「惟尹躬暨湯，咸有一德，克享天心。」〔註19〕此之謂也。耿弇破張步，光武車駕至臨淄，自勞軍。群臣大會，帝謂弇曰：「昔韓信破歷下以開基，將軍攻祝阿以發跡，此皆齊之西界，功足相方。而韓信襲擊已降，將軍獨拔勁敵，其功又難於信也。又田橫烹酈生。及橫降，高帝詔衛尉不聽為仇。張步前殺伏隆，若步來歸命，吾當詔大司徒釋其怨。此事尤相類也。

〔註13〕《韓詩外傳》卷九。

〔註14〕「爟」，《淮南子·氾論訓》作「爟」。

〔註15〕《宋史》卷二百六十五《呂蒙正傳》：「蒙正初入朝堂，有朝士指之曰：『此子亦參政耶？』」

〔註16〕《資治通鑒》卷二百十三《唐紀二十九》。

〔註17〕《宋史》卷三百八十一《晏敦復傳》：「始檜拜相，制下，朝士相賀，敦復獨有憂色曰：『奸人相矣。』」

〔註18〕通行本作「引吉无咎，孚乃利用禴」。下文亦可證。

〔註19〕《尚書·咸有一德》。

將軍前在南陽，建此大策，常以為落落難合。有志者，事竟成也。」〔註20〕劉玄德與諸葛孔明歡同魚水，與關侯張飛相友善，寢則同床，恩若兄弟。而稠人廣坐，侍立終日，隨備周旋，不避艱險。至其南北各處，獨行萬里，專決自便，不煩一表以相明。君臣之際，良可詠矣。《易》曰：「引吉无咎，孚乃利用礿。」〔註21〕

九三：升虛邑。何也？葉子曰：古之君子生不逢其時，進不遇其君，則舉足為茅塞之蹊，觸目皆羸角之藩，王侯之國俱壁壘之固也。哀哉！故曰：謂天蓋高，不敢不局。謂地蓋厚，不敢不蹐。及其出剛方果毅之才，用正直聰明之德，遭大明熙洽之時，遇神聖仁厚之主，則運籌合上意，諫諍見聽用，進退得關其忠，任職得行其術，去卑辱奧渫而升本朝，離蔬釋蹻而享膏粱，上下俱歡，千載一會，翼乎如鴻毛遇順風，沛乎若巨魚縱大壑，欣欣乎其得意之甚，坦坦乎其何天之衢，而豁達無礙，動而不括矣。此王褒所以為《聖主頌》也與？噫！非二八諸公之在堯舜之世，不足以語此。《易》曰：「升虛邑。」

六四：王用享于西山，吉，无咎。何也？葉子曰：君子不以爵祿為榮華也，而憂則違之，確乎其不可拔；亦不以山林為避就也，而樂則行之，沛然莫之能禦。然則其行其止，無適無莫也，而時行時止焉。耳以時而進，進豈有窮乎？一人信其忠而舉朝服其信，「咸有一德」而「克享天心」，蓋謂此矣。三聘而起之伊尹，三顧而出之孔明非乎？而歡若魚水，王心以寧是已。故君子祭不欲數，數則煩，煩則不敬；祭不欲疏，疏則怠，怠則忘。是故其祈焉，其報焉，其由闢焉，無先後也。時舉則舉，時廢則廢焉耳。以時而祭，神其吐之乎？故曰：「懷柔百神，及河喬嶽。」〔註22〕又曰：「陟其高山，墮山喬嶽，允猶翕河。敷天之下，裒時之對，時周之命。」〔註23〕《易》曰：「王用享于西山，吉，无咎。」

六五：貞吉，升階。何也？葉子曰：天下，大器也。君天下，大事也。理之得其道，則日裕而見其甚易。不得其道，則日蹙而見其為難。何也？慎與肆也。慎其始則終易，肆於前則後艱。昔者「魏文侯問元年於吳子，吳子對曰：『言國君必慎始也。』『慎始奈何？』曰：『正之。』『正之奈何？』曰：『明智。』

〔註20〕 《後漢書》卷十九《耿弇列傳》、《資治通鑒》卷四十一《漢紀三十三》。
〔註21〕 通行本作「引吉无咎，孚乃利用礿」，乃《萃》六二爻辭。此處當作「孚乃利用礿，无咎」。
〔註22〕 《周頌·時邁》。
〔註23〕 《周頌·般》。

《易》曰：『正其本，萬事理。差之毫釐，繆以千里。』是故君子貴建本而重始。」〔註24〕《荀子》曰：「天子即位，上卿進曰：『如之何憂之長也！能除患則為福，不能除患則為賊。』授天子一策。中卿進曰：『配天而有下土者，先事慮事，先患慮患。先事慮事，謂之接，接則事憂成；先患慮患，謂之豫，豫則禍不生。事至而後慮者謂之後，後則事不舉；患至而後慮者謂之困，困則禍不可豫〔註25〕。』授天子二策。下卿進曰：『敬戒無怠！慶者在堂，弔者在閭。福與禍鄰，莫知其門。豫哉！豫哉！萬民望之』授天子三策。」故成、康慎乃在位，惠文清淨寧壹，光武兢兢保守，不敢遠期，十年則為天下君，安而不危，存而不忘，治而不亂。秦、隋之君蕩而不法則，為天下更大艱難，求為匹夫而不可得矣。故曰：「《春秋》之義，有正春者無亂秋，有正君者無危國。」〔註26〕《易》曰：「貞吉，升階。」

上六：冥升，利於不息之貞。何也？葉子曰：天下之最不可過求者，身外之物，故造物者忌多取。天下之最不厭多求者，反身之功，故仁以為己任者必死而後已。知進而不知退，知存而不知亡，知得而不知喪，李斯而下諸人安在其不敗哉？《老子》曰：「功成，名遂，身退，天之道。」伊尹曰：「臣罔以寵利居成功。」〔註27〕魏野詩云：「西祀東封今已了，好來相伴赤松遊。」〔註28〕張良之辟穀〔註29〕，兩疏之見幾〔註30〕，張翰之思鱸〔註31〕，

〔註24〕 出《說苑·建本》，「《易》曰」云云在「魏文侯」之前。
〔註25〕 「豫」，《荀子·大略》作「御」。
〔註26〕 《說苑·建本》。
〔註27〕 《尚書·太甲》。
〔註28〕 《太保琅琊相公見惠酒因成二絕用為紀謝》其一。
〔註29〕 《史記》卷五十五《留侯世家》：「留侯乃稱曰：『家世相韓，及韓滅，不愛萬金之資，為韓報讎彊秦，天下振動。今以三寸舌為帝者師，封萬戶，位列侯，此布衣之極，於良足矣。原棄人間事，欲從赤松子遊耳。』乃學辟穀，道引輕身。」
〔註30〕 《漢書》卷七十一《疏廣傳》：「廣謂受曰：『吾聞「知足不辱，知止不殆」，「功遂身退，天之道」也。今仕官至二千石，宦成名立，如此不去，懼有後悔，豈如父子相隨出關，歸老故鄉，以壽命終，不亦善乎？』受叩頭曰：『從大人議。』即日父子俱移病。滿三月賜告，廣遂稱篤，上疏乞骸骨。上以其年篤老，皆許之，加賜黃金二十斤，皇太子贈以五十斤。公卿大夫故人邑子設祖道，供張東都門外，送者車數百兩，辭決而去。及道路觀者皆曰：『賢哉二大夫！』或歎息為之下泣。」
〔註31〕 《世說新語·識鑒》：「張季鷹辟齊王東曹掾，在洛見秋風起，因思吳中菰菜羹、鱸魚膾，曰：『人生貴得適意爾，何能羈宦數千里以要名爵！』遂命駕便歸。俄而齊王敗，時人皆謂為見機。」

司馬孚〔註32〕、武攸緒〔註33〕之高臥，錢若水之急流勇退〔註34〕。五代荊南梁震佐成高氏基業後，乃曰：先王待我如布衣交以嗣王屬我今能自立，不墜基業，吾老矣，不復事人矣。遂固請退居，高從誨不能留，乃為之築室於土州，震披鶴氅，自稱荊臺隱士。〔註35〕嗚呼！不以利祿眛其心，則庶乎知進退存亡而不失其正矣，去滔滔者不亦遠乎？惜乎天下以求仁之功為求利之謀者多，移求利之心於求仁之道者寡，何也？仁不可足也，故不可息也。先達有言：古之君子恒不足，窮不足於學，達不足於治。何也？天地至大，萬物至眾，億世至遠，而君子以一心之微而欲探萬物之理，以一身之渺而欲配天地之德，以百年之須臾而欲立乎億世之上，億世之下不如是不已也。既如是不息也，庸可足乎？一職易盡，一方易理。伊欲聖元後端百揆，熙萬姓，旁達四方之外，蠻夷戎狄之眾，上及飛鳥，下及魚鱉，與夫跂行喘息蠕動之物、根荄之植皆萃以蕃，山川鬼神皆寧以謐，七緯順而氛祲微，三辰和而雨暘若。餘波浸乎後世，然後為治之至也。而君子病之，又可足乎？舜、禹、周公，聖人也，治莫踰焉。然舜猶好問好察，禹猶一饋十起，周公猶一沐三握，非不足於治邪？孔子，聖人也，學莫踰焉，猶好古敏求而無常師，入太廟，每事問，非不足於學邪？天覆萬物，而不息以為高；地載眾形，而不息以為厚。是之謂不足。不足則不息矣。故昔者子貢問於孔子曰：「賜倦於學矣，願息事君。」孔子曰：《詩》云：『溫恭朝夕，執事有恪。』事君難，焉可息哉？」「然則賜願息事親。」孔子曰：「《詩》云：『孝子不匱，永錫爾類。』事親難，焉可息哉？」「然則賜願息於妻子。」孔子曰：「《詩》云：『刑于寡妻，至于兄弟，以御于家邦。』妻子難，焉可息哉？」「然則賜願息於朋友。」孔子曰：「《詩》云：『朋友攸攝，攝以威儀。』朋友難，焉可息哉？」「然則賜願息於耕。」孔子曰：「《詩》云：『晝爾于茅，宵爾索綯。亟其乘屋，其始播百穀。』耕難，焉可息哉？」「然則賜無

〔註32〕《晉書》卷三十七《宗室列傳·安平獻王孚》：「漢末喪亂，與兄弟處危亡之中，簞食瓢飲，而披閱不倦。」
〔註33〕《新唐書》卷一百九十六《隱逸列傳》：「武攸緒，則天皇后兄惟良子也。恬淡寡欲，好《易》、莊周書。少變姓名，賣卜長安市，得錢輒委去。後更授太子通事舍人，累遷揚州大都督府長史、鴻臚少卿。後革命，封安平郡王，從封中嶽，固辭官，願隱居。後疑其詐，許之，以觀所為。攸緒廬岩下如素遁者，後遣其兄攸宜敦諭，卒不起，後乃異之。盤桓龍門、少室間，冬蔽茅椒，夏居石室，所賜金銀鐺鬲、野服，王公所遺鹿裘、素障、癭杯，塵皆流積，不禦也。市田潁陽，使家奴雜作，自混於民。」
〔註34〕參《大畜》九二。
〔註35〕《資治通鑒》卷二百七十九《後唐紀八》。

息者乎？」孔子曰：「望其壙，宰如也，填如也，鬲如也。此則知所息矣。」子貢曰：「大哉死乎！君子息焉，小人休焉。」〔註36〕嗚呼！此君子之所以「俛焉日有孜孜，斃而後已」〔註37〕也。雖然，亦有斃而未已者。史魚自以不能進蘧伯玉，退彌子瑕，既死，猶以屍諫。靈公卒用伯玉而退子瑕。孔子稱之曰：「忠感其君。」〔註38〕郗超恐父之哀其死而成疾，遂令門生進其一箱與桓溫往返密謀書。父果怒，曰：「小子死已晚矣。」遂不復哭。〔註39〕朱子書其卒而不去其官。〔註40〕嗚呼！君子遽以死而已其事哉？《易》曰：「冥升，利於不息之貞。」

困䷮

困：亨貞，大人吉，无咎，有言不信。何也？葉子曰：蜻蜓四翼，橫空無極，螻蟻制之，翼足俱食；騏驥千里，日馳不已，僕夫曳之，踱步不起。然則有雄豪橫絕之才，而當憸壬險陂之厄，其何以振拔而有為邪？此君子之身所以憊而乏，君子之用所以窒而窮乎？雖然，可危者身，不可危者心；阨我者時，不阨我者道。身險而心說，則身屈而道通，困而安失其所亨乎？莊生有言：「寖假而化予之左臂以為雞，予因以求時夜。寖假而化予之右臂以為彈，予因以求鴞炙。寖假而化予之尻以為輪，以神為馬，予因而乘之，豈更駕哉？且夫得者時也，失者順也，安時而處順，哀樂不能入也。」〔註41〕斯之謂天下之大通，斯之謂天下之至正。雖然，此豈易為哉？剛於中，斯百險不能隕其正；正於己，

〔註36〕 《孔子家語·困誓第二十二》。

〔註37〕 《禮記·表記》。

〔註38〕 《孔子家語·困誓第二十二》：「衛蘧伯玉賢而靈公不用，彌子瑕不肖反任之，史魚驟諫而不從，史魚病將卒，命其子曰：『吾在衛朝不能進蘧伯玉，退彌子瑕，是吾為臣不能正君也，生而不能正君，則死無以成禮。我死，汝置尸牖下，於我畢矣。』其子從之。靈公弔焉，怪而問焉，其子以其父言告公，公愕然失容曰：『是寡人之過也。』於是命之殯於客位。進蘧伯玉而用之，退彌子瑕而遠之。孔子聞之曰：『古之列諫之者，死則已矣，未有若史魚死而屍諫，忠感其君者也，不可謂直乎？』」

〔註39〕 《資治通鑑》卷一百四《晉紀二十六》：「十二月，臨海太守郗超卒。〔初，超黨於桓氏，以父愔忠於王室，不令知之。及病甚，出一箱書，授門生曰：『公年尊，我死之後，若以哀悼害寢食者，可呈此箱。不爾，即焚之。』既而愔果哀悼成疾，門生呈箱，皆與桓溫往反密計。愔大怒曰：『小子死已晚矣。』遂不復哭。〕」

〔註40〕 《資治通鑑綱目》卷二十一：「臨海太守郗超卒。」

〔註41〕 《莊子·大宗師》。

斯千憂不能喪其樂。非仲尼之絃歌〔註42〕，顏子之不改〔註43〕，柳下惠之不怨不憫〔註44〕，不足以語此。故曰：「樂天知命，故不憂。」〔註45〕又曰：「天所命者通極於性，遇之吉凶不足以戕之。」〔註46〕雖然，禍敗之來皆天也，人不必以煩辭宣；阨窮之遇皆命也，機不容以詭辭避。莊生有言：「父母於子，東西南北，惟命之從。陰陽於人，不啻父母。彼近吾死而我不聽，我則捍矣，彼何罪焉？今大冶鑄金，金踊躍曰：『我且必為鏌鋣。』則大冶必以為不祥之金。今一犯人之形而曰：『人耳！人耳！』則造化必以為不祥之人。」〔註47〕然則捨困亨之腴而求亨困之捷，廢而示用，屈而宣申，若李斯之為者，人誰與之？祇益其窮而已矣。嗚呼！此臣罪之當誅，念天王之明聖，文王之所以為文也。《易》曰：「困：亨貞，大人吉，无咎，有言不信。」

初六：臀困于株木，入於幽谷，三歲不覿。何也？葉子曰：弱而不足以自振者，才之末也；暗而不足以自拔者，質之昏也。生於太平，長於太平，猶未足以觀日出之光，而況憸壬得志、濁穢溷溺之時乎！《詩》曰：「其何能淑，載胥及溺。」〔註48〕又曰：「多將熇熇，不可救藥。」〔註49〕嗚呼！此唐末諸士貶官於白馬驛，而朱全忠一夕殺之，君子以為既無先見之明，又無克亂之才，有隕而已矣。雖然，元稹一經挫折，不克固守忠直，古人謂之「下喬入幽，祇自毀壞」〔註50〕。盧攜初年奏疏意氣甚壯，後浼北司，以至仰藥，〔註51〕君子謂之溷廁終身，可不慎乎？《易》曰：「臀困于株木，入於幽谷，三歲不覿。」

九二：困于酒食，朱紱方來，利用亨祀，征凶，无咎。何也？葉子曰：君臣之遇，士君子之所甚欲也。委任之多而不克畢其多，付託之重而不能悉其重，

〔註42〕《史記》卷四十七《孔子世家》：「於是乃相與發徒役圍孔子於野。不得行，絕糧。從者病，莫能興。孔子講誦絃歌不衰。」

〔註43〕《論語・雍也》：「子曰：『賢哉，回也！一簞食，一瓢飲，在陋巷，人不堪其憂，回也不改其樂。賢哉，回也！』」

〔註44〕《孟子・萬章下》：「柳下惠不羞污君，不辭小官。進不隱賢，必以其道。遺佚而不怨，厄窮而不憫。與鄉人處，由由然不忍去也。」
　　　本句為：凡九章

〔註45〕《周易・繫辭上》。

〔註46〕《正蒙・誠明》。

〔註47〕《莊子・大宗師》。

〔註48〕《大雅・桑柔》。

〔註49〕《大雅・板》。

〔註50〕《資治通鑒綱目》卷四十八。

〔註51〕盧攜傳見《舊唐書》卷一百七十八、《新唐書》卷一百八十四。

亦其所甚病矣。多與重，不足以病君子也。時之不利，命之不濟，所由以病也
夫。我之所以獲於上者已多而不可解，而上之所以多乎我者方股而未之艾，則
以平日成功之地而於今適為困苦之機矣，君子於此將何為哉？守至誠以待天
命之來，積孚敬以格神明之祐而已矣。此居易俟命之正，鼓缶而歌之常道也。
不度時而必欲功之成，不安命而必欲事之濟，取敗而已矣。文天祥、張世傑、
陸秀夫豈不可哀也哉？雖然，尤有可哀者焉。不允其聽天而必欲其回天，不使
其俟命而必使之隕命。若唐昭宗之於杜讓能，是則重可哀矣。李茂貞恃功驕橫，
上表大肆，不恭昭宗。決策討之，命讓能專掌其事。讓能諫曰：「陛下初臨大
寶，國步未夷。李茂貞近在國門，未宜構怨。萬一不克，悔之無及。」上曰：
「王室日卑，號令不出國門，此志士憤痛之秋，朕不能坐視陵夷。卿但為調兵
食。」讓能曰：「陛下必欲行之，中外大臣宜協力以行其志，不當獨以任臣。」
上曰：「卿位居元輔，與朕同休戚，不宜避事。」讓能泣曰：「臣豈敢避事，顧
時有未可，勢有未能，恐他日徒受晁錯之誅，不能弭七國之禍也。敢不奉詔，
以死繼之。」乃命讓能留中書，計劃調度，月餘不歸。未幾，茂貞拒官軍，官
軍潰。茂貞表讓能罪，請誅之。連貶為雷州司戶。茂貞勒兵不解，連表請誅讓
能，然後還。卒賜之死。〔註52〕嗚呼！事不濟而理固無尤，身則死而國亦何
益？若讓能者，亦重可哀也已。《易》曰：「困于酒食，朱紱方來，利用享祀，
征凶，无咎。」

六三：困于石，據於蒺藜，入於其宮，不見其妻，凶。何也？葉子曰：禍
莫大於使強役於弱，愚莫甚於眛仇以為親。荊蠻之狡，楚成之強，天下所知也，
而宋襄以亡國之餘與之爭霸，欲使橫行江漢之雄俯首而聽命於不仁不智之醜，
其不磨其虎牙而滋其虎吻者，天下無是理也。雖然，使吾之黨親而可據，據之
而可得以為安，猶有幸也。是故鹿上之盟幸脫虎口，有齊在耳；〔註53〕盂之
會，齊懼楚而不至，陳、蔡、許皆其與國，獨有曹為中國之資而實宋之仇矣，
安得而不為所執哉？〔註54〕況一會而虐二國之君，又不免諸侯之所共疾。則夫

〔註52〕《舊唐書》卷一百七十七《杜讓能傳》、《資治通鑒》卷二百五十九《唐紀七十
　　　　五》。
〔註53〕《左傳·僖公二十一年》：「二十一年春，宋人為鹿上之盟，以求諸侯於楚。楚
　　　　人許之。公子目夷曰：『小國爭盟，禍也。宋其亡乎，幸而後敗。』」
〔註54〕《左傳·僖公二十一年》：「秋，諸侯會宋公於盂。子魚曰：『禍其在此乎！君
　　　　欲已甚，其何以堪之？』於是楚執宋公以伐宋。冬，會於薄以釋之。子魚曰：
　　　　『禍猶未也，未足以懲君。』」

視其執，視其釋，如玩嬰兒於掌股之上，乃諸侯之同欲也，又安望其合謀而救乎？嗚呼！不幸而當齊桓既沒之餘，又不幸而當楚成方強之始，國之危亡無日矣。獨有內據子魚，外據齊、魯、曹、衛，可以稍安。而宋襄反之，安能免於死邪？故傳曰：己困而不見據於賢人，困之困者也。昔者秦穆公困於殽，疾據五羖大夫、蹇叔、公孫枝而小霸；晉文困於驪氏，疾據舅犯、趙衰、介子推而遂為君；越王句踐困於會稽，疾據范蠡、大夫種而霸南國；齊桓公困於長勺，疾據管仲、寧戚、隰朋而匡天下。此皆知困而疾據賢人者也。不據賢人，不亡何待？《詩》曰：「人之云亡，邦國殄瘁。」〔註55〕無善人之謂也。故《荀子》曰：「南方有鳥，名曰蒙鳩。以羽為巢，而編之以髮，繫之以葦苕。風至苕折，卵破子死。巢非不完也，所繫者然也。」〔註56〕《易》曰：「困于石，據於蒺藜，入於其宮，不見其妻，凶。」

九四：來徐徐，困于金車，吝，有終。何也？葉子曰：君子之材調大而偉，故其強力足以起天下之幽；君子之器度正以宏，故其義聞足以排天下之障。齊桓起北杏，同盟幽，而天下信其信，仁其仁，則不召而至者，江人、黃人也。晉悼圍彭城，城虎牢，而天下畏其威，懷其惠，則望華而改於尸者，陳成公也〔註57〕。荊楚雖強，其奈三國何？而三國亦何厄楚之有哉？晉靈立於少，而趙盾始當國，鄭、衛之東望也久矣，曰：「庶幾其有瘳乎？」而間關迤邐，直至衛會魯成公於沓，鄭會魯成公於棐，然後合而成之以去楚。嗚呼！此豈大丈夫之生世舉一世而安全之者之事乎？規模之庳萎，氣局之鄙陋，夫亦不足觀矣。雖然材力之不勝，氣勢之不足，吾無憾也。是故吳公能薦賈生〔註58〕，而不能決絳、灌之讒〔註59〕；士㒟能以百口保飛〔註60〕，而不能回秦檜之賊。可惜也已。若夫劉封、孟達不救麥城之難，賀蘭進明不救睢陽之圍，斯則罪之大者。其於悲墜屨而哭亡簪，不亦遠乎？《易》曰：「來徐徐，困于金車，吝，有終。」

〔註55〕《大雅·瞻仰》。
〔註56〕《勸學》。
〔註57〕參《隨》初九。
〔註58〕《史記》卷八十四《賈生列傳》：「孝文皇帝初立，聞河南守吳公治平為天下第一，故與李斯同邑而常學事焉，乃徵為廷尉。廷尉乃言賈生年少，頗通諸子百家之書。文帝召以為博士。」
〔註59〕參《漸》初六爻注。
〔註60〕《宋史》卷二百四十七《宗室列傳四》：「士㒟數言事，忤秦檜。及岳飛被誣，士㒟力辨曰：『中原未靖，禍及忠義，是忘二聖不欲復中原也。臣以百口保飛無他。』檜大怒，諷言者論士㒟交通飛，蹤跡詭秘，事切聖躬，遂奪官。」

九五：劓刖，困于赤紱，乃徐有說，利用祭祀。何也？葉子曰：天以時為權，地以財為權，人以力為權，君以令為權。失其殺奪予施之威福，亡其進退廢置之政柄，則不利我而害我，不飾我而妨我。一身之外皆荊棘，左右之餘皆坑谷，又可以為君乎？何也？《管子》曰：「為人上者釋法而行私，則為人臣者援私以為公。行公道而託其私焉，寖久而不知奸心，得無積乎？奸心之積也，其大者有侵殺逼上之禍，其小者有內爭比周之亂。所以然者，由主德不立而國無常法也。主德不立則婦人能食其意，國無常法則大臣敢侵其勢。大臣假於女之能以規主情，婦人寵嬖假於男之智以援外權，於是乎兵亂內作以召外寇矣。」〔註61〕此周赧、漢獻之受制於強臣，唐文宗之受制於家奴。昭宗自討李茂貞後，朝廷動息皆稟邠岐，南北司往往依附二鎮以邀恩澤，千古之恥也。曠歲而待時命，則大福不再；脩德以享天心，則上帝不韙。嗚呼！若之何其不亡乎？吾有取於夏之仲康焉。后羿廢太康而立仲康，仲康不得有為於其國矣，然能內存不肯受制之心，外韜不敢有為之氣，卒之命胤侯掌六師以收其兵權，徵羲和以剪其羽翼，終其身使羿不得逞，斯則善於處變矣。《易》曰：「劓刖，困于赤紱，乃徐有說，利用祭祀。」

上六：困于葛藟，於臲卼，曰動悔有悔，征吉。何也？葉子曰：縛厄於患難之中，而伸縮不得以自如，搖撼不能以自定者，時之所遭也。奮勵於患難之中，而鞭策其氣以振拔，懲艾其志以改圖者，才之所起也。昔子產當國，內則有諸大夫之爭，互相誅殺，外則有晉楚之兵，無日不至城下。國之危弱，幾不可為已。拘繫而不舒，危殆而不安，尚得喘息於其國哉？而子產於此，激昂奮勵，果斷剛決。其於內也，務息諸大夫之爭而先除為凶之人，雖無忿疾之道而不失勸懲之公，雖不輕動以發大難之端，亦不緩治以失事機之會，自子南逐，子晳死，而豪家大姓靡然聽順，無復有梗其政者。其於外也，事大國以禮而不苟徇其求，御強暴以貞而不瞑墮其詐，善應對以辭而不可窮其詰，抑之愈奮，摧之愈厲，爭承卻弓，挺挺不拔，卒之楚方退息而不敢與之爭，晉與盟誓而不復與之貳，四十餘年之間，無復諸侯之討。而用能轉弱為強，古今稱名卿焉。奚縛厄之有？《易》曰：「困于葛藟，於臲卼，曰動悔有悔，貞吉。」

井䷯

井：改邑不改井，无喪无得，往來井井。汔至，亦未繘井，羸其瓶，凶。

〔註61〕《管子・君臣上》。

何也？葉子曰：水之所蓄也，取之而不窮，用之而不竭，其為利也大。利也者，養人成務之具也。黃帝所以授之堯，堯、舜所以授之周。雖以戰國擾攘之秋，兵農紛紜之際，而孟子導齊梁以王政，亦曰「五畝之宅，樹牆下以桑。雞豚狗彘之畜，無失其時。百畝之田，勿奪其時」。何則？其所以利民者深焉耳。嗚呼！自有耒耜之利以來，易姓受命其幾，而終莫之變焉。何也？生民之所繫，惟是為大。而禮樂文章則固成定之彪炳也。夫養民之道，則因民之所利而利，無損惠也。故曰：利而利之，不如不利而利之利也。耕田而食，鑿井而飲，下無益德也。故曰：「不識不知，順帝之則。」殺之而不怨，利之而不庸，五十者可以衣帛，七十者可以食肉，八口之家可以無饑矣。故曰：老有所終，幼有所養。嗚呼！此先王之治所以為熙熙皞皞，與上下同流而莫之間者邪？雖然，聖人之治，久於其道。王者之政，必世而後仁。故曰：「三年耕必有一年之積，九年耕則有三年之積。」〔註62〕計三十年之通，可使民無菜色。未有及民之少利而即為無益之妄圖，不為經國之遠猷而日事紛更之製作，則功未成而民告病，利未及而害已加矣，是豈聖人之所貴哉？嗟乎！堯、舜、三代之愛天下也深，故其利天下也大；堯、舜、三代之慮天下也遠，故其安天下也恒。齊宣請嘗試之而不果，怠於志也；滕文使問井地而不行，屈於勢也。仲舒言之而視為虛文，多欲之不足以傚唐、虞之治也；師丹言之而竟寢不舉，貴戚近習多所不便之故也。嗚呼！安得堯、舜、三代之君主之於上，堯、舜三代之臣輔之於下，而與之共成養人成務之具也哉？《易》曰：「井：改邑不改井，无喪无得，往來井井。汔至，亦未繘井，羸其瓶，凶。」

初六：井泥不食，舊井无禽。何也？葉子曰：夫物必自擲而後人擲之，人必自棄而後人棄之。《淮南子》曰：「江河之腐胔不可勝數，然祭者汲焉，大也；一杯酒，白蠅漬其中，匹夫廢嘗焉，小也。」〔註63〕然則以瑣瑣卑末之器而無純白之德，戔戔淺小之資而有污穢之累，不可親而可拒，不當近而當遠，是為天下之棄才，盛世之廢民矣。上之不數於其主，下之不齒於其徒，商賈之所不足侶，農圃醫卜之所恥為傳，而況明君賢相與夫大人君子何所顧而惜之乎！喬絑、張涉、劉秩之類蓋似之矣。束之高閣，且為大幸，而何遠行之望焉？《易》曰：「井泥不食，舊井无禽。」

九二：井谷射鮒，甕敝漏。何也？葉子曰：修德可以及物，而不能自及於

〔註62〕《禮記·王制》。
〔註63〕《淮南子·要略》。

物；正己所以正人，而不能自正乎人。韓子有言：「致君豈無術？自進誠獨難。」
〔註64〕悲夫！此孟子之所以歷聘七十二君而卒不一遇，而知言養氣之學與喪
禮經界之制、王道治世之施為經濟，不過以告萬章、公孫丑之庸庸而已。噫！
古今道德之士，上無青雲之附以為汲引，可以同升諸公；下惟卑賤之交以成其
德，不足以相推轂；卒之斂道以終身，豈一二哉？《易》曰：「井谷射鮒，甕
敝漏。」

九三：井渫不食，為我心惻，可用汲，王明並受其福。何也？葉子曰：隨
和之璧橫棄於道傍，雖非賈客，見者必為之深歎；千尋之材叢生於荒谷，雖非
匠石，過者必為之長籲。然則有佐王之才，抱經綸之術，而居在下之位，極其
養人之具，而卒與草木同凋腐，豈惟同類之戚戚哉？行道之所不忍，有識之所
傷心矣。所以然者無他，明王不作，天下莫能宗焉耳。苟有作者，則施之者安
富而尊榮，受之者康寧而富壽，介慶何如哉？是知功業不成，非君子之病，顧
上之人何如耳。微明揚之帝堯，則大舜雷澤之漁父；非明哲之高宗，則傅說岩
野之胥靡。古人有言：綿綿之葛，在於曠野。良工得之，以為絺紵。良工不得，
枯死於野。古之達賢不遇明君世主，幾行乞丐，枯死中野，譬猶綿綿之葛矣。
然則高材而無貴仕，饕餮而居大位，自古所歎，豈特管輅一人而已哉？《易》
曰：「井渫不食，為我心惻，可用汲，王明並受其福。」

六四：井甃，无咎。何也？葉子曰：德之不脩足以憂，孔子道未足以濟天
下，君子不為憂也。學不能行足以病，子貢澤未足以周萬物，君子不為病也。
是故體未信則求信達之未順，施不博而濟不眾，吾何歉乎哉？本末立則求立道
之未生，君不致而民不澤，吾何畏彼哉？曾點之歌詠〔註65〕，漆雕之未信〔註
66〕，果有以也。不然，不幾於子路、子羔之病乎？《易》曰：「井甃，无咎。」

九五：井冽寒泉食。何也？葉子曰：舉餓鬼而飽滿之者，君之心；吞江河
而厭酌之者，民之願。然使天德之不純，王道之不善，則我雖與人而人不欲，
固有吐污泥義不食而去之者矣。傅說非其後不食，伯夷非其君不事是已。使弱
德不可以博施，小道不可以濟眾，則民雖取之而或不足，固有望空泉失願望而

〔註64〕韓愈《齪齪》。
〔註65〕《論語‧先進》：「『點，爾何如？』鼓瑟希，鏗爾，舍瑟而作。對曰：『異乎三
　　　　子者之撰！』子曰：『何傷乎？亦各言其志也。』曰：『莫春者，春服既成，冠
　　　　者五六人，童子六七人，浴乎沂，風乎舞雩，詠而歸。』夫子喟然歎曰：『吾
　　　　與點也！』」
〔註66〕參《節》九二爻注。

去之者矣。若漢末之民求復漢官威儀而不得，晚唐之士想望開元貞觀之治而不能是已。秉聰明睿智之質，備仁義禮智之德，以為天下民物主，而使天下老者安，少者懷，懷生之物各得其所，哨翹喘噢各厭其情，非堯舜之世、三代之英，曷足以語此？《易》曰：「井洌寒泉食。」

上六：井收勿幕，有孚元吉。何也？葉子曰：朝廷取其設施，百姓資其足給，君子藉其進用，華夏仰其懷綏，大臣之職分也。居大臣之分，承汲取之時，而可苟焉已哉？恢宏其濟世之仁，汪浸其潤物之澤，以天下為度而不靳其可施之功，以四海為心而不隘其可充之量，然後足以稱其職，不虧其分焉耳。然此豈易易哉？有本焉，斯能取之而不窮，用之而不竭，天下酌之而有餘。有道焉，斯若江海之浸，膏澤之潤，百姓日用而不知也，而豈易易也哉？必如是，然後天下之民舉安，王者之化無外，巍巍乎上下與天地同流，而非區區之小補者矣。噫！非周公其孰能當之？《易》曰：「井收勿幕，有孚元吉。」

葉八白易傳卷十三

革 ䷰

革：已日乃孚，元亨，利貞，悔亡。何也？葉子曰：日往則月來，寒往則暑來，天道之變遷也。夏忠而商質，秦急而漢寬，人道之推移也。世豈能無更革乎哉？但非聖人之得已。《傳》曰：「易窮則變，變則通，通則久。」〔註1〕不窮而遽變，聖人無是矣。是故上古穴居而野處，後世聖人易之以宮室，上棟下宇，以待風雨。古之葬者，厚衣之以薪，葬之中野，不封不樹，喪期無數，後世聖人易之以棺槨。上古結繩而治，後世聖人易之以書契，百官以治，萬民以察。去其舊而為新，非聖人之得已也，所以通變而使之久也。雖然，民不可慮始，權不可使知，朝發而夕喻，暮改而旦通，非所以望天下之蚩蚩也。是故盤庚既遷而民始喻，周書多誥而民始知，不得已之深意，豈能遽喻諸人哉？人不喻諸我，而可遽責之人哉？夫不得已而後動，動而征諸民，是為考三王而不謬，建天地而不悖，質鬼神而無疑，俟後世而不惑，是為動而世為天下道，行而世為天下法，言而世為天下則，遠之則有望，近之則不厭，經而黃帝、堯、舜之通其變而使民不倦，神而化之使民宜之，垂衣裳而天下治者是也。權而為商湯、周武之革命，順乎天而應乎人，身不失天下之顯名者是也。秦始皇大變舊章，漢武帝紛紛製作，宋神宗泥古而更今，變革之罪人矣。昭烈定漢中，實兵諸圍，以禦外敵，敵若來攻，使不得入其後，皆承此制。及姜維用事，建議

〔註1〕《周易・繫辭下》。

以為諸圍適可禦敵，不獲大利，不若斂兵聚谷，退就漢、樂二城，聽敵入平重
關頭，鎮守以折之；敵攻關不克，千里運糧，自然疲乏。引退之日，然後諸城
並出搏之，此殄敵之術也。於是詔漢中兵守漢、樂二城，蜀卒以破。嗚呼！誰
為此更易變作也？其始若為經國之遠猷，其卒竟為亡國之亂道，知者弗為之
矣。凡有天下深根固本之慮者，其尚慎之也哉！其尚慎之也哉！《易》曰：「革：
已日乃孚，元亨，利貞，悔亡。」

初九：鞏用黃牛之革。何也？葉子曰：動生於靜。靜不極，不可以輕動。
通生於守。守不固，不可以遽通。東坤氏曰：「尺蠖之屈，以求伸也。豈惟蠖
哉？鵲將飛則伏其翼，鶻將噬則縮其爪，牛將鬥則抑其尾，虎將奮則局其足。
是以君子前乎思養其睿，前乎動養其敬，前乎言養其信，前乎行養其順。」《孟
子》曰：「人有不為也，而後可以有為。」〔註2〕夫不為者，養於屈也；有為
者，伸其養也。《詩》曰：「於鑠王師，遵養時晦。」〔註3〕此之謂乎？然則君
子將欲大變天下之風俗，必先於其風俗而固守之，俟其自敝而變可通；君子將
欲大變天下之紀綱，必先於其紀綱而持循之，俟其自壞而舊始革。故周官立政，
未遽行也，必反商政。政由舊，斯為變殷之機。興衰撥亂，未遽動也，其始必
仍舊貫。秉周禮，斯為革魯之漸。《易》曰：「鞏用黃牛之革。」

六二：已日乃革之，征吉，无咎。何也？葉子曰：「易窮則變，變則通，
通則久」〔註4〕，自然之序也。未窮而變，雖變不通；急變而通，雖通不久。
夏之忠，商之質，周之文，非一日之故也，其所由來者漸矣。故曰：聖人慎動。
又曰：寧失之遲，毋失之速。寧失之緩，無失之亟。遲遲而後動，則驗之消息
盈虛之理，果出於天道之窮緩；緩而後行，則考之出入動靜之宜，果出於人心
之厭。然後自天祐之，吉无不利。三代之所以同民心而出治道者，豈無故與？
蘇軾告司馬光曰：「法相因則事易成，有漸則民不驚。」〔註5〕范純仁曰：「差
役當熟講而緩行。不然，滋為民病。役議或難回，則可先行之一路，以觀其究
竟。」〔註6〕蓋有以識此矣。雖然，革而因者，循常之治；革而革者，急變之
權也。商政反於武成之日，不為亟；三章約於入關之初，不為早。不然，宋神
宗論執政罷青苗法，曾公亮、陳升之欲即奉詔，而趙抃獨曰：「新法皆安石所

〔註2〕《孟子·離婁下》。
〔註3〕《周頌·酌》。
〔註4〕《周易·繫辭下》。
〔註5〕李燾《續資治通鑑長編》卷三百九十四。
〔註6〕（元）陳桱《通鑑續編》卷十。

建，不若俟其出。既出安石，一起而持之益堅。」〔註7〕天下擾擾，不可支矣。一言誤國，禍豈淺哉！是故君子貴審幾也。《易》曰：「已日乃革之，征吉，无咎。」

九三：征凶，貞厲，革言三就，有孚。何也？葉子曰：天下有不可輕易之舉動，而亦未有不可開道之人心。桓溫之請遷都，外示強威，以震天下，而中實虛聲，以動朝廷。此固不足言矣。祖乙圮於耿，盤庚欲遷以避之，然而民未易喻也。安土之情蹙然，無我將去之之願；從康之傲囂然，有嗤其君上之心。則動而或括，民莫之與。斯秦孝公、商鞅之所切齒者矣。然而非民之罪也，動不可遽也。是以盤庚不怒也，引咎自責，益聞眾言。未遷之前，有以昭利害之原，悉存亡之勢，達吾不得不動之心，明爾安土重遷之意。既遷之後，有以申彼此之情，釋疑懼之意，明吾前日之用謀略。彼既往之傲惰，反覆告喻以口舌，代斧鉞之誅，而委曲忠厚之意藹然於言詞之表。此三篇之所以不能已於陳也。三篇之書陳，而如歸之意起，有適之居那矣，而何傷於遷哉？嗚呼！此殷之所以不亡也與？《易》曰：「征凶，貞厲，革言三就，有孚。」

九四：悔亡，有孚，改命吉。何也？葉子曰：三分天下有其二，以服事殷者，聖人安貞之本心也。明夷於南狩，得其大首者，聖人達變之微權也。權行而聖人之心始不能釋然於其間矣。雖然，天與之至也，非人之所能為也；人歸之極也，非我之所能與也。《傳》曰：「身不失天下之顯名。」〔註8〕又曰：「聞誅一夫紂矣，未聞弒君也。」〔註9〕則名雖逆而事實順，跡雖犯而心實恭，吾何歉乎哉？雖然，君臣之分亦大矣，天人之際亦嚴矣。苟有一毫民心之未孚，是為一日未絕之天存，而可苟焉已乎？民之戴商厥惟舊哉，然後可以革夏正；不期而會八百餘國，然後可以著戎衣。故曰：「『湯一征，自葛始』，天下信之。」〔註10〕又曰：「為其殺是童子而征之，四海之內皆曰：『非富天下也，為匹夫匹婦復讎也。』」〔註11〕何也？必如是而後為應天順人，必如是而後為嚮明除害。不然，是未免為萬世之罪人矣。故曰：「革之時義大矣哉！」又曰：「有伊尹之志則可，無伊尹之志則篡也。」〔註12〕《易》曰：「悔

〔註7〕《宋史》卷三百十六《趙抃傳》。

〔註8〕《中庸》。

〔註9〕《孟子·梁惠王下》。

〔註10〕《孟子·梁惠王下》。

〔註11〕《孟子·滕文公》。

〔註12〕《孟子·盡心上》。

亡，有孚，改命吉。」

九五：大人虎變，未占有孚。何也？葉子曰：有奉天伐暴之功，則必有反政施仁之治；為繼天立極之主，則必作逭方下土之孚。昔者黃帝、堯、舜垂衣裳而天下治。《書》之言曰：「克明俊德，以親九族。九族既睦，平章百姓，協和萬邦，黎民於變時雍。」〔註13〕又曰：「帝光天之下，至於海隅蒼生，萬邦黎獻，共惟帝臣。」〔註14〕又曰：「戛擊鳴球，搏拊琴瑟以詠，祖考來格。虞賓在位，群后德讓。下管鼗鼓，合止柷敔，笙鏞以間。簫韶九成，鳳凰來儀。」〔註15〕又曰：「東漸於海，西被於流沙，朔南暨聲教，訖於四海。」〔註16〕其稱商周之治，曰：「天命弗僭，賁若草木，兆民允殖」〔註17〕；曰：「若日月之照臨，光於四方」〔註18〕；曰：「重民五教，惟食喪祭。惇信明義，崇德報功。垂拱而天下治。」〔註19〕則其所以維新一代之治而文炳天下者，果何如耶？而其謳歌之所詠，朝覲獄訟之所之，堯舜三代之所以彰信兆民者，又果何如邪？何也？聖人之興，民之望也。故漢祖之興也，張良見之曰：「沛公殆天授。光」武之興也，第五倫謂之曰：「聖主也。一見決矣。」唐太宗之興也，竇建德諸人莫不推服。宋太祖之興也，張光憲言於高繼沖曰：「宋帝規模宏遠，不若早以疆土歸之，則可以免禍，而公亦不失富貴。」蜀相李昊亦勸其主曰：「臣觀宋氏起運，不類漢、周，一統海內，其在此乎？若早通職貢，亦保安三蜀之長策也。」英雄為人所信服蓋如此，豈待說之而後喻哉？故曰：猛虎在山，威震千里。不然，羊質虎皮，如五季之君，徒為驅除傳舍；反物為妖，如公牛哀之轉病也，七日化為虎，其兄掩戶而入覘之，則虎搏而殺之。嗟乎！文章成獸，爪牙移易，志與心變，神與形化，遭反物為妖之天，遂反德而為亂，若莽、懿、溫、操與夫苻、劉、石、乞之類，其為生民禍也，可勝言哉！《易》曰：「大人虎變，未占有孚。」

上六：君子豹變，小人革面，征凶，居貞吉。何也？葉子曰：安享太平之業者，是為好德之錫福；卷懷廁齪之才者，是為安分之履亨。《郁離子》曰：

〔註13〕《尚書‧堯典》。
〔註14〕《尚書‧益稷》。
〔註15〕《尚書‧益稷》。
〔註16〕《尚書‧禹貢》。
〔註17〕《尚書‧湯誥》。
〔註18〕《尚書‧泰誓下》。
〔註19〕《尚書‧武成》。

「螢之明，微微也。昏夜得之，可以燭物。取而寘諸燭下，則倏然亡矣。」燭亦明矣哉，而不能不晦於月也。太陽出矣，月之明又安在哉？然則八駿並駕，駑蹇自無所措其足；雲漢為章，天孫亦無所逞其能。巍乎成功之已立，煥乎文章之已炳，而將何用其黼黻之功？薄海已盡稽首之誠，呼韓尚致款塞之懇，而安用其毛錐之輩為哉？是故四門穆穆之後，無復紛然之為；天下大定之餘，即為垂拱之治。有以哉！雖然，漢業已定，三傑無所施其能矣，而婁敬脫挽輅，建遷都關中之策；唐業已成，元功無所用其計矣，而馬周釋草萊，建以明佐聖之功。此又觀其才何如耳，未可以為天下定而果無用也。《易》曰：「君子豹變，小人革面，征凶，居貞吉。」

鼎䷱

鼎：元吉，亨。何也？葉子曰：大功者，聖人之所造；大器者，聖人之所資也。《傳》曰：「聖人之大寶曰位。」〔註20〕又曰：「王天下有三重焉，其寡過矣！」〔註21〕有聖人之位，然後得以行聖人之道，制禮作樂，而天下之耳目新，心志一矣。心志一，耳目新，然後參天地贊化育，而裁成輔相之功成矣。大哉，聖人之新民乎！至哉，聖人之寶位乎！斯堯、舜、禹、湯、文、武所以立人倫之極，為萬化之原者乎？孔、孟則亦未如之何矣。秦政，沸竭而自融者也。六朝，多汁小雞，淡而無味者也。五季，多雞少汁，熬而不熟者也。十六國，死狐腐鼠，起臭積穢以自潤者也。漢、唐、宋抑庶幾焉。而要之未可以享天地，養聖賢，振頹風，滌污俗，重開天文地理之紀，再整三綱五常之懿，使經正而庶民興，道昌而天地立。其惟聖人乎？其惟聖人乎？《易》曰：「鼎：元吉，亨。」

初六：鼎顛趾，利出否。得妾以其子，无咎。何也？葉子曰：莊生有言：「鵲上高城之危，而巢於高榆之顛。城壞巢折，凌風而起。故君子之居世也，得時則蟻行，失時則鵲起。」〔註22〕此言顛沛之際，未必非奮揚之機也。何則？順逆者，外物之遇也；反觀者，入德之務也。天下之事豈能皆順而無逆哉？逆而以順行，君子之哲也。語云：「三折肱而成良醫。」豈不信哉？何也？士君子之處世也，名行之未成者，躁心為易起。躁心起而苟且以赴功名之會者多

〔註20〕《周易‧繫辭下》。
〔註21〕《中庸》。
〔註22〕《文選》卷三十謝朓《和伏武昌登孫權故城詩》李善《注》引《莊子》佚文。

矣,豈知所謂世無呈身御史〔註23〕者哉?然而郎君當以聖賢為師,不宜發足便輕枉己之說,則愧赧流汗之際,抑亦動心忍性之資也。況所遇之不善,則輕經生而賤文士,亦因之為反躬自悼之地,改過遷善之門乎!故曰:苦海無邊,回頭是岸。又曰:前失腳,後把滑。從古及今,良不少矣。柳子厚附王伾、王叔文,名行挫矣。敗貶之後,大有進益。張橫渠早年意氣橫放,論兵獻策,恒若不足。一見范文正,教之名教之樂,遂為當世大儒。信哉,一跌之不可以自廢也!《易》曰:「鼎顛趾,利出否,得妾以其子,无咎。」

九二:鼎有實,我仇有疾,不我能即,吉。何也?葉子曰:好女之色,惡者之孽也;公直之士,眾人之瘀也;修乎道之人,污邪者之賊也。君子小人之際,豈非不觸而自怒、不犯而自惡者乎?雖然,秉德在我,釁孔不開。孔子之教子路曰:「君子以忠為質,以仁為衛,不出環堵之內,而聞千里之外。不善以忠化,寇暴以仁固,何必持劍?」〔註24〕是故「天生德於予,桓魋其如予何?」〔註25〕佛肸召,子欲往,磨不磷而涅不淄,〔註26〕聖人之事也。若閔子汶上之逃〔註27〕,曾參藜藿之食〔註28〕,其自守之高亦足以卻非義之浼焉。雖然,杜林高蹈而不副隗囂之望,囂固惡之矣,然身挽鹿車,載致弟喪,則刺客知其行義而假其命;〔註29〕于志寧極諫而不從承乾之欲,承乾固忌之

〔註23〕《舊唐書》卷一百五十八《韋澳傳》:「澳,字子斐,太和六年擢進士第,又以弘詞登科。性貞退寡欲,登第後十年不仕。伯兄溫,與御史中丞高元裕友善。溫請用澳為御史,謂澳曰:『高二十九持憲綱,欲與汝相面,汝必得御史。』澳不答。溫曰:『高君端士,汝不可輕。』澳曰:『然恐無呈身御史。』竟不詣元裕之門。」

〔註24〕《說苑》卷五。

〔註25〕《論語·述而》。

〔註26〕《論語·陽貨》:「佛肸召,子欲往。子路曰:『昔者由也聞諸夫子曰:親於其身為不善者,君子不入也。佛肸以中牟畔,子之往也,如之何?』子曰:『然,有是言也。不曰堅乎?磨而不磷。不曰白乎?涅而不緇。吾豈匏瓜也哉?焉能繫而不食!』」

〔註27〕《論語·公冶長》:「季氏使閔子騫為費宰。閔子騫曰:『善為我辭焉。如有復我者,則吾必在汶上矣。』」

〔註28〕參《節》初九爻注。

〔註29〕劉珍《東觀漢記》卷十三《杜林傳》:「杜林,字伯山,扶風人。於河西得漆書古文《尚書》經一卷,每遭困厄,握抱此經。寄隗囂地,終不降志辱身。至簀菅席草,不食其粟。囂乃出令曰:『杜伯山,天子所不能臣,諸侯所不能友,蓋伯夷、叔齊恥食周粟。今且從師友之位,須道開通,使順其志。』林雖拘於囂,而終不屈節。建武六年,弟成物故,囂乃聽林持喪東歸。既遣而悔,追令刺客楊賢於隴坻遮殺之。賢見林身推鹿車,載致成喪,乃歎曰:『當今之世,

矣，然親喪致哀，憔然苫塊，則張思政見其篤於孝思而不忍殺。〔註30〕仁義在我，彼雖欲即之，其何能即之乎？《易》曰：「鼎有實，我仇有疾，不我能即，吉。」

九三：鼎耳革，其行塞，雉膏不食，方雨，虧悔，終吉。何也？葉子曰：胡為乎君子？以道。君子胡為乎以道？以君。不君其君，而改其所以為君。不從命世之士，而更從避世之士，其何以行之哉？巢父、許由、沮溺、丈人、晨門、荷蕢、楚狂接輿之流，非不充然道也。然而山林非沛澤之所，煙霞非光被之資，則亦黯焉汩，泯焉窒而已矣。豈如伊尹處畎畝之中，樂堯舜之道，若將終身焉，而幡然改，蹶然起，則君臣之義於是乎行，亂倫之咎於是乎免，而伐夏救民之功，咸有一德之盛，後世不可及乎？然則天下有道，以道殉身，君子亦觀其時而已矣，胡為乎往而不反哉？是故不病於始之隱，而病乎終之迷。雖然，為司空圖、魏野則可，為盧藏用、種放則不可。假捷徑，亐良媒，大之藉五就，小之稱兩截，叛道甚矣，豈非名教之罪人乎？《易》曰：「鼎耳革，其行塞，雉膏不食，方雨，虧悔，終吉。」

九四：鼎折足，覆公餗，其形渥，凶。何也？葉子曰：君子之於天下也，才過其任，則為大車之載，而積中不敗；力不能勝，則為棟橈之凶，而不可有輔。天下事豈易為之哉？班彪之論曰：「駑蹇之乘不騁千里之途，燕雀之儔不奮六翮之用，桼梲之材不荷棟樑之任，斗筲之子不秉帝王之器。」〔註31〕然則君尊者必有高天下之德，然後能無傾；任重者必有過天下之力，然後能不踣乎？己德薄矣，而又濟之以小人，幾何而不敗國家之事，貽天下之患哉？楊駿以斗筲下愚之材，當柱石難堪之任，雖小智猶慮不免，而乃比昵小人，疏遠君子。宰相以知人善任使為賢，而馮道先薦杜仲威，復引景延廣。此二人者，實喪晉國。德宗任房綰，而房綰任劉秩。元顯與反覆之牢之圖靈寶，袁粲與惜身之褚淵圖蕭道成，取敗之道也。劉摯上疏神宗曰：「陛下夙夜厲精，以親庶政。天下未至於安且治者，誰致之？即陛下注意以望太平，而自以太平為己任，得君專政者是也。二三年間，開合動搖，舉天下無一得安其所者。蓋議財則市井屠販之人皆召至政事堂。政府謀議經畫，獨與一掾屬決之，然後落筆。同列與聞，反在其後。故奔走乞丐之人，其門如市，輕用名器，混淆賢否，忠厚老成

誰能行義？我雖小人，何忍殺義士。』因亡去。」
〔註30〕參《中孚》卦辭注。
〔註31〕《漢書》卷一百上《敘傳上》。

者擯之為無能，俠少儇辯者取之為可用，守道憂國者謂之為流俗，敗常害民者謂之為通，變聖人憂勤念治之時，而政事如此，皆大臣誤陛下，而大臣所用者誤大臣也，非是之謂乎？」〔註32〕若已不能勝，而任賢人為之，則亦何至債事之深也？唐鄭從讜為河東節度使，奏以王條、劉崇龜、崇魯、趙崇為參佐，時人謂之小朝廷，言名士之多也。〔註33〕宋張浚在關陝三年，訓新集之兵。當方強之敵，以劉子羽為上賓，任趙開為轉運，擢吳玠為大將。〔註34〕蓋庶乎知大臣之道矣。《易》曰：「鼎折足，覆公餗，其形渥，凶。」

六五：鼎黃耳金鉉，利貞。何也？葉子曰：治天下有本，執大中是也。先後所以經世宰物者非乎？而堯、舜、禹、湯相傳之心法可見矣。不然，則雜霸而雜夷，非所以語天德王道之純也。治天下有道，用剛直是也。先王所以知臨神馭者非乎？而堯、舜、禹、湯弼咈之氣象可見矣。不然，則說諛而孚剝，非所以言從繩格心之正也。何也？真西山曰：「人君一念之不純，一動之失中，皆足以奸陰陽之和。故《洪範》以雨暘寒燠風為肅乂謀哲聖之應，五者之不時為狂僭豫急蒙之應。人主之一心與天地相為流通，而善惡吉凶之符甚於影響。」〔註35〕蓋如此其可以不執大中乎？羅豫章曰：「士之立朝，以正直忠厚為本。正直則朝廷無過失，忠厚則天下無嗟怨。二者不可偏也。一於正直而不忠厚則漸入於刻，一於忠厚而不正直則流入於懦。」〔註36〕汲黯正直，所以辟公孫之邪諛，忠厚所以闢張湯之殘刻。武帝享國五十年，其臣之賢，獨此一人而已，其可以不任剛直乎？雖然，執中可矣。執而弗恒，猶弗執也，故曰允執其中。伊尹戒於太甲曰：「德惟一，動罔不吉。德二三，動罔不凶。惟吉凶不僭在人，惟天降災祥在德。今嗣王新服厥命，維新厥德，始終維一，時乃日新。」〔註37〕可不諗乎？唐憲宗初年之政，動中機會，處置得宜，可謂服強暴之膽，起豪傑之心矣。兩鎮既平，末年漸肆，何也？執中不允，私欲得而參之。道心兢兢，若是乎其難持；人心役役，若是乎其易起故耳。用賢可矣。用而弗克終，猶弗用也，故曰任賢勿疑。蔡襄言於仁宗曰：「天下之勢，譬猶病者。陛下既得良醫矣，信任勿疑，非徒愈病，而又壽民。醫雖良，術不得盡用，則病且日

〔註32〕《宋史》卷三百四十《劉摯傳》。
〔註33〕《資治通鑒》卷二百五十三《唐紀六十九》。
〔註34〕《宋史》卷三百六十一《張浚傳》。
〔註35〕《大學衍義》卷三《帝王為學之本》。
〔註36〕《宋史》卷四百二十八《羅從彥傳》。
〔註37〕《尚書·咸有一德》。

深。雖有和、扁，難責效矣。」〔註38〕李絳相憲宗，忠鯁直亮，受知人主，言聽計從，不一而足。雖古之都俞籲咈，無以過之。而受降城之徙，獨從吉甫。吉甫在位十年，言計鮮效，至此而忽從其策。何也？李絳忠鯁，至此稍以取厭；吉甫順媚，至此益以取憐耳。嗚呼！此守道者所以貴於拳拳服膺，而用賢者所以貴於逐逐以繼乎？《易》曰：「鼎黃耳金鉉，利貞。」

上六：鼎玉鉉，大吉，无不利。何也？葉子曰：古之大臣建精明之治功者，貴有以涵渾厚之治體；作神氣以立事者，貴乎養元氣以厚生。故曰：「不剛不柔，敷政優優，百祿是遒。」〔註39〕又曰：「沉潛剛克，高明柔克。平康正直。」〔註40〕稷、契、皋陶、伊尹、周公之所以佐唐、虞三代者，見於書而可考也。韓、范、富、馬、李沆之輩，抑亦可以為次矣。蕭、曹、丙、魏、房、杜、姚、宋又次焉。《易》曰：「鼎玉鉉，大吉，无不利。」

震䷲

震：亨。震來虩虩，笑言啞啞。震驚百里，不喪匕鬯。何也？葉子曰：《老子》有言：「妖孽者，天所以儆天子諸侯也。惡夢者，所以儆士大夫也。故妖孽不勝善政，惡夢不勝善行也。」至治之極，禍反為福。然則天災人眚之雜集，其進德修善之所由乎？身心政行之交修，其巨災凶禍之所弭乎？故曰：禍變之作，天所以開聖賢。〔註41〕又曰：「危者，安其位者也。」〔註42〕堯以洚水而儆予，湯以大旱而自責〔註43〕，大戊以桑穀共生而受伊陟之贊〔註44〕，高宗以雊雉鼎耳而聽祖己之規〔註45〕，宣王以憂旱而側身修行〔註46〕，宋景公以

〔註38〕《宋史》卷三百二十《蔡襄傳》。
〔註39〕《商頌‧長發》。
〔註40〕《尚書‧洪範》：「平康正直，彊弗友剛克，燮友柔克；沉潛剛克，高明柔克。」
〔註41〕路溫舒《尚德緩刑書》：「深察禍變之故，乃皇天之所以開至聖也。」
〔註42〕《周易‧繫辭下》。
〔註43〕《呂氏春秋‧季秋紀‧順民》：「昔者湯克夏而正天下，天大旱，五年不收，湯乃以身禱於桑林，曰：『余一人有罪，無及萬夫。萬夫有罪，在余一人。無以一人之不敏，使上帝鬼神傷民之命。』於是翦其髮，欐其手，以身為犧牲，用祈福於上帝，民乃甚說，雨乃大至。」
〔註44〕《史記》卷三《殷本紀》：「亳有祥桑穀共生於朝，一暮大拱。帝太戊懼，問伊陟。伊陟曰：『臣聞妖不勝德，帝之政其有闕與？帝其修德。』太戊從之，而祥桑枯死而去。」
〔註45〕《尚書‧高宗肜日》：「高宗肜日，越有雊雉。祖己曰：『惟先格王，正厥事。』乃訓於王曰……。」
〔註46〕參《詩經‧大雅‧雲漢》。

熒惑守心而不肯移之臣民與歲〔註47〕，周公以三叔流言而恐懼驚顧，隨侯以季良之言而恐懼修政〔註48〕，卒之成太平之治，立中興之功，致徙度之祥，建大中之矩，止強楚之伐，何變之不圖而何平之不致哉？《書》曰：「賓於四門，四門穆穆。納於大麓，烈風雷雨不迷。」〔註49〕《詩》曰：「薄言震之，莫不震疊。懷柔百神，及河喬嶽，允王惟后。」〔註50〕此之謂生全出於憂患，而死亡由於安樂，多難乃興隆之地，無虞為禍敗之原。信哉！《易》曰：「震：亨。震來虩虩，笑言啞啞。震驚百里，不喪匕鬯。」

初六：震來虩虩，後笑言啞啞，吉。何也？葉子曰：我為禍之主，可以由我弭。禍為起之初，猶可速而圖。何也？惡夢先證，不勝善行。是故善行早修，則精神愜而惡夢蠲矣。妖祥豫形，不勝善政。是故善政亟行，則政刑明而妖祥散矣。昔者周公使管叔監殷，管叔以殷畔也。發遣匪人之過，周公不得而辭其責矣。然祗慎弗懈，恐懼不遑，東山徵而罪人得，周室卒賴以安焉。昌邑既立，淫戲無度，諫多不聽，亦霍光之罪也。而光能憂憶詢度，挺身當變，廢昏立明，則周公之圖不虛負，而劉氏之天下亦賴以不墜，所謂患自我興亦自我息。無奈道備而才宏，心虔而志惕也。晁錯發七國大難之端，而動勞三十六將軍以誅擊，錯身死而禍未結。庾亮欲徵蘇峻，舉朝以為不可，亮卒徵之，遂使擁兵，濟橫江，入臺城，逼遷晉帝於石頭，而江東之業十蕩其九。宋太祖屢立大功，加以法令嚴明，士卒服用，周恭帝幼沖，中外物情皆附於宋祖，密有推戴之意矣，而北征之命卒致陳橋之變。范質執王溥手曰：「倉卒遣將，吾輩之罪也。」爪入溥手，幾齣血。宋祖在公署，將士擁溥、質至，相顧不知所為。溥降階先

〔註47〕參《艮》六五注。
〔註48〕《左傳·桓公六年》：「少師歸，請追楚師，隨侯將許之。季梁止之曰：『天方授楚，楚之嬴，其誘我也，君何急焉？臣聞小之能敵大也，小道大淫。所謂道，忠於民而信於神也。上思利民，忠也；祝史正辭，信也。今民餒而君逞欲，祝史矯舉以祭，臣不知其可也。』公曰：『吾牲牷肥腯，粢盛豐備，何則不信？』對曰：『夫民，神之主也。是以聖王先成民而後致力於神。故奉牲以告曰博碩肥腯，謂民力之普存也，謂其畜之碩大蕃滋也，謂其不疾瘯蠡也，謂其備腯咸有也。奉盛以告曰潔粢豐盛，謂其三時不害而民和年豐也。奉酒醴以告曰嘉栗旨酒，謂其上下皆有嘉德而無違心也。所謂馨香，無讒慝也。故務其三時，修其五教，親其九族，以致其禋祀。於是乎民和而神降之福，故動則有成。今民各有心，而鬼神之主，君雖獨豐，其何福之有！君姑修政，而親兄弟之國，庶免於難。』隨侯懼而修政，楚不敢伐。」
〔註49〕《尚書·舜典》。
〔註50〕《周頌·時邁》。

拜，質不得已，亦拜。〔註51〕嗚呼！自己肇亂，不能弭亂，而以增亂，且復從亂。天下之亂，吾不知其所終矣。《易》曰：「震來虩虩，後笑言啞啞，吉。」

六二：震來厲，億喪貝，躋于九陵，勿逐，七日得。何也？葉子曰：事之不能無險者，遇也；勢之不能不屈者，時也。遇險而懼，以屈為伸，斯其英雄之應變乎！劉玄德以仁義之人當呂布虎狼之敵，方其起兵討曹操，殺車冑，還小沛，而操舉兵擊破之，拔下邳，禽關侯，安得不棄所有而奔青州？及其歸袁紹，而又擊之於汝南，安得不棄所有而奔新野？捨其懷璧之罪，擇其可奔之機，以柔而避剛之猛，以靜而制動之躁，則險可轉而易，屈可反為伸矣，跨有荊、益，三分天下，夫孰得而御之？是故屢挫不屈者，英雄之志；轉弱為強者，否泰之機。不然，太王不避狄人而遷岐山，趙襄子不避智伯而走晉陽，高祖不避項羽而入漢中，光武不避更始而出河北矣。古之英雄其知應變屢如此。雖然，若州吁之度其國危而不復，紀侯之大去其國老死而不返，魯昭之誓不能見夫人而客死於乾侯，其志抑末矣。君子不為焉。《易》曰：「震來厲，億喪貝，躋于九陵，勿逐，七日得。」

六三：震蘇蘇，震行无眚。何也？葉子曰：禍患之來也，以剛毅處之，猶恐其不勝也，而何有於暗弱；以仁義行之，猶恐其無成也，而何況於險邪！唐肅宗遭祿山之變，已非應變之才矣，不思以正道行之，而獨與張良娣局戲不已；〔註52〕王欽若遇契丹之寇，已束手無策矣，不知求智勇以勝之，而獨閉門誦經，修齋設醮。若之何其不索索而瞿瞿哉？然則如之何而可？惟有猛然而自奮，惕然以自改，庶乎可以免矣。《易》曰：「震蘇蘇，震行无眚。」

九四：震遂泥。何也？葉子曰：委曲以平王敦之難，激厲以梟蘇峻之首者，王導之塞塞成功也。從容以銷桓溫之志，談笑以折苻堅之寇者，謝安之誠與材合也。然則君子之處患難之世也，不負剛斷之才，曷足以自拔而不陷？不秉貞誠之德，曷足以自奮而不弱乎？是故劉琨、祖逖、陶侃、溫嶠、卞壺之徒，以孤身而當亂離板蕩之秋，以疏逖而乘分崩離析之際，卒能挺挺自樹，或為八州之鎮，或為上游之援，或為干城之倚，或為姦邪之所憚而不敢發其凶，或為羌氏之所賴而掖以戴其主，非偶然也。苟使才不足而弱，志不奮而靡，則百鍊化為繞指，一齊變於眾咻，幾何不載胥以及溺，駢首而受戮乎？王夷甫、殷深源

〔註51〕李燾《續資治通鑒長編》卷一《太祖》。
〔註52〕按：來知德《周易集注》卷十《震》：「唐肅宗遭祿山之變，猶私與張良娣局戲不已，可謂不知『震行无眚』者矣。」

諸人重可監也已。然則劉向處王氏之山壓而不僵〔註53〕，韓愈處佞文之波蕩而不搖〔註54〕。其不為雄、歆、宗元、禹錫者，不有由然矣乎？《易》曰：「震遂泥。」

六五：震往來厲，億无喪有事。何也？葉子曰：成事以剛，不以柔；濟變以強，不以懦。柔而懦，險且枕矣。作於內而有寇憂，作於外而有賊慮，勞於身而為旰食，薰於心而成夜思，奚所辭其危哉？故曰：「人主〔註55〕常立於二難之間。在上而國家不治，難也。治國家則必勤身苦思，矯情以從道，是難也。有難之難，闇主取之；無難之難，明君居之。」雖然，多難乃興隆之地，無虞為禍敗之原。大禹克勤於邦荒，度土功，而卒成萬世永賴之休；成湯慄慄危懼，檢身若不及，而竟為開基作業之主；文王自朝至於日中昃，用咸和萬民，而終畢三分有二之業。危者安其位，亂者有其治，亡者保其存，不亦信乎？然則古之諸侯，朝修其禁令，晝考其國職，夕省其典刑，夜儆百工，無使惛淫，而後即安，有以也。故曰：「賢王厲志，若殷高宗能葺其德，藥瞑眩以瘳疾；衛武儆戒於朝，句踐懸膽於坐。厲矣哉！寵妻愛姜幸矣，其為災也深矣。」〔註56〕《易》曰：「震往來厲，億无喪有事。」

上六：震索索，視矍矍，征凶。震不於其躬，于其鄰，无咎。婚媾有言。何也？葉子曰：尺箠當猛虎，奮擊而大呼；徒手遇蜥蜴，變色而卻步。人之情也。然則天下之變，突然而來，以剛健當之，猶且不免赫然而恐懼柔懦焉，離披而解散矣。古語有云：「立弱子於千仞之上，而觀人與虎鬥於其下」〔註57〕，此其氣必荒然盡，其精蓋頹然跙矣。雖然，天下之禍，起自膏肓之際、蕭牆之內者未易卒圖，來自門庭之外、千百里之遠者可以豫備。黃人恃齊之盟，而曰：「自郢及我九百里，焉能害我？」〔註58〕賀若弼渡江，陳後主曰：「王氣在此，周師再至而敗，是自送死也。」〔註59〕斯則亡無日矣。稍知儆焉，何至突如其

〔註53〕《漢書》卷三十六《劉向傳》：「向自見得信於上，故常顯訟宗室，譏刺王氏及在位大臣，其言多痛切，發於至誠。上數欲用向為九卿，輒不為王氏居位者及丞相御史所持，故終不遷。」
〔註54〕韓愈傳見《舊唐書》卷一百六十、《新唐書》卷一百七十六。
〔註55〕荀悅《申鑒·雜言上》作「人主之患」。
〔註56〕荀悅《申鑒·雜言上》：「或問厲志。曰：『若殷高宗能葺其德，樂瞑眩以瘳疾，衛武箴戒於朝，句踐懸膽於坐。厲矣哉！』」
〔註57〕《誠齋易傳》卷十四《震》。
〔註58〕《左傳·僖公十二年》。
〔註59〕《南史》卷十《陳本紀》「及聞隋軍臨江，後主曰：『王氣在此，齊兵三度來，周兵再度至，無不摧沒。虜今來者必自敗。』」

來，忽忽乎心計之荒張，精神之潰散乎？昔吳伐郯，郯成，季文子曰：「中國不振旅，蠻夷入伐，而莫之或恤，無弔者也夫！《詩》曰：『不弔昊天，亂靡有定。』有上不弔，其誰不受亂？吾亡無日矣！」君子曰：「知懼如是，斯不亡矣。」〔註60〕楚人滅江，秦穆公為之降服、出次、不舉、過數。大夫諫，公曰：「同盟滅，雖不能救，敢不矜乎？吾自懼也！」君子曰：「《詩》曰：『維此二國，其政不獲。維彼四國，爰究爰度。』其秦穆之謂矣。」〔註61〕魯、晉盟於赤棘，臧宣叔令修賦、繕完、具守備，曰：「齊、楚結好，我新與晉盟，晉、楚爭盟，齊師必至。雖晉人伐楚，齊必救之，是齊、楚同我也。知難有備，乃可以逞。」〔註62〕楚師在衛，孟獻子曰：「小所以事大，恭也。盍獻物以致恭乎？庶免其伐。」乃聘楚以示好焉。〔註63〕此秦之所以遂霸西戎而魯之卒保其安也。不知此道，若虞以伐虢為利，魏以伐趙為便，楚貪秦賂而坐視齊之數被兵也，安得不厪宮之奇、孔子順諸賢之憂哉？是故晉之譎詐鮮虞，屢被其毒矣。及聞晉師之悉起也，而不儆邊，且不修備，卒為荀吳之所滅，君子以為罪之大者矣。雖然，滕文公知懼於築薛，金哀宗先惕於將亡，而卒不免於敵國之折辱者，此又時命致然也夫。《易》曰：「震索索，視矍矍。震不于其躬，於其鄰，无咎。婚媾有言。」

艮䷳

艮其背，不獲其身。行其庭，不見其人。无咎。何也？葉子曰：天下之物莫不各有當止之處，考之《大學》、經傳而可知已。人惟不知所以止之，於是靜而惟知有我，天理人慾戰於中而不能憑；動而惟知有人，毀譽是非怵於外而無所據。天命之性幾何能存，而率性之道或幾乎廢矣。夫惟君臣、父子、朋友各止於仁敬孝慈而不遷，則寂感動靜各安乎本然之理而不惑矣。是故未感則得理，不得身，有忠孝而無死生，有節義而無患害，有道德而無功名，是之謂忘我。曷內顧焉？既感則見理，不見人，一家非之而不顧，一國非之而不顧，天下非之而不顧，是之謂忘物。曷外阻焉？此窮理盡性至命之學，達天德之事也。

〔註60〕《左傳·成公七年》。

〔註61〕《左傳·文公四年》。

〔註62〕《左傳·成公元年》。

〔註63〕《左傳·成公二年》：「冬，楚師侵衛，遂侵我，師於蜀。使臧孫往。辭曰：『楚遠而久，固將退矣。無功而受名，臣不敢。』楚侵及陽橋，孟孫請往賂之以執斲、執鍼、織紝，皆百人，公衡為質，以請盟。楚人許平。」

非孔、顏，曷足以語此？《易》曰：「艮其背，不獲其身。行其庭，不見其人。无咎。」

初六：艮其趾，无咎，利永貞。何也？葉子曰：君子藏器於身，非不欲一舉千里而橫絕四海也，然必待時而動者，何哉？天下事良不可以率意為之，而妄行者必取困也。是故無所感於上，則必止於下，為衡門之棲遲，為山澗之考槃，斯不失其順聽之道矣。夫何履錯壯趾之過哉？雖然，守道而止，半塗而起，猶不止也。遯世不見知而不悔，斯其君子之永貞矣。故曰：伯夷避紂，「居北海之濱，以待天下之清也」〔註64〕，若將終身焉。不然，而苟且以赴功名之會，頃刻以變終身之操，則前功盡棄，萬事瓦裂矣。種放之不如魏野〔註65〕，王良〔註66〕之不如嚴光，華歆之不如管寧〔註67〕，有以也夫。《易》曰：「艮其趾，无咎，利永貞。」

六二：艮其腓，不拯其隨，其心不快。何也？葉子曰：敬以直內，義以方外，敬義立而德不孤，君子之正己也，盡乎性分之所固有也。上而匡乎君，中而輔乎僚，下而扶其執，君子之正人也，全乎職分所當為也。雖然，有官守者盡其職，有言責者盡其忠，君子之所能也。盡其責而不得其職，盡其忠而不得其言，非君子之所能矣。君子所能，其道可以自盡；君子所不能，其心安能以獨樂哉？是故歔吪不食，薛奎所為自忿；〔註68〕仰屋竊歎，富弼以之自傷。〔註69〕臣之不得匡其君，不已戚乎？下而薛季昶之於五王〔註70〕，常安民之於蘇

〔註64〕 《孟子·萬章下》。

〔註65〕 《宋史》卷四百五十七《隱逸列傳上·種放傳》：「放屢至闕下，俄復還山，人有詣書嘲其出處之跡，且勸以棄位居岩谷，放不答。」同卷《魏野傳》：「祀汾陰歲，與李瀆並被薦，遣陝令王希招之，野上言曰：『陛下告成天地，延聘岩藪，臣實愚戇，資性慵拙，幸逢聖世，獲安故里，早樂吟詠，實匪風騷，豈意天慈，曲垂搜引。但以嘗嬰心疾，尤疏禮節，麋鹿之性，頓纓則狂，豈可瞻對殿墀，仰奉清燕。望回過聽，許令愚守，則畎畝之間，永荷帝力。』」

〔註66〕 參《歸妹》九二注。

〔註67〕 參《三國志》魏書十一《管寧傳》、魏書十三《華歆傳》。

〔註68〕 李燾《續資治通鑑長編》卷一百十五《仁宗》：「奎在政府，謀議無所迎避，或時不得如志。歸輒歔吪不食。家人笑曰：『何必如是？』奎曰：『吾仰慚古人，俯愧後世爾。』」

〔註69〕 《宋史》卷三百一十三《富弼傳》：「帝雖不盡用，而眷禮不衰，嘗因安石有所建明，卻之曰：『富弼手疏稱老臣無所告訴，但仰屋竊歎者，即當至矣。』其敬之如此。」

〔註70〕 《舊唐書》卷一百八十五上《良吏列傳上》：「時季昶勸敬暉等因兵勢殺武三思。暉等不從，竟以此敗，語在《暉傳》。季昶亦因是累貶，自桂州都督授儋

子〔註71〕，畢仲游之於司馬公〔註72〕，其勤勤懇懇於啟告之間，使之以明為哲，轉禍為福，而諸公嘗焉莫之覺也，心徒惕矣。若夫晉平之轉魯於恤，使麇所止居而不顧，勤魯大夫之憂，方且謂之宣驕而不知；冉求為季氏家臣，親見其僭逆之罪而不敢言，親受夫子之訓而謂之不能救，其猥鄙之甚而誠有不足以論拯救之義矣。雖然，匡之直之，固不可不盡其義；而可也否也，又不可不審其隨。東坤氏有言：「君子遇人之輕於質，必量其成；審己之難於任，必辭其附。否則屈力於此而失望於彼，君子不可以虛承。」故由其道，則華歆之微謂之義；不由其道，則齊桓之霸謂之不知矣。春秋之時，楚數侵伐，江、黃二國以為患，桓公方強，將伐楚，二國遂來會於貫澤。管仲曰：「江、黃遠齊而近楚，楚為利之國也。若伐而不能救，則無以宗諸侯矣。不可受也。」桓公不聽，卒與之盟。管仲死，楚人伐黃，桓公不能救。〔註73〕諸侯不附，遂不復興。東

州司馬。」

《新唐書》卷一百二十《五王列傳》：「誅二張也，柬之勒兵景運門，將遂夷諸武。洛州長史薛季昶勸曰：『二凶雖誅，產、祿猶在，請除之。』會日暮事遽，彥範不欲廣殺，因曰：『三思機上肉爾，留為天子藉手。』季昶歎曰：『吾無死所矣！』」

〔註71〕《宋史》卷三百四十六《常安民傳》：「董敦逸再為御史，欲劾蘇軾兄弟，安民謂二蘇負天下文章重望，恐不當爾。」

〔註72〕《宋史》卷二百八十一《畢仲游傳》：「仲游為文切於事理而有根柢，不為浮誇詭誕、戲弄不莊之語。蘇軾在館閣，頗以言語文章規切時政。仲游憂其及禍，貽書戒之曰：……司馬光為政，反王安石所為，仲游予之書曰：『昔安石以興作之說動先帝，而患財之不足也，故凡政之可以得民財者無不用。蓋散青苗、置市易、斂役錢、變鹽法者，事也；而欲興作、患不足者，情也。苟未能杜其興作之情，而徒欲禁其散斂置之事，是以百說而百不行。今遂廢青苗，罷市易，蠲役錢，去鹽法，凡號為利而傷民者，一掃而更之，則向來用事於新法者必不喜矣。不喜之人，必不但曰青苗不可廢，市易不可罷，役錢不可蠲，鹽法不可去，必操不足之情，言不足之事，以動上意，雖致石人而使聽之，猶將動也。如是，則廢者可復散，罷者可復置，蠲者可復斂，去者可復存矣。則不足之情，可不預治哉？為今之策，當大舉天下之計，深明出入之數，以諸路所積之錢粟一歸地官，使經費可支二十年之用。數年之間，又將十倍於今日。使天子曉然知天下之餘於財也，則不足之論不得陳於前，然後所論新法者，始可永罷而不可行矣。昔安石之居位也，中外莫非其人，故其法能行。今欲救前日之敝，而左右侍從、職司、使者，十有七八皆安石之徒，雖起二三舊臣，用六七君子，然累百之中存基十數，烏在其勢之可為也。勢未可為而欲為之，則青苗雖廢將復散，況未廢乎？市易雖罷且復置，況未罷乎？役錢、鹽法亦莫不然。以此救前日之敝，如人久病而少間，其父子兄弟喜見顏色而未敢賀者，以其病之猶在也。』光、軾得書瞿然，竟如其慮。」

〔註73〕《春秋·僖公十二年》：「夏，楚人滅黃。」《穀梁傳》：「貫之盟，管仲曰：『江、

漢之末，華歆避西京之亂，與同志鄭泰六七人步出武關，道遇一丈夫獨行，願得俱。眾哀，欲許之。歆獨曰：「不可。今已在危險中，禍福利害一也，無故受人，不知其義。既已受之，若有進退，可中棄乎？」眾不忍，卒與俱行。此丈夫中道墮井，眾欲棄之。歆曰：「已與俱矣，棄之不義。」相率出之而後別去，眾服其義。〔註74〕故曰：氣盈則輕納而寡全，心歉則重思而多獲。此審隨盡義之辨也。《易》曰：「艮其腓，不拯其隨，其心不快。」

九三：艮其限，列其夤，厲薰心。何也？葉子曰：「天有燥濕，弦有緩急，柱有推移」，趙王遣使之調琴不可記。〔註75〕變有吉凶，禮有弔賀，事有權宜，趙使受命之定辭不可任。〔註76〕故聖人能與世推移，而俗士苦不知變，以為結繩之政可以理亂秦之緒，干戚之舞足以解平城之圍，豈不殆哉？昔者紂母生微子啟與中衍也，尚為妾。已而為妻，生紂。父母欲置微子啟以為太子，太史據法而爭之，曰：「有妻之子，不可置妾之子。」紂故為後。太史之議法，豈不曰子以母貴乎？殊不知子以母貴也者，二母而妻妾分焉者也，不謂一母也。母可以由妾而為妻，子亦可以由庶而為嫡，均之為是母出也。先之為庶則為兄，後之為嫡則為弟，彼以其嫡，此以其兄。兄也者，天道也；嫡也者，人道也。況立嫡以長，又以賢乎！太史之議法，又何異於夏父弗忌之議禮〔註77〕也？故

黃遠齊而近楚。楚，為利之國也。若伐而不能救，則無以宗諸侯矣。』桓公不聽，遂與之盟。管仲死，楚伐江滅黃，桓公不能救，故君子閔之也。」

〔註74〕《三國志》魏志卷十三《華歆傳》裴松之《注》引華嶠《譜敍》。

〔註75〕《韓詩外傳》卷七：「趙王使人於楚，鼓瑟而遣之，曰：『必如吾言，慎無失吾言。』使者受命，伏而不起，曰：『大王鼓瑟未嘗若今日之悲也。』王曰：『然，瑟固方調。』使者曰：『調則可記其柱。』王曰：『不可。天有燥濕，絃有緩急，柱有推移，不可記也。』使者曰：『臣請藉此以喻。楚之去趙也千有餘里，亦有吉凶之變，凶則弔之，吉則賀之，猶柱之有推移，不可記也。故明王之使人也，必慎其所使，既使之，任之以心，不任以辭也。《詩》曰：莘莘征夫，每懷靡及。』」

〔註76〕俟考。

〔註77〕《左傳‧文公二年》：「秋八月丁卯，大事於大廟，躋僖公，逆祀也。於是夏父弗忌為宗伯，尊僖公，且明見曰：『吾見新鬼大，故鬼小。先大後小，順也。躋聖賢，明也。明、順，禮也。』君子以為失禮：禮無不順。祀，國之大事也，而逆之，可謂禮乎？子雖齊聖，不先父食久矣。故禹不先鯀，湯不先契，文、武不先不窋。宋祖帝乙，鄭祖厲王，猶上祖也。是以《魯頌》曰：『春秋匪解，享祀不忒，皇皇后帝，皇祖后稷。』君子曰：『禮，謂其后稷親而先帝也。』《詩》曰：『問我諸姑，遂及伯姊。』君子曰：『禮，謂其姊親而先姑也。』仲尼曰：『臧文仲，其不仁者三，不知者三。下展禽，廢六關，妾織蒲，三不仁也。作虛器，縱逆祀，祀爰居，三不知也。』」

曰：「執中無權，猶執一也。」〔註78〕君子所以惡賊道也。《易》曰：「艮其限，列其夤，厲薰心。」

六四：艮其身，无咎。何也？葉子曰：天下甫定，順流而更化者，大臣肇造之規模也。天下既定，休養而生息者，大臣洪濟之職務也。天下萬物各得其所矣，斂其神氣而不泄，極其悃愊而無華，蓋有安其身而不動，易其心而不語，定其交而不求者，此安養天下之要道，和柔蒼生之至本，其斯無愧於負天下之重乎！周、召上也，蕭、曹、丙、魏、房、杜、姚、宋次之。持其身而慎其行，檢其躬而安其分，石慶之醇謹〔註79〕，張安世之謹厚〔註80〕，盧懷慎之清素〔註81〕又次之。《易》曰：「艮其身，无咎。」

六五：艮其輔，言有序，悔亡。何也？葉子曰：爾惟風下民、惟草舊伏之勢，君人者握之也。「王言如絲，其出如綸。王言如綸，其出如綍。」〔註82〕榮辱之主為人上者，其可苟乎哉？成王一言而天反風〔註83〕，景公一言而妖星

〔註78〕《孟子‧盡心上》。

〔註79〕《史記》卷一百〇三《萬石張叔列傳》：「慶文深審謹。」

〔註80〕《漢書》卷五十九《張安世傳》：「職典樞機，以謹慎周密自著，外內無間。」

〔註81〕《舊唐書》卷九十八《盧懷慎傳》：「懷慎清儉，不營產業，器用服飾，無金玉綺文之麗。所得祿俸，皆隨時分散，而家無餘蓄，妻子匱乏。及車駕將幸東都，四門博士張星上言：『懷慎忠清直道，終始不虧，不加寵贈，無以勸善。』乃下制賜其家物壹伯段、米粟貳伯石。明年，上還京師，因校獵於城南，經懷慎別業，見家人方設祥齋，憫其貧匱，賜絹百匹。」

《新唐書》卷一百二十六《盧懷慎傳》：「懷慎清儉不營產，服器無金玉文綺之飾，雖貴而妻子猶寒饑，所得祿賜，於故人親戚無所計惜，隨散輒盡。赴東都掌選，奉身之具，止一布囊。既屬疾，宋璟、盧從願候之，見敝簀單藉，門不施箔。會風雨至，舉席自障。日晏設食，蒸豆兩器，菜數桮而已。臨別，執二人手曰：『上求治切，然享國久，稍倦於勤，將有憸人乘間而進矣。公第志之！』及治喪，家無留儲。帝時將幸東都，四門博士張晏上言：『懷慎忠清，以直道始終，不加憂錫，無以勸善。』乃下制賜其家物百段，米粟二百斛。帝後還京，因校獵、杜間，望懷慎家，環堵庫陋，家人若有所營者，馳使問焉，還白懷慎大祥，帝即以縑帛賜之，為罷獵。」

〔註82〕《禮記‧緇衣》。

〔註83〕《尚書‧金縢》：「武王既喪，管叔及其群弟乃流言於國，曰：『公將不利於孺子。』周公乃告二公曰：『我之弗辟，我無以告我先王。』周公居東二年，則罪人斯得。於後，公乃為詩以貽王，名之曰《鴟鴞》；王亦未敢誚公。秋，大熟，未穫，天大雷電以風，禾盡偃，大木斯拔；邦人大恐，王與大夫盡弁，以啟金縢之書，乃得周公所自以為功，代武王之說。二公及王乃問諸史與百執事。對曰：『信。噫！公命，我勿敢言。』王執書以泣，曰：『其勿穆卜。昔公勤勞王家，惟予沖人弗及知；今天動威，以彰周公之德，惟朕小子其新逆，我國家禮亦宜之。』王出郊，天乃雨。反風，禾則盡起。二公命邦人，凡大木所偃，盡起而築之，歲則大熟。」

退〔註84〕；公子御說言懼而名禮，臧孫達知其為君。〔註85〕故曰：「言行，君子之所以動天地也，可不慎乎？」〔註86〕《傳》曰：「君子居其室，出其言善，則千里之外應之，況其邇者乎！出其言不善，則千里之外違之，況其邇者乎！言行，君子之樞機。樞機之發，榮辱之主也。」〔註87〕《管子》曰：「人主出言，不逆於民心，不悖於理義。其所言足以安天下者也，人惟恐其不後言也。出言而離父子之親，疏君臣之道，害天下之眾，此言之不可復者也。故明主不言也。」〔註88〕然則不當言而不言，惟有止其輔頰舌耳，若之何其為口說之滕哉？不妄發，發則必當理。惟不言，言乃雍，此之謂有一哉之心而後有大哉之言也，是之謂有大哉之言而有以知其一哉之心也。高宗三年不言，一言而四海仰成；威王三年不鳴，一鳴而齊國震驚。不其然乎？故曰：真主一言其利博。若魏地井中龍出，群臣以為吉祥。魏主髦曰：「龍者，君德也。上不在天，下不在田，而數居於井，非嘉兆也。」作潛龍詩以自諷。司馬昭見而惡之。〔註89〕亦可謂言不有中矣。甚者唐時溥獻黃巢首，並其姬妾，僖宗御樓受之。宣問姬妾女曹皆勳貴子女，何為從賊？其居首者對曰：「狂賊凶逆，國家以百萬之眾失守，宗祧播遷巴蜀。今陛下乃以不能拒賊，責一女子，置公卿將相於何地乎？」皆戮之。〔註90〕噫！發言之不當未有甚於此者也，其何以為天下主？

〔註84〕《晏子春秋》卷一《景公異熒惑守虛而不去晏子諫第二十一》：「景公之時，熒惑守於虛，期年不去。公異之，召晏子而問曰：『吾聞之，人行善者天賞之，行不善者天殃之。熒惑，天罰也，今留虛，其孰當之？』晏子曰：『齊當之。』公不說，曰：『天下大國十二，皆曰諸侯，齊獨何以當？』晏子曰：『虛，齊野也。且天之下殃，固幹富彊，為善不用，出政不行，賢人使遠，讒人反昌，百姓疾怨，自為祈祥，錄錄彊食，進死何傷！是以列舍無次，變星有芒，熒惑回逆，孽星在旁，有賢不用，安得不亡！』公曰：『可去乎？』對曰：『可致者可去，不可致者不可去。』公曰：『寡人為之若何？』對曰：『盡去冤聚之獄，使反田矣；散百官之財，施之民矣；振孤寡而敬老人矣。夫若是者，百惡可去，何獨是孽乎！』公曰：『善。』行之三月，而熒惑遷。」

〔註85〕《左傳‧莊公十一年》：「秋，宋大水。公使弔焉，曰：『天作淫雨，害於粢盛，若之何不弔？』對曰：『孤實不敬，天降之災，又以為君憂，拜命之辱。』臧文仲曰：『宋其興乎！禹、湯罪己，其興也悖焉；桀、紂罪人，其亡也忽焉。且列國有凶，稱孤，禮也。言懼而名禮，其庶乎。』既而聞之曰：『公子御說之辭也。』臧孫達曰：『是宜為君，有恤民之心。』」

〔註86〕《周易‧繫辭上》。
〔註87〕《周易‧繫辭上》。
〔註88〕《管子‧形勢解》。
〔註89〕《資治通鑒》卷七十七《魏紀九》。
〔註90〕《資治通鑒綱目》卷五十二。

《易》曰：「艮其輔，言有序，悔亡。」〔註91〕

　　上九：敦艮，吉。何也？葉子曰：君子依乎中庸，遁世不見知而不悔，不以時之久而薄所守，仲尼之「俛焉日有孜孜，斃而後已」〔註92〕者，聖學之所以成始而成終乎？遯世不見是而無悶，不以節之苦而削其操，伯夷之采薇首陽而餓死以畢願者，聖節之所以有始而有卒乎？《易》曰：「敦艮，吉。」

〔註91〕按：此一節頗有襲自《誠齋易傳》卷十四《艮》者，曰：「六五，艮之君也，其言如絲之至微，其出如綸之至大。成王一言而天返風，景公一言而妖星退，可不謹哉？與其言而未善，寧止其輔煩而不言。止而不止，非不言也，審而後言也。審而後言者，是惟不言，言必有序矣。何悔之有？故高宗三年不言，一言而四海咸仰；威王三年不鳴，一鳴而齊國震驚。艮之六五所以能『艮其輔』者，以其德之中正而已，所謂有德者必有言也。五居上，而偶有口胁而不合之象，故為『輔煩』。」

〔註92〕《禮記・表記》。

葉八白易傳卷十四

漸䷴

漸：女歸吉，利貞。何也？葉子曰：君子之守身也，若女子之處也，暗室屋漏，豈容一發之點污哉？故曰：青天白日以為心，高山大川以為行，君子之進身也。若女子之嫁也，禮儀恭敬，豈容一物之不備哉？故曰：「七介以相見，不然則已愨。三辭三讓而後至，不然則已蹙。」〔註1〕「故行路之人許嫁矣，然而未往也。見一物不具，一禮不備，守節貞禮，守死不往，君子以為得婦道之宜。」〔註2〕耕莘之人膺聘矣，然而未行也。見一禮不誠，一誠不至，守道固窮，寧死不就，君子以為得始進之正。得婦道之宜，然後可以絕無道之求，防污道之行。〔註3〕於是而奉神靈之統，理萬物之宜，為有望也。得始進之正，然後可以禁禮貌之衰，絕饑飽之病。於是而獲乎上以成功，正其身以及國，為有望也。不然，索家而凶國則有之矣，何利之圖哉？雖然，不奔而行以聘，女歸之善矣，不知其行為何如？孔姞之歸大叔，不無聘焉，君子以為污也。〔註4〕不苟而進以禮，士行之善矣，不知其進為何如？王猛之從苻堅，非無禮焉，

〔註1〕《禮記・禮器》。
〔註2〕《韓詩外傳》卷一。
〔註3〕《韓詩外傳》卷一：「得婦道之宜，故舉而傳之，揚而歌之，以絕無道之求，防污道之行乎？」
〔註4〕《左傳・哀公十一年》：「冬，衛大叔疾出奔宋。初，疾娶於宋子朝，其娣嬖。子朝出，孔文子使疾出其妻，而妻之。疾使侍人誘其初妻之娣寘於犁，而為之一宮，如二妻。文子怒，欲攻之，仲尼止之。遂奪其妻。或淫於外州，外州人奪之軒以獻。恥是二者，故出。衛人立遺，使室孔姞。」

君子以為亂也。其惟孔明之於玄德，孟光之於梁鴻乎？君子慎之！《易》曰：「漸：女歸吉，利貞。」

初六：鴻漸于干。小子厲有言，无咎。何也？葉子曰：語曰：鬼瞰高明，世疵俊厲。又曰：實藝確行，人未必信。纖瑕微累，十手爭指。〔註5〕此言君子處世之難也。又況位卑而無自固之權，始進而乏素交之託者乎！是故操心危而慮患深，恆存乎疢疾；塗利害而域憂患，動得乎凶危。勢之所不免者也。彼燕雀安知鴻鵠之志，鳩與鷦鳩方且猶然笑乎鶤鵬之飛矣。雖然，此非君子之過，時命之不幸也。我何病焉？賈誼始進而絳、灌毀之〔註6〕，龐統守耒陽而丞尉訐之〔註7〕。彼二賢者猶然，而況其他乎！君子處此，付之莞爾，自勉可也。《易》曰：「鴻漸于干。小子厲有言，无咎。」

六二：鴻漸于磐，飲食衎衎，吉。何也？葉子曰：君子之進而為三公也，坐而論道；進而為宰相也，與天子相起居非夰也，道居之則安而不危也；其食萬鍾之祿也，受祼獻執饋之禮非侈也，德受之則樂而不憂也。若此者，豈徒然而已哉？其君資之以安富而尊榮，其士賴之以孝悌而忠信，其民仰之以富壽而康寧，其國家倚之以苞桑而磐石，是之謂爵之榮而祿之光矣。不然，則無道。以鰥官寡德以浮祿，王衍所以見責於石勒而無辭〔註8〕，何曾所以取譏於當世

〔註5〕《舊唐書》卷一百六十五《柳公綽傳》。

〔註6〕《史記》卷八十四《賈生列傳》：「賈生以為漢興至孝文二十餘年，天下和洽，而固當改正朔，易服色，法制度，定官名，興禮樂，乃悉草具其事儀法，色尚黃，數用五，為官名，悉更秦之法。孝文帝初即位，謙讓未遑也。諸律令所更定，及列侯悉就國，其說皆自賈生發之。於是天子議以為賈生任公卿之位。絳、灌、東陽侯、馮敬之屬盡害之，乃短賈生曰：『雒陽之人，年少初學，專欲擅權，紛亂諸事。』於是天子後亦疏之，不用其議，乃以賈生為長沙王太傅。」

〔註7〕不詳。《三國志》卷三十七蜀書七《龐統傳》：「先主領荊州，統以從事守耒陽令，在縣不治，免官。」

〔註8〕《晉書》卷四十三《王衍傳》：「衍以賊寇鋒起，懼不敢當。辭曰：『吾少無宦情，隨牒推移，遂至於此。今日之事，安可以非才處之。』俄而舉軍為石勒所破，勒呼王公，與之相見，問衍以晉故。衍為陳禍敗之由，云計不在己。勒甚悅之，與語移日。衍自說少不豫事，欲求自免，因勸勒稱尊號。勒怒曰：『君名蓋四海，身居重任，少壯登朝，至於白首，何得言不豫世事邪！破壞天下，正是君罪。』使左右扶出。謂其黨孔萇曰：『吾行天下多矣，未嘗見如此人，當可活不？』萇曰：『彼晉之三公，必不為我盡力，又何足貴乎！』勒曰：『要不可加以鋒刃也。』使人夜排牆填殺之。衍將死，顧而言曰：『嗚呼！吾曹雖不如古人，向若不祖尚浮虛，戮力以匡天下，猶可不至今日。』時年五十六。」

而不免〔註9〕。劉景升千觔之牛，啖芻豆十倍於常牛，而負重致遠曾不若一羸特，魏武所以入荆州而殺以享士也。〔註10〕《詩》之言曰：「不稼不穡，胡取禾三百廛兮？不狩不獵，胡瞻爾庭有懸貆兮？彼君子兮，不素餐兮。」〔註11〕可不監乎？故曰：「於《伐檀》見賢者之先事後食也。」〔註12〕古之人有居之而不歉者，伊尹、周公是已。郭汾陽、裴晉公抑亦可以為次焉。范文正居官，每計一日奉養之費，與所為之事相稱則無復愧恥。苟或不然，終夜不能安寢。〔註13〕其有以知此矣。《易》曰：「鴻漸于磐，飲食衎衎，吉。」

九三：鴻漸于陸。夫征不復，婦孕不育，凶，利禦寇。何也？葉子曰：革剛則裂，金剛則崩。行衰寡黨，道毀獨成。焚和生火，居處弗寧，不利其行，不全其生。剛而無禮，不克高明。不賀為賈，亟走寧羸。強敵在前，大盜入庭。勿過防戒，從或戕刑。古之人有似之者，其關雲長之在荆州乎？矜其驕氣，陵轢於人，意驕志溢，專務北進。而玄德、孔明遠入漢川，呂蒙、陸遜陰狐狡計，漠然無有與之相謀相議者，是以卒為所圖，荆州不復我有，玄德半生之勞，竟為枉然，而不就其禍，可勝言哉？使其知強敵之在前，狡計之方毒，防之深而備之豫，則剛雖過而彼無所入，黨雖孤而計不能行，亦何至於此？噫！惜哉！《易》曰：「鴻漸于陸。夫征不復，婦孕不育，凶，利禦寇。」

六四：鴻漸于木，或得其桷，无咎。何也？葉子曰：君子生於多賢之世，而陸於拔茅之朝也，何其幸而安也。不幸而乘小人之上，則處非其地，而動得危禍矣。故曰：「騰猿得楠梓豫章也，攬蔓其枝而生長其間，雖蒙、羿不能睨也。及其得柘棘枳枸之間，則危行側視而震動慄慄矣。此觔骨非有加急而不柔也，處世不便，未足以遂其能也。」〔註14〕故昔者顏闔問於蘧伯玉曰：「有人於此，其德天殺。與之為無方則危吾國，與之為有方則危吾身。若然者，吾奈之何？」伯玉曰：「善哉乎問！戒之慎之。形莫若就，心莫若和。就不欲入，

〔註9〕《晉書》卷三十三《何曾傳》：「時司空賈充權擬人主，曾卑充而附之。及充與庾純因酒相競，曾議黨充而抑純，以此為正直所非。」

〔註10〕《資治通鑒》卷一百《晉紀二十二》：「溫作色曰：『昔劉景升有千斤大牛，啖芻豆十倍於常牛，負重致遠曾不若一羸特。魏武入荆州，殺以享軍。』」

〔註11〕《魏風·伐檀》。

〔註12〕《孔叢子·嘉言第一》。

〔註13〕邵博《聞見後錄》卷二十二：「范文正公曰：『吾遇夜就寢，即自計一日飲食奉養之費及所為之事。果自奉之費與所為之事相稱，則鼾鼻熟寐。或不然，則終夕不能安眠，明日必求所以稱之者。』」

〔註14〕《莊子·山木》。

和不欲出。」〔註15〕嗚呼！通於此道者，知所以處患矣。故紀渻子為王養鬥雞，十日而問：「雞已乎？」曰：「未也。方虛驕而恃氣。」十日又問，曰：「未也。猶應影響。」十日又問，曰：「未也。猶疾視而盛氣。」十日又問，曰：「幾矣。雞雖有鳴者，已無變矣，望之似木雞矣。異雞無敢應者，反走矣。」〔註16〕故《老子》曰：「柔之勝剛也，弱之勝強也，天下莫不知而莫之能行。」越王親行之，故霸中國。夷之蒐，晉使狐射姑將中軍，趙盾佐之。陽處父至自溫，改蒐於董，易中軍。趙盾於是為國政。〔註17〕已為太傅而以剛。賈季怨陽子之易其班也，而知其無援於晉也，使續鞫居殺處父。〔註18〕厲公無道，三郤橫，而伯宗悻悻於其間。每朝，其妻必戒之曰：「盜憎主人，民怨其上。子好直言，必及於難。三郤卒譖而殺之。」〔註19〕故自古未有傲視小人而能免者。知此道者，楚令尹子文乎？「成得臣帥師伐陳，討其貳於宋也，遂取焦、夷，城頓而還。子文以為之功。伯叔曰：『子若國何？』對曰：『吾以靖國也。夫有大功而無貴仕，其人能靖者歟有幾？』」〔註20〕《易》曰：「鴻漸于木，或得其桷，无咎。」

　　九五：鴻漸于陵。婦三歲不孕，終莫之勝，吉。何也？葉子曰：聖主必待賢臣而宏功業，俊士亦俟明主以顯其德，上下俱欲，歡然交欣，千載一會，論說無疑，翼乎如鴻毛遇順風，橫四海；沛乎若巨魚縱大壑，徙南溟。其得意如此，則胡禁不止？胡令不行？化溢四表，橫被無窮矣。不幸而有讒邪交搆其閒〔註21〕，魚水離矣。君欲下交，而遊談之士居旁以間其臣，如蒯通之說韓信，蔣幹之說周瑜，其不乃亂而乃萃者幾希矣。臣欲上交，而讒慝之人近君以間其主，如管、蔡之流言乎周公，臧倉之沮厄乎孟子，其能引吉无咎者幾希矣。歲久而未易合，時過而功不成，其如橫絕騰徙何哉？然君臣之義無所逃於天地之

〔註15〕《莊子・人間世》。
〔註16〕《莊子・達生》。
〔註17〕《左傳・文公六年》：「六年春，晉蒐於夷，舍二軍。使狐射姑將中軍，趙盾佐之。陽處父至自溫，改蒐於董，易中軍。陽子，成季之屬也，故黨於趙氏，且謂趙盾能，曰：『使能，國之利也。』是以上之。宣子於是乎始為國政。」
〔註18〕《左傳・文公六年》：「賈季怨陽子之易其班也，而知其無援於晉也。九月，賈季使續鞫居殺陽處父。」
〔註19〕《左傳・成公十五年》：「晉三郤害伯宗，譖而殺之，及欒弗忌。伯州犂奔楚。韓獻子曰：『郤氏其不免乎！善人，天地之紀也，而驟絕之，不亡何待？』初，伯宗每朝，其妻必戒之曰：『盜憎主人，民惡其上。子好直言，必及於難。』」
〔註20〕《左傳・僖公二十三年》。
〔註21〕「問」，疑當作「間」。

間，則云龍風虎之會自不間於聲應氣求之合，彼小人者胡為乎於其間哉？成王反周公，平公賢孟子，韓信不背乎高帝，周瑜骨肉乎孫權，彼反覆百端，而君心不信，臣志益堅，然則遊談讒慝者果胡為於其間哉？《易》曰：「鴻漸於陵。婦三歲不孕，終莫之勝，吉。」

上九：鴻漸于陸，其羽可用為儀，吉。何也？葉子曰：有二八之升，則必有穎陽之高；有八百之會，則必有孤竹之潔。介性所至，而甘心畎畝之中，憔悴江湖之上，豈固親魚鳥樂草木哉？各行其志，各尊所尚而已。然而蟬蛻污泥之中，以自致區宇之外，則不降不辱，既得以遂其高蹈遠引之志，而亦不失為百世之師；不友不臣，既自得其肥遁高尚之志，而亦不失為清者之聖。亦豈得為無用也哉？是故安劉之功，必有望於四老，而三傑之所不能；圖重漢之業，必有資於客星，而二十八將之所不能與。其次龔壯之終身不至成都〔註22〕，辛謐之不就劉、石徵辟〔註23〕，亦可謂潔白不污一世之士矣。其視王猛之隨世以就功名者，不亦遠乎？《易》曰：「鴻漸于陸，其羽可用為儀，吉。」

歸妹☲☳

歸妹：征凶，无攸利。何也？葉子曰：長兄嫁少妹，不幸之遭也。世有是事也，不待伯仲之命，媒妁之言，以己歸人而自往焉，淫醜之奔也，理當有是乎？淫惡之大，奔行之醜，以是而往，惟家之索矣。其何以為中饋之主、奉神靈之統而理萬物之宜哉？故程子曰：「陰陽之配合，男女之交構，理之常也。然從欲而流，放不由義，理則淫邪，無所不至，傷身敗德，非人理矣。」〔註24〕是故必也魯成公歸伯姬於宋，然後有以成貞烈之行；四嶽歸舜於堯，然後有以

〔註22〕《晉書》卷九十四《隱逸列傳》：「龔壯，字子瑋，巴西人也。潔己自守，與鄉人譙秀齊名。父叔為李特所害，壯積年不除喪，力弱不能復仇。及李壽戍漢中，與李期有嫌，期，特孫也，壯欲假壽以報，乃說壽曰：『節下若能並有西土，稱藩於晉，人必樂從。且捨小就大，以危易安，莫大之策也。』壽然之，遂率眾討期，果克之。壽猶襲偽號，欲官之，壯誓不仕，略遺一無所取。會天久雨，百姓饑墊，壯上書說壽以歸順，允天心，應人望，永為國藩，福流子孫。壽省書內愧，祕而不宣。乃遣使入胡，壯又諫之，壽又不納。壯謂百行之本莫大忠孝，即假壽殺期，私仇以雪，又欲使其歸朝，以明臣節。壽既不從，壯遂稱聾，又云手不制物，終身不復至成都，惟研考經典，譚思文章，至李勢時卒。」

〔註23〕《晉書》卷九十四《隱逸列傳》：「及長安陷沒於劉聰，聰拜太中大夫，固辭不受。又歷石勒、季龍之世，並不應辟命。雖處喪亂之中，頹然高邁，視榮利蔑如也。」

〔註24〕《伊川易傳·歸妹》。

成格天之功；徐庶歸孔明於先主，然後有以復明堂之祀。反此則大義熄而亂天下矣。是故齊以姜氏歸於魯桓以成昏，會於嬴，似合禮之經矣。而《春秋》謹之，蓋以匪媒而昏，昏不以正也；越境而會，會不以正也；使其私人往逆，逆不以正也；為齊侯而親逆，逆不以正也。則以基禍敗之原而肇喪亂之本矣，故復使莊公儆之納幣於齊〔註25〕，以盛飾而尸女，恣為淫行，無復羞惡。昏姻之際，可不謹哉？則夫枉道而求合，衒玉而求售，其為失利又何如哉？《易》曰：「歸妹：貞凶，无攸利。」

初九：**歸妹以娣，跛能履，征吉。**何也？葉子曰：薦賢者，大夫之偉烈也；薦色者，妾婦之順事也。薦賢者興國化，薦色者蠹君身。薦色下矣，不猶愈於妒害而賊禍者乎？楚樊姬之事莊王也，常遣人之梁、鄭之間，求美人而進之，與同列者十人，賢於己者二人。姬則亦欲擅王之寵矣，然而不敢以私願蔽眾美，欲王之多見則娛也。〔註26〕又況賢女淑姬猶有可與晤言者乎！推其心，亦可以自廣。嗚呼！女子而薦娣，不嫌於逼己。人臣而廣求天下之士以進於君，則己不足而人有餘，我不逮遠而天下之賢人君子為我遝到迭及而無窮矣，其功可勝既乎？斯可以免臧文仲之譏，斯可以來孟子輿之喜。《易》曰：「歸妹以娣，跛能履，征吉。」

九二：**眇能視，利幽人之貞。**何也？葉子曰：「窺觀」，女子之正也，視遠則眛矣。「無攸遂」，婦人之分也，為大作則泥矣。視以禮，作以道，猶且不可，況禮道之外哉！不為宋伯姬、陳孝婦，而為霍顯、梁壽之邪；不為漢明肅、宋宣仁，而為呂雉、武媚娘之狡。山林而市販矣，可乎哉？斯有閨門之修，無境外之志，孟母所以為千古之婦準也。然則身居山林之下而心馳魏闕之表，行假賁趾之飾而身怒萬乘之主，如樊英〔註27〕、王良〔註28〕之徒，不亦士君子之

〔註25〕 《左傳‧莊公二十二年》：「冬，公如齊納幣。」

〔註26〕 《韓詩外傳卷》第二：「姬曰：『妾得侍於王，尚湯沐，執巾櫛，振衽席，十有一年矣。然妾未嘗不遣人之梁、鄭之間，求美人而進之於王也。與妾同列者十人，賢於妾者二人。妾豈不欲擅王之愛，專王之寵哉？不敢以私願蔽眾美也，欲王之多見，則知人能也。』」

〔註27〕 《後漢書》卷八十二上《方術列傳上‧樊英傳》：「英初被詔命，僉以為必不降志，及後應對，又無奇謀深策，談者以為失望。初，河南張楷與英俱徵，既而謂英曰：『天下有二道，出與處也。吾前以子之出，能輔是君也，濟斯人也。而子始以不膺之身，怒萬乘之主；及其享受爵祿，又不聞匡救之術，進退無所據矣。』」

〔註28〕 《後漢書》卷二十七《王良傳》：「後以病歸。一歲復徵，至滎陽，疾篤不任進道，乃過其友人。友人不肯見，曰：『不有忠言奇謀而取大位，何其往來屑屑不憚煩也？』遂拒之。良慚，自後連徵，輒稱病。」

鄙哉？《易》曰：「眇能視，利幽人之貞。」

六三：**歸妹以須，反歸以娣。**何也？葉子曰：有德而待者，時過則行；無德而俟者，時至則廢。宋大災，共姬待姆不至，卒於火。〔註29〕公子重耳謂季隗曰：「待我二十五年，不來而後嫁。」對曰：「我二十五年矣，又如是而嫁，則就木焉。請待子。」〔註30〕婦道之貞也。譙周老而不死，竟以兩賣其國，何其賤哉！噫！享年八十三而不七十九。嗚呼！夏相公萬代名不朽，「自古人皆死，惜公遲四年。問公今日死，何似四年前？」〔註31〕此其待之而卒為可醜者也，何貴於待哉？《易》曰：「歸妹以須，反婦以娣。」

九四：**歸妹愆期，遲歸有時。**何也？葉子曰：明妃不賂畫工而自待，卒為異域之鬼，時命之不幸也。〔註32〕孟光三十不嫁而自待，卒為梁鴻之配，豈非遭遇之有時乎？〔註33〕是故君子幸則為三聘之尹、三顧之葛，不幸則為沒世之管寧〔註34〕、終身之范粲〔註35〕，吾何意焉？《易》曰：「歸妹愆期，遲歸有時。」

〔註29〕 《春秋·襄公三十年》：「五月，甲午，宋災，宋伯姬卒。」《穀梁傳》：「取卒之日加之災上者，見以災卒也。其見以災卒奈何？伯姬之舍失火，左右曰：『夫人少辟火乎？』伯姬曰：『婦人之義，傅母不在，宵不下堂。』左右又曰：『夫人少辟火乎？』伯姬曰：『婦人之義，保母不在，宵不下堂。』遂逮於火而死。婦人以貞為行者也，伯姬之婦道盡矣。詳其事，賢伯姬也。」

〔註30〕 《左傳·僖公二十三年》。

〔註31〕 徐𤊹《徐氏筆精》卷五《夏貴》：「淮西閫帥夏貴以至元丙子附大元，授中書左丞。至己卯薨，有弔以詩曰：『自古誰不死，惜公遲四年。問公今日死，何似四年前？』」

〔註32〕 《西京雜記》卷二：「元帝後宮既多，不得常見，乃使畫工圖形，案圖召幸之。諸宮人皆略畫工多者十萬，少者亦不減五萬。獨王嬙不肯，遂不得見。匈奴入朝求美人為閼氏，於是上案圖，以昭君行。及去召見，貌為後宮第一，善應對，舉止閑雅。帝悔之，而名籍已定。帝重信於外國，故不復更人。」

〔註33〕 《後漢書》卷八十三《逸民列傳·梁鴻傳》：「同縣孟氏有女，狀肥醜而黑，力舉石臼，擇對不嫁，至年三十。父母問其故。女曰：『欲得賢如梁伯鸞者。』鴻聞而娉之。」

〔註34〕 管寧傳見《三國志》卷十一《魏書十一》。

〔註35〕 《晉書》卷九十四《隱逸列傳》：「齊王芳被廢，遷於金墉城，粲素服拜送，哀慟左右。時景帝輔政，召群官會議，粲又不到，朝廷以其時望，優容之。粲又稱疾，闔門不出。於是特詔為侍中，持節使於雍州。粲因陽狂不言，寢所乘車，足不履地。子孫恒侍左右，至有婚宦大事，輒密諮焉。合者則色無變，不合則眠寢不安，妻子以此知其旨。武帝踐祚，泰始中，粲同郡孫和時為太子中庶子，表薦粲，稱其操行高潔，久嬰疾病，可使郡縣輿致京師，加以聖恩，賜其醫藥，若遂瘳除，必有益於政。乃詔郡縣給醫藥，又以二千石祿養病，歲以為常，加賜帛百匹。子喬以父疾篤，辭不敢受，詔不許。以太康六年卒，時年八十四，不言三十六載，終於所寢之車。」

六五：帝乙歸妹，其君之袂不如其娣之袂良，月幾望，吉。何也？葉子曰：男生而有室，女生而有家。帝女之嫁民間，不足異也。服飾之不華，膝妝之獨盛，非婦道之大異乎？後非賢不乂，賢非後不食。天子之下交於臣，不足善也。「吾久不見賈生，自謂過之。今不及也」〔註36〕，非君道之大善乎？是故岐陽、廣德二主之恭儉，世有之也；練素不與婢妾同，世無之也；創業之英傑，守成之純良，世所有也；自謂三傑之不如，賈生之不及，世所無也。彼以五帝其臣不及其聖者，不亂道乎？《易》曰：「帝乙歸妹，其君之袂不如其娣之袂良，月幾望，吉。」

上六：女承筐无實，士刲羊无血，无攸利。何也？葉子曰：夫婦之道，不可以不久，是故禍莫大於約婚而不終。《詩》曰：「之子于歸，百兩將之。」〔註37〕女之盛也，一物無有，安在其為嫁哉？《禮》曰：「為酒食以召鄉黨僚友。」〔註38〕男之慶也，一事不舉，安在其為娶哉？婚姻不終，大為世敝，此《氓》之詩所以刺衛國之風〔註39〕，徐吾犯之妹所以釀鄭國之禍〔註40〕，外黃富人之女所以貽千古之恥也與〔註41〕？雖然，鍾離權以女許許氏矣，及買婢得前令女，欲以女裝嫁之，而請緩期。許氏請以令女配其子，而令權別求良奧以配其女。東坤氏責之曰：「兩人之德厚矣，獨不為其子女地乎？」自行媒下達，各相知名。婚姻之懷曰信。著縷之禮，明係心也。鍾離之女無故而改嫁，要其終，非其人，縷胡義而脫也？合巹之禮，明合禮也。許氏之子無故而改娶，原其始，非其人，巹胡義而酳也？《詩》曰：「女也不爽，士貳

〔註36〕《史記》卷八十四《賈生列傳》。

〔註37〕《召南·鵲巢》。

〔註38〕《禮記·典禮》。

〔註39〕《詩序》：「《氓》，刺時也。宣公之時，禮義消亡，淫風大行，男女無別，遂相奔誘。華落色衰，復相棄背。或乃困而自悔，喪其妃耦，故序其事以風焉。美反正，刺淫泆也。」

〔註40〕《左傳·昭公元年》：「鄭徐吾犯之妹美，公孫楚聘之矣，公孫黑又使強委禽焉。犯懼，告子產，子產曰『是國無政，非子之患也。唯所欲與。』犯請於二子，請使女擇焉。皆許之，子晳盛飾入，布幣而出。子南戎服入，左右射，超乘而出。女自房觀之曰：『子晳信美矣，抑子南，夫也。夫夫婦婦，所謂順也。』適子南氏。子晳怒，既而櫜甲以見子南，欲殺之而取其妻。子南知之，執戈逐之，及衝，擊之以戈。子晳傷而歸，告大夫曰：『我好見之，不知其有異志也，故傷。』」

〔註41〕《史記》卷八十九《張耳列傳》：「外黃富人女甚美，嫁庸奴，亡其夫，去抵父客。父客素知張耳，乃謂女曰：『必欲求賢夫，從張耳。』女聽，乃卒為請決，嫁之張耳。」

其行。」〔註42〕鍾離女之爽，許氏子之貳，首惡者誰與？嗚呼！彼恥獨為君子者尚曰犯義如此，而況肆為小人者，其於義命何如哉！《詩》曰：「乃如之人兮，懷婚姻也。大無信也，不知命也。」〔註43〕其斯之謂與？故曰：男女居室，人之大倫也。婚姻之道苦，而淫僻之罪多矣。復相棄背，喪其配偶，《氓》之詩所以刺衛日以衰薄，室家相棄；《中谷有蓷》所以閔周。《春秋》內女出，夫人歸，凡男女之際，謹書於冊，所以正人倫之本。此義行，何有婚姻不終、重貽天下之恥者乎？《易》曰：「女承筐无實，士刲羊无血，无攸利。」

豐䷶

豐：亨。王假之，勿憂，宜日中。何也？葉子曰：應中天之期者，帝德廣運而無疆；撫盈成之運者，禮樂刑政四達而不悖。《書》曰：「帝光天之下，至於海隅蒼生，萬邦黎獻，共惟帝臣」〔註44〕；「庶績咸寧」〔註45〕；「百志維熙」〔註46〕。《孟子》曰：「巨室之所慕，一國慕之。一國之所慕，天下慕之。故沛然德教，溢於四海。」〔註47〕嗟乎！此大君之盛事，而理道之亨嘉，光昌之景會也，盛不已極乎？然而盛者衰之根，盈者虛之原。「趙獲二城，臨饋而憂；陶朱既富，妻妾悲號。」〔註48〕唐僖宗末年，自懷孟、晉絳數百里，州無刺史，縣無令長，田無麥禾，野無煙火者，殆將十年。蓋兆起於天寶開元之盛也。因著而察微，由事而審幾，則夫庸君之所喜，豈非聖人之所憂乎？雖然，常人不知憂。若晉武平吳政怠，遊宴不息；唐玄寵奸眩色，不克有終。其為身後之禍，末年之亂，不足言也。知之而徒憂，為漢獻之抱伏後而哭，為唐文對周墀泣下沾襟，卒篡強臣而終困家奴，則亦何益之有矣？聖人則不然。知之有幾，處之有道，則始雖豫憂，而終復何憂焉？何也？欹器之道，滿則覆。聖人一持其中而勿使滿，復何由促？月之行空，盈則食。聖人一持其中而勿使盈，食何由得？昔者舜、禹之世，重華協帝文命，敷於四海，而益為之戒曰：「儆戒無虞，罔失法度，罔遊於佚，罔淫於樂，無怠無荒，四夷來王。」〔註49〕成

〔註42〕《衛風·氓》。
〔註43〕《鄘風·蝃蝀》。
〔註44〕《尚書·益稷》。
〔註45〕「寧」，《尚書·堯典》作「熙」。
〔註46〕《尚書·大禹謨》。
〔註47〕《孟子·離婁上》。
〔註48〕見荀悅《申鑒·雜言上》。
〔註49〕《尚書·大禹謨》。

湯肇造萬邦，以開有商，乃曰：「茲朕未知獲戾於上下。慄慄危懼，若將隕於深淵。凡我造邦，無從匪彝，無即慆淫。各守爾典，以承天休。」〔註50〕文王有天下，三分之二，自朝至於日中昃，不遑暇食，用咸和萬民，「不敢盤於遊田，以庶邦惟正之供」〔註51〕。剛以持其盛而勿使過於盛，遏其衰而勿使及於衰，是之謂聖人之哲也。齊桓有憂中國之心，為經營之舉。於是盟幽，而諸侯協獻捷，治戎存邢、衛，卻狄盟召陵，怗楚而中國安。盟首止，會於洮而王室寧。及乎葵丘，而霸業盛矣。奈之何不知持盈之道，而易生驕吝之心。陽穀為會而寵樂肆，城杞無功，救徐怠緩，伐黃不恤，謀鄟無成，而簡書忽。霸業之衰，不待其身之死而索然矣。其何以語於聖人之治邪？《易》曰：「豐：亨。王假之，勿憂，宜日中。」

初九：遇其配主，雖旬，无咎，往有尚。何也？葉子曰：物以兩而軋，是故兩相與則專；兩以資而成，是故謀與斷則協。何則？非極天下之深者，不能研天下之幾，然惟果而毅也，始有以成天下之務；惟斷天下之疑者，為能定天下之業。然非資之深者，不能逢左右之原。是故兩貴不相事，而惟彼此之相資，則可以共事；兩賢不相厄，而惟爾我之相藉，則無所為尢。《淮南子》曰：「寇難至，瞽者告盲，負而走，兩人皆活，得其所能也。故使盲者睹，瞽者走，失其所矣。」〔註52〕又曰：「有千金之璧，而無錙錘之礛諸。受光於隙，照一隅；受光於牖，照北壁；受光於戶，照室中，無遺物。況受光於宇宙乎！天下莫不藉明於其前矣。」〔註53〕照則兵農之相為役，農末之相為濟，蝦與水母之相為依，蠜與蛬蛬巨虛之相為賜，其事勢使然也。昔者鄭國之大夫馮簡子能斷大事，裨諶能謀。謀於野則獲，謀於邑則否。鄭國將有諸侯之事，子產與裨諶乘以適野，使謀其可否，而告馮簡子，使斷之。是以應對賓客，鮮有敗事。房玄齡明達吏事，輔以文學，與杜如晦引拔士類，常如不及。至於臺閣規模，皆二人所定。太宗每與玄齡謀事，曰：「非如晦不能決。」及如晦至，卒用玄齡之策。蓋房善謀，杜能斷，故二人深相得，同心徇國。唐世稱賢相者，推二人焉。《易》曰：「遇其配主，雖旬，无咎，往有尚。」

六二：豐其蔀，日中見斗，往得疑疾，有孚發若，吉。何也？葉子曰：君子幸而事明君，則堯、舜之功可成；不幸而事庸君，則身家之禍猶免；大不幸

〔註50〕《尚書‧湯誥》。
〔註51〕《尚書‧無逸》。
〔註52〕《說山訓》。
〔註53〕《說山訓》。

而事暗君，則天下之事去而亡無日矣。君臣不兩敗乎？何也？君以昏瞶之氣而塞其聰明睿知之質，以盲聾之性而蔽其虛靈不昧之真，則是非之心失而決擇之知亡矣。照一隙，照一隅，且不可得，而曰光天之下乎？故彼昏而我明，則我是而彼必以為非，忠諫而誹謗矣；彼昏而我哲，則我利而彼必以為害，深計而妖言矣。此蹇叔襲鄭之諫所以屈於杞子〔註54〕，田蚡救越之議所以難於嚴助〔註55〕，韓安國和親之說所以罷於王恢者〔註56〕，有由然也。嗚呼！君臣明暗之際，難言哉！難言哉！昔者光武北征尤來，兵敗，軍中意王沒矣。吳漢曰：「王兄子在，何憂？」光武不以為嫌。晉王克用與梁軍戰於胡柳陂，李嗣源不知王所之。或曰北渡河矣。嗣源遂乘水北渡，克用進攻濮陽，據之。嗣源復來見，克用不悅，曰：「公以吾為死邪？」〔註57〕嗚呼！君臣明暗之際，難言哉！難言哉！雖然，臣子之道，不貳其心。至誠在我，鬼神可格。諍之以言說，則氣方驕而禍福不能使之畏，說雖盛而窮矣；心已塞而義理不能使之信，言雖多

〔註54〕 《左傳·僖公三十二年》：「杞子自鄭使告於秦曰：『鄭人使我掌其北門之管，若潛師以來，國可得也。』穆公訪諸蹇叔，蹇叔曰：『勞師以襲遠，非所聞也。師勞力竭，遠主備之，無乃不可乎？師之所為，鄭必知之。勤而無所，必有悖心。且行千里，其誰不知？』公辭焉。召孟明、西乞、白乙，使出師於東門之外。」

〔註55〕 《史記》卷一百一十四《東越列傳》：「吳王子子駒亡走閩越，怨東甌殺其父，常勸閩越擊東甌。至建元三年，閩越發兵圍東甌。東甌食盡，困，且降，乃使人告急天子。天子問太尉田蚡，蚡對曰：『越人相攻擊，固其常，又數反覆，不足以煩中國往救也。自秦時棄弗屬。』於是中大夫莊助詰蚡曰：『特患力弗能救，德弗能覆；誠能，何故棄之？且秦舉咸陽而棄之，何乃越也！今小國以窮困來告急天子，天子弗振，彼當安所告愬？又何以子萬國乎？』上曰：『太尉未足與計。吾初即位，不欲出虎符發兵郡國。』乃遣莊助以節發兵會稽。」

〔註56〕 《史記》卷一百八《韓長孺列傳》：「匈奴來請和親，天子下議。大行王恢，燕人也，數為邊吏，習知胡事。議曰：『漢與匈奴和親，率不過數歲即復倍約。不如勿許，興兵擊之。』安國曰：『千里而戰，兵不獲利。今匈奴負戎馬之足，懷禽獸之心，遷徙鳥舉，難得而制也。得其地不足以為廣，有其眾不足以為彊，自上古不屬為人。漢數千里爭利，則人馬罷，虜以全制其敝。且彊弩之極，矢不能穿魯縞；沖風之末，力不能漂鴻毛。非初不勁，末力衰也。擊之不便，不如和親。』群臣議者多附安國，於是上許和親。」

〔註57〕 《資治通鑑綱目》卷五十四：「十二月，晉王與梁軍戰於胡柳陂，周德威敗死，晉王收兵復戰，大破梁軍。〔……李嗣源不知王所之。或曰：『北渡河矣。』嗣源遂乘冰北渡。晉王進攻濮陽，拔之。嗣源復來見，王不悅，曰：『公以吾為死邪？』嗣源頓首謝王。……昔光武伐尤來，兵敗，軍中意王沒矣。吳／漢曰：『王兄子在，何憂？』光武不以為嫌。誠以喪敗之際，兩不相知，有如不測，寧能禁人之他議？晉王於是不能容一嗣源，淺量褊局，固非可以席捲天下，包舉宇內者也。」

而格矣。故舉天寶之亂，而不能輟敬宗驪山之行；舉臺城之圍，而不能回憲宗佛骨之惑；論朝會之禮，而不能正莊公之觀社；論律呂之本，而不能已景王之鑄鍾；先之以不軌不物之禍，繼之以蒐狩治兵之禮，而卒不能罷隱公略地之往；亦何益矣？其惟悟之以真心而感之以至誠乎？昔者太甲不惠於阿衡，伊尹作書以告之，王未克變，既乃克終允德，拜手稽首曰：「既往背師保之訓，弗克於厥初，尚賴匡救之德，圖維厥終。」武王崩，成王幼，周公相。管叔及其群弟流言於國。公曰：「我之弗闢，我無以告我先王。」周公居東二年，則罪人斯得。王泣曰：「昔公勤勞王家，惟予沖人，弗及知。今天動威，以彰周公之德，惟朕小子，其新迎我國家，禮亦宜之。」和靖每在經筵前夕，必沐浴更衣，設香案，以來日所當講書置案上，朝服再拜，拈香又再拜，齊於燕室，初夜乃寢。次日入赴講筵，學者問焉，曰：「必欲以所言感悟君父，安得不盡誠敬？人君其尊如天，必須盡己之誠意。」〔註58〕嗚呼！君臣之義無所逃於天地之間，而卒亦有不可解之命，要在臣子自盡其誠而已矣。故《荀子》曰：「事暴君，有補削，無矯拂，調而不流，順而不屈，從容而不亂，曉然以至道而無不調和也，而能化易，時開納之，是事暴君之義也。若馭撲馬，若養赤子，若食喂人，故因其懼也而改其過，因其憂也而辯其故，因其喜也而入其道，因其怒也而除其怨，曲得所謂焉。《書》曰：『從命而不拂，微諫而不倦，為上則明，為下則遜。』此之謂也。」〔註59〕孔明之於後主，陸贄之事德宗，庶幾伊周之次乎？《易》曰：「豐其蔀，日中見斗，往得疑疾，有孚發若，吉。」

九三：豐其沛，日中見沬，折其右肱，无咎。何也？葉子曰：清明在躬，志氣如神，所貴乎君之德也。今茅塞之矣。踧踧周道，鞠為茂草，何其錮蔽之深乎！明哲煌煌，旁燭無疆，所貴乎明之用也。彼昏不知矣。民今方殆，視天夢夢，何其幽暗之甚乎！君之為德如此，朝之為政如彼，賢人君子夫何大事之可為哉？薦圭璧於泥塗，聞言而莫之信；探虎狼以潤喉，吻授命而末如之何矣。此泄冶之所以不保其身〔註60〕而子胥之所以入江不化〔註61〕也。夫亦可哀也

〔註58〕（宋）尹焞《和靖集》卷八附《年譜》「八年戊午」條。

〔註59〕《荀子·臣道》。

〔註60〕《左傳·宣公九年》：「陳靈公與孔寧、儀行父通於夏姬，皆衷其衵服，以戲於朝。泄冶諫曰：『公卿宣淫，民無効焉！且聞不令，君其納之。』公曰：『吾能改矣。』公告二子，二子請殺之，公弗禁，遂殺泄冶。孔子曰：『《詩》云：民之多辟，無自立辟。其泄冶之謂乎。』」

〔註61〕《史記》卷八十《樂毅列傳》：「子胥不蚤見主之不同量，是以至於入江而不化。」《索隱》：「言子胥懷恨，故雖投江而神不化，猶為波濤之神也。」

哉！劉向、王嘉之於漢，陸贄、蕭復之於唐，李綱、趙鼎之於宋，拱手太息而已矣，夫何為哉？雖然，忠而見疑，信而得謗，上不負君，下不負學，時不可為而心則無愧道，斯無病矣，吾何尤哉？吾何尤哉？《易》曰：「豐其沛，日中見沫，折其右肱，无咎。」

九四：**豐其蔀，日中見斗，遇其夷主，吉。**何也？葉子曰：君子之仕也，行其義也。是故代天有終者，義之經；同寅協恭者，義之協。君子亦惟成君事而已矣，無廢義而已矣，他何計焉？《雨無正》之詩曰：「正大夫離居，莫如我勩。三事大夫，莫肯夙夜。邦君諸侯，莫肯朝夕。」《桑柔》之九章曰：「瞻彼中林，甡甡其鹿。朋友已譖，不胥以穀。人亦有言，進退維谷。」君子已不得明君為之贊襄而先後矣，又不幸而際此焉，復何望哉？其或同官誼而朋友良，心志協而感應起，天下之事抑尚有瘳矣。呂后之強狠，吾且奈之何哉？下謀陸賈而交歡平、勃，則復漢有期。武則天之淫逞，吾末如之何矣。下引柬之以及崔、袁、敬、桓，則反周有日。嗚呼！此君子之不幸也，亦不幸中之大幸也。《易》曰：「豐其蔀，日中見斗，遇其夷主，吉。」

六五：**來章有慶譽，吉。**何也？葉子曰：《管子》曰：「一年之計，莫如樹穀。十年之計，莫如樹木。終身之計，莫如樹人。一樹一穫者，穀也。一樹十穫者，木也。一樹百穫者，人也。」〔註62〕又曰：「收天下之豪傑，有天下之俊雄，故舉之如飛鳥，動之如雷電，發之如風雨，莫當其前，莫害其後，獨出獨入，莫能禁圉。」〔註63〕故《淮南子》曰：「臧武仲以其知存魯，而天下莫能亡也；蘧伯玉以其仁寧衛，而天下莫能危也。」〔註64〕然則天下無不可為之事，得人則興，失人則廢耳。故齊桓公有管、鮑、隰、寧，九合諸侯，一匡天下；晉文有舅犯、趙衰，取威定霸，以尊天子；秦穆有由余、五羖，攘卻西戎，始開帝緒；楚莊有叔孫、子反，兼定江淮，威振諸夏；句踐有種、蠡、泄庸，克滅強吳，雪會稽之恥；魏文有段干、田、翟，秦人寢兵，折衝萬里；燕昭有郭隗、樂毅，夷破強齊，困閔於莒。夫以諸侯之細，功名猶尚如此，而況帝王選於四海，羽翼百姓哉！故有聖賢之君而得明智之士，則欲以積德，天下不足平也；欲以立威，百蠻不足攘也。無聖賢之君而得明智之士，則植眾木可以支傾廈也，壅大土可以障河決也。昔者齊桓公殺兄而立，非仁義之人；與婦人同

〔註62〕 《管子‧權脩》。
〔註63〕 《管子‧七法》。
〔註64〕 《泰族訓》。

輿，馳於邑中，非恭儉之主；閨門之中無可嫁者，非清潔之君。此三者，亡國失身之行也。然而九合諸侯，一匡天下，畢朝周室，為五霸長，以得管仲、隰朋爾。桓彝避亂過江，見司馬睿微弱，謂周顗曰：「我以中州多故，來此求全，而單弱如此，將何以濟？」既而見王導，共論世事，退謂顗曰：「向見管夷吾，無復憂矣。」得賢之功蓋如此。何也？乘眾人之知，則無不任也；得眾人之力，則無不勝也。千鈞之重，烏獲不能舉；眾人相一，則百人有餘力矣。是故任一人之力者，則烏獲不足恃；乘眾人之勢者，則天下不足有也。昔者苻堅治秦，一惟王猛之是聽。至猛死，而猶下詔，以新失丞相，置觀以聽訟，至兢兢也。繼踵而張掖、酒泉之捷交至，其心始縱，謂天下之事止此耳，迄自用而至淝水之辱。使其少聽人言，不敢遽輕天下，曷至有是？楚屈瑕亦然。當其與鄖師相距於蒲騷，惟鬥廉之是聽。及其伐絞，蓋見用奇之功，而欲竊效自試之策，幸而偶勝，遂謂天下事不必資人，乃至忘其幸而矜其能。此其所以堅其自用之意，而蹙其荒谷之縊也。可不戒哉？《易》曰：「來章有慶譽，吉。」

　　上六：豐其屋，蔀其家，窺其戶，闃其无人，三歲不覿。何也？葉子曰：滅德作威以敷虐於爾萬邦百姓者，桀之無道也。惟宮室臺榭、陂池侈服以殘虐於萬姓者，紂之無道也。無道之極，明神所殛。昔者齊桓公曰：「仲父語我昔者亡道之君乎？」管子對曰：『夷吾聞之於徐伯曰：昔者亡道之君，大其宮室，高其臺榭，良臣不使，讒賊是舍。有家不治，借人為圖，政令不善，墨墨不夜，譬若野獸，無所朝處。不修天道，不監四方，有家不治，譬若生狂，眾所怨詛，希不滅亡。進其俳優，繁其鍾鼓，流於博〔註65〕塞，戲其工瞽。誅其良臣，敖其婦女，燎獵畢弋，暴遇諸父，馳騁無度，戲樂笑語，忒〔註66〕政既輮，刑罰則烈。內削其民，以為攻伐，譬猶漏釜，豈能無竭。斯亦可謂亡道之君矣。』〔註67〕趙文子問於叔向曰：「晉六將軍，其孰先亡乎？」對曰：「中行智氏。」文子曰：「何乎？」對曰：「其為政也，以苛為察，以切為明，以刻下為忠，以計多為功。譬之猶廓革者，廓之大則大矣，裂之道也。故《老子》曰：『其政悶悶，其民醇醇。其政察察，其民缺缺。』」〔註68〕然則小人之自高，乃所以自下；小人之自尢，乃所以自卑；小人之自侈，乃所以自亡。語曰：「高明之家，鬼瞰其室。炎炎之夫，烏啄其顲。」昔者楚靈王合諸侯於申，而示之侈，

〔註65〕「博」，《管子》作「博」。
〔註66〕「忒」，《管子》作「式」。
〔註67〕《管子・四稱》。
〔註68〕《道應訓》。

既又為章華之臺，與諸侯落之，誅齊慶封，求周九鼎，志小天下，卒餓死申亥之家。〔註69〕晉成虒祁之宮，諸侯畢賀，既而歸者皆有貳心。〔註70〕叔向曰：「諸侯不可以不示威。」乃治兵於邾南，甲車四千乘。建而復旆。〔註71〕卒之諸侯叛於外，大夫叛於內，邦分崩離析而不可保也。子產曰：「汏而愎諫，不過十年。」〔註72〕史趙曰：「甚哉，其相蒙也！可弔也，又賀之？」〔註73〕嗚呼！操行之不謹，失恒德而亢不衷，滅亡而已矣。司馬侯曰：「子容專，司徒侈，皆亡家之主也。」〔註74〕專則斃，侈則以其力自斃，豈不信然也哉？豈不信然也哉？《易》曰：「豐其屋，蔀其家，窺其戶，闃其无人，三歲不覿，凶。」

旅 ䷷

旅：小亨，旅貞吉。何也？葉子曰：不家居而館羈者，變之所遭也；不易地而存亡者，道之在身也。君子不以羈孤患難而離道，豈以羈綫之故而苟其身哉？何也？失其居而外處，在下謂之喪人，在上謂之蒙塵矣。非常居而不以常德恒之，何以避災而自免乎？是故動之以禮而不苟，則下人而人不微其躬；徇之以道而不妄，則求人而人不微其故。雖非門庭之棲，而必無泥中之淖矣。是道也，其惟孔子乎？上交而不諂，下交而不瀆，微服避宋難，俎豆答靈公，主顏讎由而不主彌子瑕，主司城貞子而不主癰疽侍人，是為處己以和平，禦強暴以機知，以類為聚而不以暗，為群居外之正，無過是者矣。其次齊侯使陳敬仲為卿，辭曰：「羈旅之臣，幸若獲宥，及於寬政，赦其不閑於教訓，而免於罪戾，弛於負擔，君之惠也，所獲多矣。敢辱高位以速官謗？請以死告。」使為工正。飲桓公酒，樂。公曰：「以火繼之。」辭曰：「臣卜其晝，未卜其夜，不敢。」〔註75〕秦后子在晉，楚子干奔於晉，使后子與子干齒，辭曰：「針懼選，

〔註69〕《史記》卷四十《楚世家》：「太史公曰：楚靈王方會諸侯於申，誅齊慶封，作章華臺，求周九鼎之時，志小天下；及餓死於申亥之家，為天下笑。操行之不得，悲夫！」

〔註70〕《左傳·昭公八年》：「於是晉侯方築虒祁之宮。叔向曰：『子野之言君子哉！君子之言，信而有徵，故怨遠於其身。小人之言，僭而無徵，故怨咎及之。《詩》曰：哀哉不能言，匪舌是出，唯躬是瘁。哿矣能言，巧言如流，俾躬處休。其是之謂乎！是宮也成，諸侯必叛，君必有咎，夫子知之矣。』」

〔註71〕《左傳·昭公十三年》。

〔註72〕《左傳·昭公四年》。

〔註73〕《左傳·昭公八年》。

〔註74〕《左傳·襄公二十九年》。

〔註75〕《左傳·莊公二十二年》。

楚公子不獲,是以皆來,亦惟命。且臣與羈齒,無乃不可乎?史佚有言:『非羈,何忌?』」〔註76〕二子有道,是以敬仲大於齊,后子旋反國。彼魯昭之處鄆,處乾侯,處野井,衛獻之處夷儀,曾有是乎否也?《易》曰:「旅:小亨,旅貞吉。」

初六:旅瑣瑣,斯其所取災。何也?葉子曰:粗鄙者戰蝸角而不休,窮極者競蠅頭而未已,小人之通患也。莊生有言:「簡發而櫛,數米而炊,竊竊然又何足以濟世?」〔註77〕然君子之居易,鄙屑所不為也。不幸而外處,不坦坦而蕩蕩,可乎?絃歌不絕,仲尼畏匡而適情;賦詩識事,子美居夔以見志。此旅之道,君子之正也。以卑末之志,縈瑣細之為,當棄逐之餘,無高遠之識,是豈劉玄德之學圃於許,蘇子卿之牧羊於匈奴乎?〔註78〕銖銖而計,至石而亦不能替;寸寸而爭,至丈而愈不能平。猥鄙賤陋,計較封植。誠齋曰:「是為慶封之居吳而致富,息夫躬之寄丘亭而詛盜矣。」〔註79〕楚子之誅,祝詛之告,其能免乎?《易》曰:「旅瑣瑣,斯其所取災。」

六二:旅即次,懷其資,得僮僕,貞。何也?葉子曰:孔子曰:「言忠信,行篤敬,雖蠻貊之邦,行矣。」〔註80〕而況中國乎!何也?忠信篤敬,則中正以立己;而處不失當,柔順以下人。而眾皆仰之,是故所至廓如,而可以安身已。可以適資用,可以得使令,何所往而不獲哉?公子重耳廣而儉,文而有禮,則奔狄而狄妻之,及齊而齊妻之,有馬二十乘,及曹而負羈饋食致璧,及楚而享以送秦,及秦而納之五女,其五臣負羈執紲而莫之有違也,是非旅之至善乎?劉玄德負仁抱義,則所至傾心,劉安至殺其妻以為食。關雲長大節昭著,則聞聲款納,胡華父子至殺身以免其難。是故旅之時,處之雖難,而旅之道,為之在我。君子亦勉之而已矣。《易》曰:「旅即次,懷其資,得僮僕,貞。」

九三:旅焚其次,喪其僮僕,貞厲。何也?葉子曰:《傳》曰:「旅而無所容,故受之以巽。」此言為客依人,宜有下人之心,而不可有上人之氣也。一有上人之氣,則大者有所不屑,將黜我而使無所依歸;小者有所弗堪,將叛我

〔註76〕《左傳·昭公元年》。

〔註77〕《莊子·庚桑楚》。

〔註78〕《誠齋易傳》卷十五《旅》:「故劉備種菜於魏,志不在於菜;蘇武牧羊於匈奴,志不在於羊。必有能辨之者。」

〔註79〕《誠齋易傳》卷十五《旅》:「故慶封奔吳而致富,君子知其及殃;息夫躬寄丘亭而祝盜,或者告其祝詛。」

〔註80〕《論語·衛靈公》。

而使無所順助。困於旅而禍敗隨矣。衛獻出於郊，臧紇如齊，唁衛侯。衛侯與之言，虐。退而告其人曰：「衛侯其不得入矣。其言糞土也。亡而不變，何以復國？」〔註81〕魯昭公孫於齊，齊不禮焉，而享以大夫之禮。公遂如晉。將如乾侯，子家子曰：「有求於人，必先下之，而即其安，人誰與我？其造於境。」弗聽。豈非剛戾之氣猶有未盡者乎？及其請逆於晉，而晉又不答，則茫無所依矣。〔註82〕乃至魯之歸馬者又執之，魯自是不歸馬。〔註83〕季孫將如乾侯見公，而欲與之歸國，而公不見。自是無復旋踵，客死乾侯，不得免也。悲夫！《易》曰：「旅焚其次，喪其僮僕，貞厲。」

九四：**旅於處得，其資斧，我心不快**。何也？葉子曰：子夏曰：「君子敬而無失，與人恭而有禮，四海之內皆兄弟也。」〔註84〕四海之人有兄弟之愛而有不得其所依歸，不防其為患害者哉？雖然，恭敬在我，而人不可與為交，地不可以久處，則所遇使然矣。君子奈之何其得志而為家邦之必達也？曹操自擊劉備於汝南，備奔劉表。表聞備至，自出郊迎，待以上賓之禮，益其兵，使屯新野。可謂得其所處而自備固矣。然嘗於表坐起，至廁，慨然流涕。表怪問之，備曰：「平常身不離鞍，髀肉皆消，今不復騎，髀裏肉生。日月如流，老將至矣，而功業不建，是以悲耳。」然則此地又豈英雄豪傑之所能久處乎？心之悲而志之傷，誠有所不能已焉耳。《易》曰：「旅於處，得其資斧，我心不快。」

六五：**射雉，一矢亡，終以譽命**。何也？葉子曰：君子之事君也以身。方其未仕也，身吾之身也，可以事吾之事也。及其一見君也，身乃君之身矣，吾安得而有其身哉？申鳴謂其父曰：「始吾，父之孝子。今吾，君之忠臣矣。吾不得而顧父矣。」〔註85〕不其然乎？君子遇文明之君，出其身而事之則時平，而為左右先後時艱而為奔走禦侮，誠不得而復顧其私矣。雖然，立身行道，揚名於後世，為天下之大忠，成天下之大孝，亦何惜夫一身之致哉！伊尹耕於有莘之野，誰得而勤之？及其承三聘之繁，為幡然之舉，則與湯戮力，造攻鳴條，無復昔日之樂矣。然而克享天心，咸有一德，佐商事業，功照千古，其為聲聞

〔註81〕《左傳・襄公十四年》。

〔註82〕《左傳・昭公二十八年》：「二十八年春，公如晉，將如乾侯。子家子曰：『有求於人，而即其安，人孰矜之？其造於竟。』弗聽。使請逆於晉。晉人曰：『天禍魯國，君淹恤在外，君亦不使一個辱在寡人，而即安於甥舅，其亦使逆君？』使公復於竟，而後逆之。」

〔註83〕按：兩「馬」字疑為「焉」字之誤。

〔註84〕《論語・顏淵》。

〔註85〕《說苑・立節》。

不既多乎？孔明臥於草廬之中，孰得而有之？及其感三顧之勤，為應時之起，則竭其忠精，鞠躬盡瘁，無復昔日之吟矣。然而三分鼎足，虎視吳魏，佐劉功勳，垂光萬載，其為名聲不已甚乎？君子曷其以身為靳哉？故曰：天下之洪鐘，鑄以萬鈞之金，而懸之岑樓之上，寂無聲也。遭遇鼎士，手巨杵而擊之，則鍾不得而與焉。然而鏗然鳴，訇然震，如扶搖號而萬竅怒，霹靂作而崇山破，前聲未盡，猶韻相及，聞於四遐之境矣。《易》曰：「射雉，一矢亡終以譽命。」

　　上九：鳥焚其巢，旅人先笑後號咷，喪牛于易，凶。何也？葉子曰：少康逃虞思之圃，宣王匿石公之家，其後也卒為中興之君。昭公之寄乾侯，煬帝之走江都，其卒也卒為客死之鬼。何也？「禍亂之作，天所以開聖人。」〔註86〕能者儆戒以為福，不能者安肆以滅身，理也。既已失其居而為旅矣，而復窮大以自恣，高亢以自驕，安得不毀其寄生之室哉？毀其室而不保，則困其身而益窮。是故始以縱自處，常快其意而不顧矣，終則隕而亡。雖啜其泣，而何嗟及乎？衛莊公示州人以璧而不受，秦胡亥求為黔首而不許，所謂乞為旅而不可得者，悲哀能自己耶？驕而不順，其禍乃如此。安能覺之，使悟而反之使正乎？故曰：天奪之鑒，則昏瞶其是非之心，是故安危利災而樂其所以亡；天奪之魄，則渙散其恭敬之心，是故驕泰傲惰而謂人莫己毒。則虢公之所以滅而趙同之所以亡，非不幸也。《易》曰：「鳥焚其巢，旅人先笑後號咷，喪牛于易，凶。」

〔註86〕參《蠱》卦辭注。

葉八白易傳卷十五

巽☰

巽：小亨，利有攸往，利見大人。何也？葉子曰：剛毅奮震之才，可以橫絕乎四海；發強果敢之氣，可以操縱乎八荒。弱而不能出，退而專務入矣，其何以定天下之大業而成天下之大務哉？施之身而不足以恢宏其德業，布之政而不足以光大其國家。其惟卑身而從上，屈己以下人乎？若鄭之依晉，若蔡之依楚，取其蔭而竊其庇，保國安民之道也。雖然，審所圖而知所附者，資強起弱之道也。不然，則廢於弱。知所附而又知所擇者，以弱用強之哲也。不然，反斃於強。江黃之主齊，雖可以獲一時之美觀，而終不免於滅。魏孝武之依宇文泰，雖可脫一時之虎口，而竟至於亡。故東萊有言曰：「為國者當使人依己，不當使己依人。己不能自立而因人以為重，未有不窮者也。所依者不能常盛，有時而衰；不能常存，有時而亡。一旦驟失所依，將何恃乎？雖然，此特依之不可常耳。抑有甚者焉，使所依者常存常盛可矣，然猶未足恃也。晉主夏盟，宋謹事之，及厄於楚師，析骸易子。晉迫於狄，而弗能救也。齊桓仗義，江黃睦焉。及楚人圍之，旋以亡滅。齊忽簡書，而莫之恤也。齊、晉猶不可依，況其他乎！雖然，此特論人之不足依耳。抑尤有甚者焉。魏孝武脅於高歡，所恃者宇文泰耳。一旦脫身虎口，杖策入關，捨所畏而得所依，天下之樂孰有過於是乎？然孝武之禍，不在於所畏之高歡，而在於所依之宇文泰。以是論之，非惟人之不可依，而禍實生於所依也。外物之變不可勝窮。特外以為安者，其失豈一端邪？使鄭忽不辭齊婚，則彭生之禍不在魯而在鄭矣，豈有禍魯而福鄭者

哉？」〔註1〕然則信非德高位高，道勝勢勝。若周文為阮人之所依，漢文為南越之所仗，以強大之英勝為弱小之歸附者，果未足為福，而禍或存乎其間矣，可不慎乎？《易》曰：「巽：小亨，利有攸往，利見大人。」

初六：進退，利武人之貞。何也？葉子曰：畏首尾者，無幾余之身；無特操者，多坐起之節。昔嘗為之詩曰：「莫言男子性，烈火焚枯柴。莫言男子情，一刀兩分開。」蓋謂天下事，斷之在已而已矣。若曰出而言之，日中不決，是為因人成事之人，而語不可了者，不免為奸人之所棄，君子尚可以無斷乎？無斷則作止皆疑而漠然兩可，上之不可以立功，下之不可以建德矣。此豈持身之道也？知其非持身之道，而藥之以對病之劑，其惟奮武夫之勇而義以為上達，必為之義而禮以行之已乎？則起懦為強，而天下之疑以斷；破暗為明，而天下之業可定。士道其庶幾矣。孫權既欲迎操，又欲敵操，不有砍幾之斷，天下或幾乎危矣。袁紹既欲伐劉，又欲援劉，終無一定之適，所以不免倉亭、官渡之敗也與？毛遂之言曰：「縱之利害，兩言而決。」然則執狐疑之心而持不斷之意者〔註2〕，果不足以成天下之事也。何貴於卑且遜哉？《易》曰：「進退，利武人之貞。」

九二：巽在床下，用史巫紛若，吉，无咎。何也？葉子曰：恭近於禮，以遠恥辱者，君子守身之常法。撝謙而不為違則者，人臣處事而應機。士大夫豈不欲守天下之定禮，持一身之中正哉？時之所遭，勢之所壓，不得不若是焉耳。是故鞠躬未足也而俯僂，俯僂未足也而扶伏，扶伏未足也而下床，下床未足也而宣之於聲音笑貌之繁，備之以陳辭請告之劇，則亦極矣。以其跡觀之，誠若鄙夫之容說，蘇秦、張儀之妾婦，孔光、張禹、胡廣、趙戒之望風承旨，望塵下拜，遺笑千古，得罪名教者。然有為焉，非邪心也；有故焉，非諂態也。居非其地則委曲所以遠災，勢可不伸則卑屈所以安分，是亦定禮之不可廢而中正之所由行也已。不然，君子以其一身養浩然之氣而使之塞天地之間者，乃為是足恭以至斯極，可謂有人心乎？正考甫之益恭於三命之後，德言盛也；周公之恐懼於流言之日，禮言恭也；藺相如之引車避匿，不敢以私鬥也；〔註3〕李愬

〔註1〕呂祖謙《左氏博議》卷四《鄭太子忽辭昏》。

〔註2〕《漢書》卷三十六《劉向傳》：「執狐疑之心者，來讒賊之口；持不斷之意者，開群枉之門。」

〔註3〕《史記》卷八十一《廉頗藺相如列傳》：「既罷歸國，以相如功大，拜為上卿，位在廉頗之右。廉頗曰：『我為趙將，有攻城野戰之大功，而藺相如徒以口舌為勞，而位居我上，且相如素賤人，吾羞，不忍為之下。』宣言曰：『我見相

之拜於路左，蓋欲示之分也。〔註4〕觀其心者，可以知用中之權矣。《易》曰：
「巽在床下，用史巫紛若，吉，无咎。」

九三：頻巽，吝。何也？葉子曰：恭儉不可以聲音笑貌為也。以聲音笑貌
為恭儉，則有時而作，亦有時而輟。此王濟勉為折辱而終之不能無媿心也。其
惟相如之於廉頗、周瑜之於程普乎？雖然，哲宗相司馬光，詔詳定役法。蘇軾
言於光曰：「差役免役，各有利害。」光曰：「於君何如？」軾曰：「法相因則
事易成，有漸則民不驚。」光不然之。軾又陳於政事堂，光忿然。軾曰：「昔
韓魏公刺陝西義勇，公為諫官，爭之甚力，韓公不樂，公亦不顧。昔軾聞公道
其詳，豈今日作相不許軾盡言邪？」光謝之。〔註5〕時光將盡改熙豐之法，范
純仁曰：「差役當熟講而緩行。不然，滋為民病。」光持之益切，純仁曰：「是
使人不得盡言爾。若欲媚公以求容悅，何如少年合安石以速富貴哉？」光深謝
之。〔註6〕嗚呼！以君實之賢而猶不免於今日謝軾，明日謝純仁，而況其他乎！
此君子所以克己之為貴也。《易》曰：「頻巽，吝。」

六四：悔亡，田獲三品。何也？葉子曰：天下之事，已不可以弱才單力為
之矣，而又況遇人之剛暴乎！《詩》曰：「條其嘯矣，遇人之不淑矣。」〔註7〕

如，必辱之。』相如聞，不肯與會。相如每朝時，常稱病，不欲與廉頗爭列。
已而相如出，望見廉頗，相如引車避匿。於是舍人相與諫曰：『臣所以去親戚
而事君者，徒慕君之高義也。今君與廉頗同列，廉君宣惡言而君畏匿之，恐懼
殊甚，且庸人尚羞之，況於將相乎！臣等不肖，請辭去。』藺相如固止之，曰：
『公之視廉將軍孰與秦王？』曰：『不若也。』相如曰：『夫以秦王之威，而相
如廷叱之，辱其群臣，相如雖駑，獨畏廉將軍哉？顧吾念之，彊秦之所以不敢
加兵於趙者，徒以吾兩人在也。今兩虎共鬥，其勢不俱生。吾所以為此者，以
先國家之急而後私讎也。』廉頗聞之，肉袒負荊，因賓客至藺相如門謝罪。曰：
『鄙賤之人，不知將軍寬之至此也。』卒相與驩，為刎頸之交。」

〔註4〕《資治通鑑》卷二百四十《唐紀五十六》：「辛巳，度建彰義軍節，將降卒萬餘
　　　人入城，李愬具櫜鞬出迎，拜於路左。度將避之，愬曰：『蔡人頑悖，不識上
　　　下之分，數十年矣。願公因而示之，使知朝廷之尊。』度乃受之。李愬還軍文
　　　城，諸將請曰：『始公敗於郎山而不憂，勝於吳房而不取，冒大風甚雪而不止，
　　　孤軍深入而不懼，然卒以成功，皆眾人所不諭也，敢問其故？』愬曰：『朗山
　　　不利，則賊輕我而不為備矣。取吳房，則其眾奔蔡，並力固守，故存之以分其
　　　兵。風雪陰晦，則烽火不接，不知吾至。孤軍深入，則入皆致死，戰自倍矣。
　　　夫視元者不顧近，慮大者不計細，若矜小勝，恤小敗，先自撓矣，何暇立功乎！』
　　　眾皆服。愬儉於奉己而豐於待士，知賢不疑，見可能斷，此其所以成功也。」
〔註5〕《宋史》卷三百三十八《蘇軾傳》。
〔註6〕《宋史》卷三百十四《范純仁傳》。
〔註7〕《王風·中谷有蓷》。

此君子所以多慨歎而啜泣也。雖然，君子之處世也，不患吾力之寡弱，而惟患持己之不恭；不患彼勢之強暴，而惟患接人之無禮。夫苟敬而無失，與人恭而有禮，則四海之內皆兄弟矣，何往而不善乎？以內則得親，以外則信友，以上則得君，以下則得民。古之人有行之者，其丙吉之寬厚不伐、張安世之謹慎周密乎？成有聲之業，全名位之盛，不曰徼幸而已也。然則鄭以慎禮處強暴之間則存，蔡以宣淫密夷狄之側則滅，不亦宜乎？《易》曰：「悔亡，田獲三品。」

九五：貞吉，悔亡，无不利。无初有終。先庚三日，後庚三日，吉。何也？葉子曰：《傳》曰：「通其變，使民不倦。神而化之，使民宜之。」〔註8〕《管子》曰：「聖人者，明於治亂之道，習於人事之終始者也。其治人民也，期於利民而止。故其為治也，不慕古，不留今，與時變，與俗化。」〔註9〕是知聖人以德臨民，固未嘗不守天下之常；而以時出治，亦未始不通天下之變。惟易窮而變，變而不失其常，乃所以為正也；正則變而通，通而久，是以自天祐之，吉無不利矣。太初泰始，不可以久安；敦民厚終，乃所為長治。其斯以為聖人之道與？雖然，民不可慮始，而可與樂成。常人安於故俗，而學者溺於所聞，是以始之甚難而終之則易耳。聖人知始之難而終則易也，是故有神化之道焉。丁寧於其變之前，必也革而當，俾天下曉然知利害之原；揆度於其變之後，必也宜於民，俾天下安然習便利之益。則始之雖或尤而或怨，終之且不識而不知矣。楊誠齋曰「盤庚之遷都，先之以上篇之書，後之以中篇、下篇之書。成王之化商民，先之以《召誥》、《洛誥》，後之以《多士》、《多方》」〔註10〕是也。卒之民安而俗定，聖人之用權蓋如此。秦政、王莽不足言矣。宋神宗不審丁寧揆度之義，卒為國家喪亂之本，可不慎乎？《易》曰：「貞吉，悔亡，无不利。无初有終。先庚三日，後庚三日，吉。」

上九：巽在床下，喪其資斧，貞凶。何也？葉子曰：孔子曰：「鄙夫之事君，苟患失之，無所不至矣。」〔註11〕宋人《書五代郭崇韜傳後》曰：「古之大臣，富貴已極滿，前無所顧，則退為身慮。夫患失之心生，則脅肩之態作；顧慮之心盛，則吮舐之醜章。」此之謂不復知人間有羞恥事，此之謂不能以禮義廉恥節嗜欲矣，何以持其身而植其節乎？然而為此者以為足以保所有也，殊不

〔註8〕《周易·繫辭下》。

〔註9〕《管子·正世》。

〔註10〕《誠齋易傳》卷十五《巽》。

〔註11〕《論語·陽貨》：「子曰：『鄙夫可與事君也與哉？其未得之也，患得之。既得之，患失之。苟患失之，無所不至矣。』」

知恭愈過而計愈疏，卑愈甚而謀愈拙，徒喪其守，而不免於傾其身以敗其家矣，豈所謂致恭以存其位也哉？李斯聽趙高廢立之邪謀，阿二世狂悖之瞑行，而卒之殺斯者，高與二世也。崇韜勸立劉後以自固，而卒之殺韜者，劉氏也。嗚呼！豈非萬世人臣之監乎？何也？禮雖自卑而尊人，而妄悅人者亦所以自辱。昔晉趙武卒，鄭伯銳然如晉弔，及雍乃復。〔註12〕晉少姜死，魯昭銳然如晉弔，及河，晉侯使人辭曰：「非伉儷也，請君無辱。」〔註13〕卒之鄭細日甚而昭公客死，不可以知諂媚謟惡之不足以自全乎？夫以諂媚人者，求免而未可必則；以禮自處者，履虎而不咥人。斷可知矣。是故衛青尊寵於群臣無二，公卿以下皆卑奉之，獨汲黯與抗禮。人或說黯曰：「大將軍尊重，不可以不拜。」黯曰：「以大將軍有揖客，反不重耶？」大將軍聞之，愈賢黯，數請問朝廷國家大疑，遇黯加於平日。〔註14〕魏進司馬昭為晉王，太尉王祥、司徒何曾、司空荀顗共詣之。顗謂祥曰：「相王尊重，何侯與朝廷皆已盡敬，今日便當相率而拜，無疑也。」祥曰：「王、公相去一階而已，安有天子三公可輒拜人者？」及入，顗拜而祥獨長揖。昭曰：「今日然後知君見顧之重也。」〔註15〕然則禮是而人乃是，正所以全人；禮是而人則非，非所以行禮。是故均一計也，知者謀之則為哲，愚者謀之則為畏。均一禮也，君子行之則為恭，小人行之則為惡。均一儉也，君子行之則為節，小人行之則為詐。何則？時義之不同，存心之各異也。故子囊、囊瓦之城郢，孰不衛社稷也？而一則君子以為忠〔註16〕，一則沈尹戌以為卑〔註17〕。陳萬年之教其子，婁師德之教其弟，孰不與人恭也？而一則後世以

〔註12〕《左傳・昭公元年》：「庚戌，卒。鄭伯如晉弔，及雍乃復。」

〔註13〕《左傳・昭公二年》：「晉少姜卒。公如晉，及河，晉侯使士文伯來辭，曰：『非伉儷也，請君無辱。』公還。季孫宿遂致服焉。」

〔註14〕《史記》卷一百二十《汲黯列傳》。

〔註15〕《資治通鑑》卷七十八《魏紀十》。

〔註16〕《左傳・襄公十四年》：「楚子囊還自伐吳，卒。將死，遺言謂子庚必城郢。君子謂：『子囊忠。君薨不忘增其名，將死不忘衛社稷，可不謂忠乎？忠，民之望也。《詩》曰：行歸于周，萬民所望。忠也。』」

〔註17〕《左傳・昭公二十三年》：「楚囊瓦為令尹，城郢。沈尹戌曰：『子常必亡郢！苟不能衛，城無益也。古者，天子守在四夷；天子卑，守在諸侯。諸侯守在四鄰；諸侯卑，守在四竟。慎其四竟，結其四援，民狎其野，三務成功。民無內憂，而又無外懼，國焉用城？今吳是懼，而城於郢，守已小矣。卑之不獲，能無亡乎？昔梁伯溝其公宮而民潰，民棄其上，不亡，何待？夫正其疆場，脩其土田，險其走集，親其民人，明其伍候，信其鄰國，慎其官守，守其交禮，不僭不貪，不懦不耆，完其守備，以待不虞，又何畏矣？詩曰：無念爾祖，聿脩厥德。無亦監乎若敖、蚡冒至於武、文？土不過同，慎其四竟，猶不城郢。今

為詔〔註18〕，一則君子以為厚〔註19〕。公孫弘、宣秉之布被，孰不為志約也？而一則汲黯以為詐〔註20〕，一則光武以為節〔註21〕。豈非施之於其所當施則是，而不當為而為之則不勝其陋邪？《易》曰：「巽在床下，喪其資斧，貞凶。」

兌 ☱

兌：亨，利貞。何也？葉子曰：《書》曰：「罔咈百姓，以從己之欲。」〔註22〕夫不咈百姓以從欲，則所欲與聚，所惡勿施，民之歸仁，猶水之就下，獸之走壙也。其為歡欣交通何如哉！然而又曰：「罔違道以千百姓之譽」，則生殺予奪一以至仁而無私，刑賞威惠本諸天理而無間矣，斯其為聖人法天之治乎！故曰：秋霜肅殺而木不怨落，春風長養而草不謝榮。〔註23〕涵之以德，義不知其為惠；鱐之以法，律不知其為刑。所謂「王者之民，皥皥如也」〔註24〕三王五帝之治蓋如此。沛公初入關，悉召諸縣父老，謂曰：「父老苦秦苛法久矣。誹謗者族，偶語者棄市。吾當王關中，與父老約，法三章耳。餘悉除去秦法。凡吾所以來為父老除害，非有所侵暴，無恐！」於是民惟恐沛公不為秦王。更始拜劉秀行大司馬事，持節，北渡河，鎮慰州郡。秀至河北，所過郡縣，考察官吏，黜陟能否，平遣囚徒，除王莽苛政，復漢官名。吏民喜悅，爭持牛酒迎勞。〔註25〕唐祖克長安，約法十二條，悉除隋苛禁。太宗擊破河西，執高德儒，數其為佞人而斬之，自余不戮一人，秋毫無犯，各慰撫復業，遠近聞之，大悅。

土數圻，而郢是城，不亦難乎？』」

〔註18〕 《漢書》卷六十六《陳萬年傳》：「萬年嘗病，召咸教戒於床下，語至夜半，咸睡，頭觸屏風。萬年大怒，欲杖之，曰：『乃公教戒汝，汝反睡，不聽吾言，何也？』咸叩頭謝曰：『具曉所言，大要教咸諂也。』萬年乃不復言。」

〔註19〕 《新唐書》卷一百八《婁師德傳》：「其弟守代州，辭之官，教之耐事。弟曰：『人有唾面，潔之乃已。』師德曰：『未也。潔之，是違其怒，正使自乾耳。』」

〔註20〕 《史記》卷一百一十二《平津侯列傳》：「弘為布被，食不重肉。……汲黯曰：『弘位在三公，奉祿甚多。然為布被，此詐也。』」

〔註21〕 《後漢書》卷二十七《宣秉傳》：「秉性節約，常服布被，蔬食瓦器。帝嘗幸其府舍，見而歎曰：『楚國二龔，不如雲陽宣巨公。』即賜布帛帳帷什物。」

〔註22〕 《尚書·大禹謨》。

〔註23〕 《莊子·宗師第六》：「故聖人之用兵也，亡國而不失人心，利澤施乎萬世不為愛人。」郭象《注》：「故聖人之在天下，煖焉若陽春之自和，故澤者不謝；淒乎若秋霜之自降，故彫落者不怨。」李白《日出入行》：「草不謝榮於春風，木不怨落於秋天。」

〔註24〕 《孟子·盡心上》。

〔註25〕 《資治通鑑》卷三十九《漢紀三十一》。

庶幾得悅民之道，物莫不悅而與之矣。自余暴君污吏，不知所以悅民，而好人所惡，惡人所好，拂人之性，而災不免於逮其身矣。甚者悅之不以道，若宋鮑禮於國人〔註26〕，季氏世修其勤〔註27〕，田氏家量貸而公量入〔註28〕，則非惟悅道之蠹，抑亦國之賊而民之餌矣，可不慎乎！吾有善於馮道之取劉審交焉。漢汝州防禦劉審交卒，吏民詣闕上書，以審交有仁政，乞留葬汝州，得奉祀其丘壟，許之州人為立祠，歲時享焉。馮道曰：「吾嘗為劉君僚佐，觀其為政，無以踰人，非能減其租稅，除其徭役也，但惟公廉慈愛之心以行之耳。此眾人之所能為，但眾人不為，而劉君獨為之，故汝人愛之如此。使天下二千石皆效其所為，何患得民不如劉君哉？」〔註29〕《易》曰：「兌：亨，利，貞。」

初九：和兌，吉。何也？葉子曰：天下之味五，錯而味不可勝用也；天下之色五，錯而色不可勝用也；天下之音五，錯而音不可勝用也。錯之者，和之也。是故常以經變也，變以緯常也。常變經緯，而天下之事庶有瘳乎？是故喜起於上，朝無間言矣，不有同床之慮乎？和衷於下，野無偶語矣，不有同塵之陋乎？是故上下之相悅，君子當知所審矣。負特立不倚之操於大同無我之日，持由衷獨斷之見於都俞籲咈之朝，若舉朝皆贊拜而伯益進儆戒之謨〔註30〕，舉世尚節義而申屠蟠為見幾之哲〔註31〕，斯不以悅為悅，而以道濟其悅，悅之至，同之異也。非剛方正大之君子，其孰能與於此？孔子曰：「君子和而不同。」〔註32〕晏子曰：「和如和羹，同如濟水。」〔註33〕可以知君子之悅矣。《易》曰：「和兌，吉。」

〔註26〕 《左傳‧文公十六年》：「宋公子鮑禮於國人，宋饑，竭其粟而貸之。年自七十以上，無不饋詒也，時加羞珍異。無日不數於六卿之門。國之材人，無不事也，親自桓以下，無不恤也。」

〔註27〕 《左傳‧昭公三十二年》：「魯君世從其失，季氏世修其勤，民忘君矣。」

〔註28〕 《左傳‧昭公三年》：「晏子曰：『此季世也，吾弗知齊其為陳氏矣。公棄其民，而歸於陳氏。齊舊四量，豆、區、釜、鍾。四升為豆，各自其四，以登於釜。釜十則鍾。陳氏三量皆登一焉，鍾乃大矣。以家量貸，而以公量收之。』」

〔註29〕 《資治通鑑》卷二百八十九《後漢紀四》。

〔註30〕 《尚書‧大禹謨》：「益曰：『吁！戒哉！儆戒無虞，罔失法度。』」

〔註31〕 《後漢書》卷五十三《申屠蟠傳》：「先是京師遊士汝南范滂等非訐朝政，自公卿以下皆折節下之。太學生爭慕其風，以為文學將興，處士復用。蟠獨歎曰：「昔戰國之世，處士橫議，列國之王，至為擁彗先驅，卒有坑儒燒書之禍，今之謂矣。」乃絕跡於梁碭之間，梁國有碭縣。因樹為屋，自同傭人。居二年，滂等果罹黨錮，或死或刑者數百人，蟠確然免於疑論。」

〔註32〕 《論語‧子路》。

〔註33〕 按：見蘇軾《上皇帝書》。晏子論和同見《左傳‧昭公二十年》。

九二：孚兌，吉，悔亡。何也？葉子曰：貞介絕俗者多睽孤之行，嫵媚柔和者乏誠信之資。是故悅固與人之至德，而誠又持悅之要道也。誠齋曰：「刁協以佞說近伯仁，則不克仲智之責。蕭誠以軟美悅九齡，則終為李泌之所譙。」〔註34〕君子之悅人也，其可以不誠乎？愉色婉容，以悅其親；忠信誠慤，以悅其友；精誠懇惻，以悅其君；易直子諒，以悅其民。斯無愧於悅矣。三代而下，惟程明道其可以語於此乎！《易》曰：「孚兌，吉，悔亡。」

六三：來兌，凶。何也？葉子曰：君子易事而難悅也，悅之不以道不悅也。小人難事而易悅，不以道悅之，脅肩諂笑以為媚，未同而言以求容，而孰知君子之不悅也，烏能得其歡心哉？齊王厚送其女，而屠牛吐有弗受。〔註35〕鄭詹自齊逃來，而君子曰：「佞人來矣，佞人來矣。」〔註36〕王欽若為寇準拂鬚，而準曰：「安有樞使為人拂鬚者？」〔註37〕二張位在宋璟上，易之素憚璟，欲悅其意，虛位揖之，而璟不為禮。〔註38〕故曰：「脅肩諂笑，病於夏畦。」〔註39〕又曰：「未同而言，觀其色赧赧然，非由之所知也。」〔註40〕噫！小人以為容悅可以要君子，其如君子之不可要何！《易》曰：「來兌，凶。」

九四：商兌未寧，介疾有喜。何也？葉子曰：大臣之事君，以求悅也。悅有二，容悅不足言矣。以安社稷為悅者，悅在外者也；以正君心為悅者，悅在

〔註34〕 楊萬里《誠齋易傳》卷十五《兌》：「故周伯仁愛習協之佞，而仲智責之；張九齡喜蕭誠之軟美，而李泌讓之；皆愧於兌之九二者也。」

〔註35〕 《韓詩外傳》卷九：「齊王厚送女，欲妻屠牛吐。屠牛吐辭以疾。其友曰：『子終死腥臭之肆而已乎，何謂辭之？』吐應之曰：『其女醜。』其友曰：『子何以知？』吐曰：『以吾屠知之。』其友曰：『何謂也？』吐曰：『吾肉善，如量而去，苦少耳。吾肉不善，雖以他附益之，尚猶賈不售。今厚送子，子醜故耳。』其友後見之，果醜。

〔註36〕 《公羊傳·莊公十七年》：「『秋，鄭瞻自齊逃來。』何以書？書甚佞也。曰：『佞人來矣，佞人來矣。』」

〔註37〕 按：作王欽若誤。《宋史》卷二百八十一《寇準傳》：「初，丁謂出準門，至參政，事準甚謹。嘗會食中書，羹污準鬚，謂起，徐拂之。準笑曰：『參政國之大臣，乃為官長拂鬚邪？』謂甚愧之，由是傾構日深。」

〔註38〕 《資治通鑑》卷二百七《唐紀二十三》：「太后嘗命朝貴宴集，易之兄弟皆位在宋璟上。易之素憚璟，欲悅其意，虛位揖之曰：『公方今第一人，何乃下坐？』璟曰：『才劣位卑，張卿以為第一，何也？』天官侍郎鄭杲謂璟曰：『中丞奈何卿五郎？』璟曰：『以官言之，正當為卿。足下非張卿家奴，何郎之有！』舉坐悚惕。時自武三思以下，皆謹事易之兄弟，璟獨不為之禮。諸張積怒，常欲中傷；太后知之，故得免。」

〔註39〕 《孟子·滕文公下》。

〔註40〕 《孟子·滕文公下》。

內者也。二者有本末先後之分，為可無商榷謹擇之慮乎？有商榷謹擇之慮，則自無安居寧處之心矣。然則若之何而可隔絕眾疾，不使居膏之下、肓之上，以正君之心，一正君而國定乎？悅之大，喜之至也。夫何以生疾？《傳》曰：「君子有四時：朝以聽政，晝以訪問，夕以脩令，夜以安身。勿使有所壅閉湫底，以露其體。茲心不爽，而昏亂百度。今無乃一之，則生疾矣。」〔註41〕何謂疾？《傳》曰：「人主之疾十有二：痿、蹶、逆、脹、滿、支、膈、盲、煩、喘、痹、風。」〔註42〕奈何而治之？《傳》曰：「省事輕刑則痿不作，無使小人飢寒則蹶不作，無令貨財上流則逆不作，無令倉庫積腐則脹不作，無使府庫充實則滿不作，無使群臣怨諮則支不作，無使下情不上通則膈不作，上材恤下則盲不作，法令奉行則煩不作，無使下怨則喘不作，無使賢伏匿則痹不作，無使百姓歌吟誹謗則風不作。夫重臣群下者，人主之心腹支體也。心腹支體無疾，則人主安而國定，社稷無傾覆之患矣。」〔註43〕悅之大，喜之至也。先達有言：人之養生者，喂肥甘，被輕煖，是庖饔縫染之人之所供者也。至其疾病瘡瘍之作，則必賴於醫焉。醫之於人也，飲之以苦口之藥而然之以炙膚之艾，投之以刺體之針而薄之以傷肌之刃，誠不如肥甘之嗛其口，輕煖之便其體也。然非是則無以治其疾而全其生。古之為天下者，設司農之官、典教之職，外有守令，而內有公卿，所以輔君而教養其民者，是庖縫之類也。然輔之或愆其道，養之或謬其理，則必有繩其愆，糾其謬，而後歸於治焉。此法家拂士之所以不可無也。古之人，或郤姬坐，或引帝裾，或頭觸乘輪，或額叩龍墀，或入閣而爭，或叩鐶而呼，或上十八疏，或進十九章，或言紀綱五事，或陳利害十六事，而天子為之改容，群僚為之側目，猶醫之用藥艾針刃者也。是豈不知將順之為美、和同之為安哉？不如是則疾不去，疾不去則王心不寧，為有大患存焉耳。若醫不用藥，而姑佐庖縫之人以供衣食，豈所謂醫哉？故曰：「膏肓純白，二豎不生，是謂心寧。房闥清淨，嬖孽不生，是謂政平。夫膏肓近心而處阨，針之不達，藥之不中，攻之不可，二豎藏焉，是為篤患。故治身治國者，惟是之畏。」〔註44〕非伊尹之於太甲，周公之於成王，曷足以語此？《易》曰：「商兌未寧，介疾有喜。」

　　九五：孚于剝，有厲。何也？葉子曰：寵奸者，切身之災也；信佞者，刺

〔註41〕《左傳‧昭公元年》。
〔註42〕《韓詩外傳》卷三。
〔註43〕《韓詩外傳》卷三。
〔註44〕《申鑒‧雜言上》。

心之疾也。趙孝王時，客有見王者，曰：「世有所謂桑雍者，王知之乎？」王曰：「未之聞也。」曰：「所謂桑雍者，便嬖左右之人及憂愛孺子也。此皆能乘王之醉昏而求所欲於王者也。是能得之於內，則大臣為枉法於外矣。故日月暉於外，其賊在於內；謹備其所憎，而禍在於所愛。」〔註45〕真德秀曰：「常人之情，於所憎惡則謹為之防，於所愛則忽焉而莫之備。不知禍亂之萌，往往自所忽始。齊桓能服勁楚，卒之亂齊者，三豎，而非楚也。秦始皇能卻強胡，卒之滅秦者，中府令高，而非胡也。蟾蜍食月，古有是言，而月之食，初不由此。言者特藉此以覺悟王心，使知近習託身於王而能禍王，若蟾蜍託身於月而能食月也。」〔註46〕程晏設齊寇之對，亦曰：「君不聞齯鼠之牙乎？食人與百類，雖齧盡而不痛，俗謂之甘口鼠也。魯國之牛，聞食其角矣。請以是風焉。牛之寢，虻有蚊蚋撓其膚毛，必知鼓耳搖尾以麾之。及齯鼠食之，而不知其痛也。齯鼠一牙，豈不甚於蚊蚋千嘈乎？以其口甘，雖貫心徹骨，而不知也。況其角乎！」〔註47〕是故世有毒石者，食之則枯竭其氣血，傅之則潰腐其體膚。世有小人焉，內之蠹壞乎心術，外之虧喪乎德業，無所往而不為鑠且銷者也。是以君子惟遠之不暇焉。《詩》曰：「取彼譖人，投畀豺虎。豺虎不食，投畀有北。有北不受，投畀有昊。」〔註48〕奈之何其信之乎？國亡無日矣。桀信於妹喜、斯觀，而不知關龍逢，以惑其心而亂其行。紂信於妲己、飛廉，而不知微子啟，以惑其心而亂其行。故群臣去忠而事私，百姓怨誹而不用，賢良退處而隱逃，此所以喪九牧之地而虛宗廟之國者也。楚，大國也。使無極以讒勝，囊瓦以貨行，則吳得敵之於長岸，敗之於雞父。至於柏舉之戰，國破君奔，幾於亡滅。子南見殺於其君，郤伯見逐於其母，皆是物也。秦二世欲悉耳目之所好，窮心志之所樂。趙高曰：「陛下嚴法而刻刑，盡除先帝之故臣，更置陛下親信，則高枕肆志矣。」不越歲而告亡。古人拜相，而人人喜悅。明主則曰：「人情賢於夢卜。」晉齊王司馬攸德望日隆，而荀勗、馮紞、楊珧皆惡之。紞言於武帝曰：「陛下詔諸侯之國宜從親者始，齊王獨留京師，可乎？」勗曰：「百僚皆歸心齊王，陛下試詔之國，必舉朝以為不可，則臣言驗矣。」帝以為然，乃以攸為大司馬，都督青州諸軍事。於是王渾、司馬駿、李憙、羊琇、王濟、甄德果切諫，攸卒不留。噫！其與以人心為向背者異矣。利口之覆邦家如此。後唐莊

〔註45〕《戰國策·趙策》。
〔註46〕《大學衍義》卷二十四《格物致知之要二·辨人材·憸邪罔上之情》。
〔註47〕程晏《齊司寇對》，見《唐文粹》卷四十五。
〔註48〕《小雅·巷伯》。

宗以宦官之譖罷李建及，而失忠壯之助；以俳優之說用李存儒，而失要害之地；以役使之愛使朱守殷，而陷南城，喪芻糧數百萬。幾如是，而地不蹙，國不亡。然不旋踵而滅梁者，適當梁祚告終之期，朱溫惡積之候也。若梁主友貞，溫恭儉約，無荒淫之失，但寵信趙、張，使擅威福，疏棄敬、李舊臣，不用其言，以至於亡。此則理之一定無能逃者，可不慎乎？《易》曰：「孚于剝，有厲。」

上六：引兌。何也？葉子曰：小人之引其類者，昌其黨也，驩兜之薦共工、楊畏之舉蔡京是也；其引君子也，餌之而欲食其肉也，蔡京之於司馬光、韓侂胄之於趙汝愚是也。始之以為掌中珠，而終也視為几上肉，則亦不憚下之卑而求之切耳。然惟君子之於小人也，遠之若蛇蠍，而處之以寬恕，夫安得而入之哉？彌子瑕因子路以求主，而孔子曰有命；〔註49〕王驩因公行子以納言，而孟子欲行禮。〔註50〕悲哉！二子計徒狡而心徒切也。《易》曰：「引兌。」

渙䷲

渙：亨。王假有廟，利涉大川，利貞。何也？葉子曰：散而必合者，天之時也；合散以道者，人之事也。天時乘矣，而人謀不臧，雖欲聚而不合，雖或合而終散矣。是故亂從天始，非吾我之力所能扶；禍本人成，非都邑之政所能捄。必也知先施告，報明神以為誓；必也識重務卓，立根本以為基乎！《管子》曰：「順天之經，在明鬼神，祇山川。不明鬼神，則陋民不悟。不祇山川，則威令不聞。」〔註51〕陸贄曰：「無紓目前之虞，或興意外之患。人者，邦之本；財者，人之心也。其心傷則其本傷，其本傷則支幹顛瘁矣」。〔註52〕又曰：「王者畜威以昭德，偏廢則危；居重以馭輕，倒持則悖。」〔註53〕又曰：「鋒鏑交於原野，而決策於九重之中；機命變於斯須，而定計於千里之外。用捨相礙，臧否皆凶。上有掣肘之譏，下無死綏之志。」〔註54〕嗚呼！其知所以合散之道矣。高祖、太宗有分羹脅父之忿，則又何知祖考之當尊；陳勝、項籍惟暗質小

〔註49〕《孟子·萬章上》：「彌子之妻與子路之妻，兄弟也。彌子謂子路曰：『孔子主我，衛卿可得也。』子路以告，孔子曰：『有命。』」

〔註50〕《孟子·離婁下》：「公行子有子之喪，右師往弔。入門，有進而與右師言者，有就右師之位而與右師言者。孟子不與右師言，右師不悅曰：『諸君子皆與驩言，孟子獨不與驩言，是簡驩也。』孟子聞之，曰：『禮：朝庭不歷位而相與言，不踰階而相揖也。我欲行禮，子敖以我為簡，不亦異乎？』」

〔註51〕《管子·牧民》。

〔註52〕陸贄《翰苑集》卷十一《論兩河及淮西利害狀》。

〔註53〕陸贄《翰苑集》卷十一《論關中事宜狀》。

〔註54〕陸贄《翰苑集》卷十六《興元奏請許渾城李晟等諸軍兵馬自取機便狀》。

知之逞，則又何知當務之為急。其惟武王乎！「王朝步自周」〔註55〕，於征伐商，「底商之罪，告於皇天后土。所過名山大川。既而祀於周廟，候甸、邦〔註56〕、衛，駿奔走，執籩豆」。其所以啟天下之精神者，機莫先焉。反商政，政由舊，釋囚封墓，散財發粟，歸馬放牛，列爵分土，建官位事。其所以立天下之大本者，務莫要焉。其次宋主受大命而首建四親廟，贈韓通死節，遣使賑貸於諸州，庶幾知所以合散矣。《易》曰：「渙：亨。王假有廟，利涉大川，利貞。」

初六：**用拯馬壯，吉。**何也？葉子曰：身所以濟難，馬所以濟身。逢難不救，坐待其斃矣。救難而弱焉，載胥不及溺乎？襄陽之會，先主無的盧則為檀溪之溺鬼〔註57〕；張繡之難，曹瞞無絕影則餧清河之鱉靈〔註58〕。馬可以不壯乎？是故不患時之難而患不能救，不患不能救而患無其人，不患無其人而患無其哲，不患無其哲而患無其順知人而敬奉之。目於智井而出之矣〔註59〕，難何有不濟乎？信從何，平從無知，諸將從鄧禹，秦府之士從玄齡，濟亂之功何如哉？若司馬師殺李豐，豐弟翼為兗州刺史，遣使收之。翼妻荀氏曰：「可及詔書未至赴吳，何為坐取死亡！」問左右可同赴水火者為誰，翼思未答。妻曰：「君在大州，不知可與同死生者。雖去，亦不免。」乃止。〔註60〕然則殺身非不幸矣。《易》曰：「用拯馬壯，吉。」

九二：**渙奔其機，悔亡。**何也？葉子曰：濟難以人和為基本，避難以地利為據依。太王避狄人而無岐周，襄子避知伯而無晉陽，不幾於殆乎？劉玄德之奔小沛、新野也，弱而不足振；其奔荊州也，暗而不足依；奔許昌也，險而不可恃；奔壽春也，陋而不足憑。孔明以為必跨荊、益，據漢中，然後足以成鼎足。英雄之見固如此。《易》曰：「渙奔其機，悔亡。」

六三：**渙其躬，无悔。**何也？葉子曰：見天下之義者，不有其身者也。苟有吾身，則吾身之外無利。凡天下之利皆身矣，而何有於父子、何有於兄弟乎？

〔註55〕《尚書・武成》。

〔註56〕「候甸、邦」，《尚書・武成》作「邦甸、侯」。

〔註57〕《三國志》卷三十二《蜀書二・先主傳》裴松之《注》：「《世語》曰：『備屯樊城，劉表禮焉，憚其為人，不甚信用。曾請備宴會，蒯越、蔡瑁欲因會取備，備覺之，偽如廁，潛遁出。所乘馬名的盧，騎的盧走，墮襄陽城西檀溪水中，溺不得出。備急曰：的盧：今日厄矣，可努力！的盧乃一踴三丈，遂得過，乘浮渡河，中流而追者至，以表意謝之，曰：何去之速乎！』」

〔註58〕《三國志》卷一《魏書一・武帝紀》裴松之《注》：「《魏書》曰：『公所乘馬名絕影，為流矢所中，傷頰及足，並中公右臂。』」

〔註59〕《左傳・宣公十二年》：「目於智井而拯之。」

〔註60〕《資治通鑒》卷七十六《魏紀八》。

而況於天下之人乎！昔者晉文妻趙衰，生原同、屏括、樓嬰衰。先娶於狄，曰叔隗，生盾。衰反國，趙姬請逆盾與其母。子余辭。姬曰：「得寵而忘舊，何以使人？必逆之！」固請，許之。來，以盾為才，固請子公以為嫡子，而使其三子下之；以叔隗為內子，而已下之。〔註61〕其後趙盾請以括為公族，曰：「君，姬氏之愛子也。微君姬氏，則臣狄人也。」公許之。趙盾為旄車之族，使屏季以其故族為公族大夫。〔註62〕夫君姬氏以盾為賢，固請於公，以為嫡子，是愛子以才而已；子不得與，不有其子者也，母之賢也。趙宣子以括為君姬氏之愛子，使為公族大夫而已；為旄車之族，是報母以德而已；子不敢專，不有其身者也，子之孝也。母賢子孝，不亦去利而見義者乎？杜太后欲以均孝望諸子，而匡義則悖矣；欲以均愛望諸兄，而光美則死矣。吾身之可愛而夫人之身不足死也。悲夫！然則公而忘其私，若范文正不顧在吾之能否；國而忘其家，若富鄭公不問男女之生死；君而忘其身，若諸葛武侯不惜終身之流汗。寧非見天下之義自吾身始，皆當不顧而為之？而況吾身之外者乎！故曰：吾志在行道，以富貴為心則為富貴所累，以妻子為念則為妻子所奪，道不得行矣。《易》曰：「渙其躬，无悔。」

六四：渙其群，元吉。渙有丘，匪夷所思。何也？葉子曰：精白一心以事上者，人臣之職分也；吹噓萬象以同天者，大臣旋轉之規模也。昔者《春秋》於祭伯來朝而不言朝〔註63〕，祭叔來聘而不言使〔註64〕，尹氏、王子虎、劉卷來赴而不書其爵秩〔註65〕，皆所以正人臣之義，絕私交之弊，息黨錮之禍，而昭一統之權者也。人臣之事君而可不散天下之黨乎？故曰：「田氏、六卿不服，則齊、晉無不亡之道；三桓不臣，則魯無可治之理。」〔註66〕是故去河北賊以那民之居，去中朝朋黨以寧王之心，臣道之大光，君子之急務也。然而散一己之黨易，使天下散其黨難；散天下之黨易，使天下之黨聚而歸於君難。呂大防秦人，戇直無黨。范祖禹師事司馬光，不立黨可矣，而洛、蜀之黨固在也。韓

〔註61〕《左傳·僖公二十四年》。
〔註62〕《左傳·宣公二年》。
〔註63〕《春秋·隱公元年》：「冬，十有二月，祭伯來。」《穀梁傳》：「來者，來朝也。其弗謂朝何也？寰內諸侯，非有天子之命，不得出會諸侯，不正其外交，故弗與朝也。」
〔註64〕《春秋·莊公二十三年》：「祭叔來聘。」《穀梁傳》：「其不言使何也？天子之內臣也。不正其外交，故不與使也。」
〔註65〕《左傳·僖公二十八年》：「王命尹氏及王子虎、內史叔興父，策命晉侯為侯伯。」
〔註66〕蘇軾《志林十三條·論古》。

愈前不污伾、文，後不污牛、李可矣，而伾、文、牛、李之黨固在也。李絳、裴度、歐陽修力排天下之黨矣，而未必天下之黨皆傾心以事上也。散君子之朋於朝，使秉忠以事一人；散小人之黨於野，俾精白以承休德；其惟伊尹、周公乎？「俾萬姓咸曰：『大哉王言。』又曰：『一哉王心。』」〔註67〕「予有臣三千，惟一心。」〔註68〕又曰：「一德一心，以定厥功。」〔註69〕非旋乾轉坤之力，經天緯地之功，曷足以語此？孔子亦然。蘇子曰：「孔子以羈旅之臣，而能舉治世之禮，以律亡國之臣，墮名都，出藏甲，而三桓不疑其害也。此必有不言而信、不怒而威者矣。」〔註70〕「彼晏平仲者，亦切知之。曰：『田氏之僭，惟禮可以已之。』嬰能知之而不能為之。嬰非不賢也。其浩然之氣，以直養而無害，塞乎天地之間者，不及孔、孟也。」〔註71〕嗚呼！是豈可以易言哉！《易》曰：「渙其群，元吉。渙有丘，匪夷所思。」

九五：渙汗其大號，渙王居，无咎。何也？葉子曰：濟天下之難有二道。不動其機，不可以一天下之志；不懷其生，不可以收天下之心。唐之代、德，播遷流離，困已甚矣。一用柳伉〔註72〕、陸贄〔註73〕之言，貶損自責，以感發

〔註67〕《尚書・咸有一德》。
〔註68〕《尚書・泰誓上》。
〔註69〕《尚書・泰誓中》。
〔註70〕蘇軾《志林十三條・論古》。
〔註71〕蘇軾《志林十三條・論古》。
〔註72〕《資治通鑑》卷二百二十三《唐紀三十九》：「驃騎大將軍、判元帥行軍司馬程元振專權自恣，人畏之甚於李輔國。諸將有大功者，元振皆忌疾欲害之。吐蕃入寇，元振不以時奏，致上狼狽出幸。上發詔徵諸道兵，李光弼等皆忌元振居中，莫有至者，中外咸切齒而莫敢發言。太常博士柳伉上疏，以為：『犬戎犯關度隴，不血刃而入京師，劫宮闈，焚陵寢，武士無一人力戰者，此將帥叛陛下也。陛下疏元功，委近習，日引月長，以成大禍，群臣在廷，無一人犯顏回慮者，此公卿叛陛下也。陛下始出都，百姓填然，奪府庫，相殺戮，此三輔叛陛下也。自十月朔召諸道兵，盡四十日，無只輪入關，此四方叛陛下也。內外離叛，陛下以今日之勢為安邪，危邪？若以為危，豈得高枕，不為天下討罪人乎！臣聞良醫療疾，當病飲藥，藥不當病，猶無益也。陛下視今日之病，何縣至此乎？必欲存宗廟社稷，獨斬元振首，馳告天下，悉出內使隸諸州，持神策兵付大臣，然後削尊號，下詔引咎，曰：天下其許朕自新改過，宜即募士西赴朝廷；若以朕惡未悛，則帝王大器，敢妨聖賢，其聽天下所往。如此，而兵不至，人不感，天下不服，臣請闔門寸斬以謝陛下。』」
〔註73〕《舊唐書》卷一百三十九《陸贄傳》：「建中四年，朱泚謀逆，從駕幸奉天。時天下叛亂，機務填委，微髮指蹤，千端萬緒，一日之內，詔書數百。贄揮翰起草，思如泉注，初若不經思慮，既成之後，莫不曲盡事情，中於機會；胥吏簡札不暇，同舍皆伏其能。轉考功郎中，依前充職。嘗啟德宗曰：『今盜遍天下，

天下君臣之機，由是天下之民頓忘前怨，痛心疾首，爭先赴敵，不踰月而歸二君於故都，祀唐配天，不失舊物矣。唐至代、德，猥庸削弱，不支久矣。一用崔祐甫、楊炎之言，以淄青獻錢賜將士〔註74〕，以自今財賦歸左藏〔註75〕，使將士人人感上恩，以懷一路斯民之生。由是諸道聞之，知朝廷不重貨財，李正已乃大慚服，天下以為太平之治，庶幾可望矣。嗚呼！孰謂濟難而無其道乎？雖然，動其機矣而不恃之以王者之信，若趙光奇之對唐德宗曰：「前云兩稅之外，悉無他徭。而誅求者殆過於稅。又云和糴而實強取之，曾不識一錢，天下無所據矣。」〔註76〕故《管子》曰：「號令已出又易之，禮義已行又止之，度

〔註74〕《舊唐書》卷一百十九《崔祐甫傳》：「神策軍使王駕鶴掌禁兵十餘年，權傾中外，德宗初登極，將令白琇珪代之，懼其生變。祐甫召駕鶴與語，留連之，琇珪已赴軍視事矣。時李正已畏懼德宗威德，乃表獻錢三十萬貫。上欲納其奏，慮正己未可誠信，以計逗留止之，未有其辭，延問宰相。祐甫對曰：『正己奸詐，誠如聖慮。臣請因使往淄青，便令宣尉將士，因正己所獻錢錫齎諸軍人，且使深荷聖德，又令外藩知朝廷不重財貨。』上悅，從之，正己大慚，而心畏服焉。祐甫謀猷啟沃，多所弘益，天下以為可復貞觀、開元之太平也。」

〔註75〕《舊唐書》卷一百十八《楊炎傳》：「初，國家舊制，天下財賦皆納於左藏庫，而太府四時以數聞，尚書比部覆其出入，上下相轄，無失遺。及第五琦為度支、鹽鐵使，京師多豪將，求取無節，琦不能禁，乃悉以租賦進入大盈內庫，以中人主之意，天子以取給為便，故不復出。是以天下公賦，為人君私藏，有司不得窺其多少，國用不能計其贏縮，殆二十年矣。中官以冗名持簿書，領其事者三百人，皆奉給其間，連結根固不可動。及炎作相，頓首於上前，論之曰：『夫財賦，邦國之大本，生人之喉命，天下理亂輕重皆由焉。是以前代歷選重臣主之，猶懼不集，往往復敗，大計一失，則天下動搖。先朝權制，中人領其職，以五尺宦豎操邦之本，豐儉盈虛，雖大臣不得知，則無以計天下利害。臣愚待罪宰輔，陛下至德，惟人是恤，參校蠹弊，無斯之甚。請出之以歸有司，度宮中經費一歲幾何，量數奉入，不敢虧用。如此，然後可以議政。惟陛下察焉。』詔曰：『凡財賦皆歸左藏庫，一用舊式，每歲於數中量進三五十萬入大盈，而度支先以其全數聞。』炎以片言移人主意，議者以為難，中外稱之。」

〔註76〕《資治通鑒》卷二百三十三《唐紀四十九》：「自興元以來，至是歲最為豐稔，米斗值錢百五十、粟八十，詔所在和糴。庚辰，上畋於新店，入民趙光奇家，問：『百姓樂乎？』對曰：『不樂。』上曰：『今歲頗稔，何為不樂？』對曰：『詔令不信。前云兩稅之外悉無它徭，今非稅而誅求者殆過於稅。後又云和糴，而實強取之，曾不識一錢。始云所糴粟麥納於道次，今則遣致京西行營，動數百里，車摧牛斃，破產不能支。愁苦如此，何樂之有！每有詔書優恤，徒空文耳！恐聖主深居九重，皆未知之也！』上命復其家。」

量已制又遷之，刑罰已措又移之。如是則慶賞雖重，民不勸也；殺戮雖繁，民不畏也。故曰：上無國植，則下有疑心。國無常經，民力必竭。」〔註77〕其機何以動乎？懷生矣而不本之以王者之公，若惠王之告孟子曰：「河內凶，則移其民於河東，移其粟於河內。河東凶亦然。」〔註78〕斯民無所有矣。故《傅子》曰：「有及人之小惠而無濟世之宏功，略民間之虛利而無府庫之開發，靳有司之出納而窺遠近之趨從，則天下之所噬而已矣。」其生何以懷乎？必也如漢高入關而約法三章，悉除去秦法；唐高祖克長安而約法十二條，悉除隋苛禁。民如安堵而世守之，為一代恒久之法。必也如武王之克商，而散鹿臺之財，發鉅橋之粟；宋祖之開國，而發倉賑給，親解御用之物以賜人，而大為有孚惠心之惠。斯其為濟難之道乎？不可以不審也。《易》曰：「渙汗其大號，渙王居，无咎。」

上九：渙其血，去逖出，无咎。何也？葉子曰：天下之所以四分五裂而不定者，殺傷之未去也。爾戈爾幹之稱比未已〔註79〕，「四伐五伐六伐七伐」〔註80〕之事猶存。四海若之，何其平哉？民生之所以分崩離析而不合者，王心之未寧也。曰「予畏上帝，不敢不正」〔註81〕，曰「肅將天威」、「夙夜祗懼」〔註82〕。民患若之，何其安哉？至於攸徂之民，室家相慶，投幹講藝，歸馬放牛，殺傷去而天下定矣；王心載寧，武、成垂拱，憂懼出而民生安矣。其仲虺、伊尹革夏輔湯之後，周公、太公相武為周之時乎？蕭、曹佐高祖取天下，投戈講藝，與民休息，順流與之更化；房、杜佐太宗定天下，除隋之亂，比跡湯、武，致治之美，庶幾成、康，有太平之風。趙普佐宋祖治天下，收藩鎮之權，建國家久安長治之計，抑亦可以為次矣。雖然，若段文昌、蕭俛銷兵以為平，忘備以為寧，則亂而已矣。〔註83〕《易》曰：「渙其血，去逖出，无咎。」

〔註77〕《管子·法法》。
〔註78〕《孟子·梁惠王上》。
〔註79〕《尚書·牧誓》：「稱爾戈，比爾幹。」
〔註80〕《尚書·牧誓》。
〔註81〕《尚書·湯誓》。
〔註82〕俱出《尚書·泰誓》。
〔註83〕《舊唐書》卷一百七十二《蕭俛傳》：「穆宗乘章武恢復之餘，即位之始，兩河廓定，四鄙無虞。而俛與段文昌屢獻太平之策，以為兵以靜亂，時已治矣，不宜黷武，勸穆宗休兵偃武。又以兵不可頓去，請密語天下軍鎮有兵處，每年百人之中，限八人逃死，謂之消兵。帝既荒縱，不能深料，遂詔天下，如其策而行之。而藩籍之卒，合而為盜，伏於山林。明年，朱克融、王廷湊復亂河朔，

節 ䷻

節：亨，苦節不可貞。何也？葉子曰：天下百物，猶之水焉，不為之限而止，必至奔潰四出而不可救，是故制度品節之說興焉。限民財所以防濫，限民欲所以防淫，限民行所以防縱，限民心所以防侈。不濫不淫，不縱不侈，然後亂不作而天下安，民斯定矣。故曰：「致治之術，先屏四患。一曰偽，二曰私，三曰放，四曰奢。偽亂俗，私壞法，放越軌，奢敗制。四者不除，則政末由行矣。俗亂則道荒，雖天地不得保其性矣；法壞則世傾，雖人主不得守其度矣；越軌則禮亡，雖聖人不得全其道矣；制敗則欲肆，雖四表不能充其求矣。是謂四患。」〔註84〕四患屏而理道適矣。雖然，過則澀，澀則窮。天下之弊，極之於其窮。故曰：管仲鏤簋朱紘，山節藻梲，君子以為濫矣；〔註85〕「晏平仲祀其先人，豚肩不掩豆，浣衣濯冠以朝，君子以為隘矣。」〔註86〕故曰：「縱民之情謂之亂，絕公之情謂之荒。」〔註87〕然則如之何而可？限以防其奢，中以示其則，齊以禮，一以制，上下有分，名器有等，高之不得六而奢，卑之不得固而陋，斯其至善矣。故曰：「興農桑以養其生，審好惡以正其俗，宣文教以彰其化，立武備以秉其威，明賞罰以統其法，是謂五政。」〔註88〕二帝三王之因革損益，所可考而知也。求其實，其禹之無間然乎？《易》曰：「節：亨，苦節不可貞。」

初九：不出戶庭，无咎。何也？葉子曰：豹非不欲變也，而為南山之隱；〔註89〕龍非不欲見也，而為北海之潛。豈豹與龍之志哉？時焉已也。故君子之居世，深藏以不出，以門外為等閒；靜伏而不動，若酣寢而不顧。非楊氏

一呼而遺卒皆至。朝廷方徵兵諸藩，籍既不充，尋行招募。烏合之徒，動為賊敗，由是復失河朔，蓋『消兵』之失也。」

《新唐書》卷一百〇一《蕭俛傳》：「穆宗初，兩河底定，俛與段文昌當國，謂四方無虞，遂議大平事，以為武不可黷，勸帝偃革尚文，乃密詔天下鎮兵，十之，歲限一為逃、死，不補，謂之銷兵。既而籍卒逋亡，無生業，曹聚山林間為盜賊。會朱克融、王廷湊亂燕、趙，一日悉收用之。朝廷調兵不克，乃召募市人烏合，戰輒北，遂復失河朔矣。」

〔註84〕荀悅《申鑒》。
〔註85〕司馬光《訓儉示康》：「管仲鏤簋朱紘，山節藻梲，孔子鄙其小器。」
〔註86〕《禮記·禮器》。
〔註87〕荀悅《申鑒》。
〔註88〕荀悅《申鑒》。
〔註89〕《列女傳》卷二《賢明傳·陶答子妻》：「妾聞南山有玄豹，霧雨七日而不下食者，何也？欲以澤其毛而成文章也，故藏而遠害。」

之為我，不以利天下為也，〔註90〕謹守其身，俟時焉耳矣。不然，顏氏之陋巷〔註91〕，曾子之藜藿〔註92〕，原思之環堵〔註93〕，天下之蠹物也，豈聖人之徒與？故曰：「潛龍以不見成德」，管寧所以箴邴原也；〔註94〕「全身以待時」，杜襲所以戒繁欽也。〔註95〕君子勖諸！《易》曰：「不出戶庭，无咎。」

九二：不出門庭，凶。何也？葉子曰：禹、稷當平世，三過其門而不入，豈一體之偏枯、摩頂放踵以利天下為哉？時至而不行，是為天下之蠹物；道成而不用，是為迷懷之忍人。聖賢弗為也。是故徇器使之方，則漆雕開可以仕〔註96〕；急拯救之義，則諸葛不當隱苟。不知此，捨堯、舜而巢、許矣，知長幼而昧君臣矣，而可乎？《易》曰：「不出門庭，凶。」

六三：不節若則嗟若，无咎。何也？葉子曰：身欲節，節以勤。《傳》曰：「民生在勤，勤則不匱。」〔註97〕文王猶勤，而況其他乎！家欲節，節以儉。《語》曰：「與其奢也，寧儉。」〔註98〕大禹猶儉，而況其下乎！不勤不儉，反節為侈，則人惡其盈，鬼瞰其室，國人賤之，室人遍謫，將能泰然而已乎？《詩》云：「心之憂矣，自貽伊戚。」〔註99〕又云：「啜其泣矣，何嗟及矣？」〔註100〕此趙嬰、欒黶伯有公孫戌之徒，至於見殺、見逐，而不容於天地之間，追誦白首而不悔也。故《荀子》曰：「今人之生也，方多畜雞狗豬彘，又畜牛羊，然而食不敢有酒肉；餘刀布，有囷窌，然而衣不敢有

〔註90〕《孟子·盡心上》：「楊子取為我，拔一毛而利天下，不為也。」
〔註91〕《論語·雍也》：「子曰：『賢哉，回也！一簞食，一瓢飲，在陋巷。人不堪其憂，回也不改其樂。賢哉，回也！』」
〔註92〕《說苑》卷四《立節》：「曾子布衣縕袍未得完，糟糠之食、藜藿之羹未得飽，義不合則辭上卿，不恬貧窮，安能行此！」
〔註93〕《莊子·雜篇·讓王》：「原憲居魯，環堵之室，茨以生草。」
〔註94〕《三國志·魏志卷十一·管寧傳》：「邴原性剛直，清議以格物，度已下心不安之。寧謂原曰：『潛龍以不見成德，言非其時，皆招禍之道也。』」
〔註95〕《資治通鑑》卷六十二《漢紀五十四》：「潁川杜襲、趙儼、繁欽避亂荊州，劉表俱待以賓禮。欽數見奇於表，襲喻之曰：『吾所以與子俱來者，徒欲全身以待時耳，豈謂劉牧當為撥亂之主而規其委身哉！子若見能不已，非吾徒也，吾與子絕矣！』欽慨然曰：『請敬受命！』」
〔註96〕《論語·公冶長》：「子使漆雕開仕，對曰：『吾斯之未能信。』子說。」
〔註97〕《左傳·宣公十二年》。
〔註98〕《論語·八佾》。
〔註99〕《小雅·小明》。
〔註100〕《王風·中谷有蓷》。

絲帛；約者有筐篋之藏，然而行不敢有輿馬。是何也？非不欲也，幾不長慮顧後，而恐無以繼之故也。於是又節用御欲、收斂畜藏以繼之，是於已長慮顧後，幾不甚美矣哉！若夫偷生淺知之屬，曾此而不知也。糧食太侈，不顧其後，俄則屈安窮矣，是其所以不免於凍餓，為溝中瘠者也。況夫先王之道，仁義之統，《詩》、《書》、《禮》、《樂》之分乎！彼固天下之大慮也，將為天下生民之屬長慮顧後而保萬世也，其流長矣，其溫厚矣，其功盛遙遠矣。非熟修為之君子，莫之能知也。」〔註101〕是故管氏之政，「罷民〔註102〕無伍，罷女無家。士三黜〔註103〕妻，逐於境外。女三出〔註104〕嫁，入於春谷。是故民皆勉為善。士與其為善於鄉，不如為善於里；與其為善於里，不如為善於家。是故士莫敢言一朝之便，皆有終身之計；莫敢以終歲為議，皆有終身之功。」〔註105〕嗚呼！若是而何不節之有？不然，若何曾日食萬錢，〔註106〕子劭且食二萬〔註107〕，孫綏及弟機羨侈汰尤甚，卒以驕奢亡族，〔註108〕可不戒哉？雖然，王戎身位三公，而自執牙籌，常若不足；其妻日令人負糞過庭，戎弟諫，而嫂欲笞之；〔註109〕則又非人道矣。《易》曰：「不節若則嗟若，无咎。」

六四：安節，亨。何也？葉子曰：君有玄默恭儉之心，而臣接之以收斂撙節之道；上有納民軌物之令，而下順之以先意敬恭之誠。臣工不享其福，而天下不蒙其賜者幾希矣。文王克勤克儉，而周公承以幾幾之忠；文帝恭默節儉，而周勃承以寧壹之政；代宗敦本貯實，而楊綰濟以清德之輔。民生之不厚、民

〔註101〕《荀子·榮辱篇》。
〔註102〕「民」，《管子》作「士」。
〔註103〕「黜」，《管子》作「出」。
〔註104〕「出」，《管子》無。
〔註105〕《管子·小匡》。
〔註106〕《晉書》卷三十三《何曾傳》：「食日萬錢，猶曰無下箸處。」
〔註107〕《晉書》卷三十三《何劭傳》：「食必盡四方珍異，一日之供以錢二萬為限。」
〔註108〕《晉書》卷三十三《何綏傳》：「綏字伯蔚，位至侍中尚書。自以繼世名貴，奢侈過度，性既輕物，翰箚簡傲。……機為鄒平令。性亦矜傲，責鄉里謝鯤等拜。……永嘉之末，何氏滅亡無遺焉。」
〔註109〕《晉書》卷四十三《王戎傳》：「性好興利，廣收八方園田水碓，周遍天下。積實聚錢，不知紀極，每自執牙籌，晝夜算計，恒若不足。……衍妻郭性貪鄙，欲令婢路上擔糞。澄年十四，諫郭以為不可。郭大怒，謂澄曰：『昔夫人臨終，以小郎屬新婦，不以新婦屬小郎。』因捉其衣裾，將杖之。澄爭得脫，逾窗而走。」

財之不阜者，未之有也。不然，上有美德而不能將順以成之，其何貴於為臣哉？昔謝安欲增修宮室，王彪之曰：「中興之初，即東府為宮，誠為儉陋。蘇峻之亂，成帝止蘭臺都坐，不蔽風雨，是以更營新宮，比之漢魏則為儉，比之過江則為侈矣。今敵寇方強，豈可大興功役，勞擾百姓為邪？」安曰：「宮室敝陋，後世謂人無能。」彪之曰：「凡任天下之重者，當保定國家，緝熙政事，乃以修宮室為能耶？」安不能奪。故終彪之之世，無營造。〔註110〕夫大臣當國，不能上承儉德，乃欲以土木為功能，謝安之賢而云此，過矣。雖然，公孫布被之詐〔註111〕，揚雄瓦器之偽〔註112〕，則不免惡賓之譏，天下後世之議，亦豈所謂安安者耶？君子審之。《易》曰：「安節，亨。」

六五：甘節，吉，往有尚。何也？葉子曰：《荀子》有言：「成侯、嗣公，聚斂計數之君也，未及取民也。子產，取民者也，未及為政也。管仲，為政者也，未及修理也。」〔註113〕孔子曰：「禹，吾無間然矣。菲飲食而致孝乎鬼神，惡衣服而致美乎黻冕，卑宮室而盡力乎溝洫。禹，吾無間然矣。」其所以為修禮者乎？禮則中，中則正，曷過不及之有焉？故曰：「君子之道，本諸身，征諸庶民，考諸三王而不謬，建諸天地而不悖，質諸鬼神而無疑，百世以俟聖人而不惑。是故君子動而世為天下道，行而世為天下法，言而世為天下則，遠之則有望，近之則不厭。」〔註114〕嗚呼！其斯以為大中至正之矩、三極之道、而天下萬世之所共由者乎？非堯舜三代之建中而建極，不足以語此。《易》曰：「甘節，吉，往有尚。」

上六：苦節，貞凶，悔亡。何也？葉子曰：遊方之內者，其道貞而不窮；遊方之外者，其行堅而難入。貞者遲緩而甘和，堅者疾迫而苦急。巢父聞許由之言而洗其耳〔註115〕，於陵仲子辭三公而為人灌園〔註116〕，成公趙不得生刺

〔註110〕《資治通鑒》卷一百四《晉紀二十六》。
〔註111〕《史記》卷一百十二《平津侯列傳》：「弘為布被，食不重肉。……汲黯曰：『弘位在三公，奉祿甚多。然為布被，此詐也。』」
〔註112〕不詳。按：《漢書》卷七十二《王貢兩龔鮑傳》：「唐尊衣敝履空，以瓦器飲食，又以歷遺公卿，被虛偽名。」或恐誤作揚雄，俟考。
〔註113〕《荀子·王制》。
〔註114〕《中庸》。
〔註115〕《高士傳》卷上：「堯之讓許由也，由以告巢父。巢父曰：『汝何不隱汝形，藏汝光？若非吾友也。』擊其膺而下之，由悵然不自得。乃過清泠之水，洗其耳，拭其目。」
〔註116〕鄒陽《獄中上梁王書》。

宋成公而立槁於彭山之上〔註117〕，管寧坐榻著膝處皆穿〔註118〕，范粲三十年未嘗開口〔註119〕。世之所不可準，亦世之所不能堪，而亦世之所黜而姍笑者也。然人則苦而己甘之，彼方難而吾易之，不怨不懟，不渝不困，不可為法於天下，亦足繩墨其一身，又何不得其心之有哉？《易》曰：「苦節，貞凶，悔亡。」

〔註117〕《說苑》卷四《立節》：「宋康公攻阿，屠單父，成公趙曰：『始吾不自知，以為在千乘則萬乘不敢伐，在萬乘則天下不敢圖。今趙在阿而宋屠單父，則是趙無以自立也。且往誅宋！』趙遂入宋，三月不得見。或曰：『何不因鄰國之使而見之。』成公趙曰：『不可，吾因鄰國之使而刺之，則使後世之使不信，苟節之信不用，皆曰趙使之然也，不可！』或曰：『何不因群臣道徒處之士而刺之。』成公趙曰：『不可，吾因群臣道徒處之士而刺之，則後世之臣不見信，辯士不見顧，皆曰趙使之然也。不可！吾聞古之士怒則思理，危不忘義，必將正行以求之耳。』期年，宋康公病死，成公趙曰：『廉士不辱名，信士不惰行，今吾在阿，宋屠單父，是辱名也；事誅宋王，期年不得，是惰行也。吾若是而生，何面目而見天下之士。』遂立槁於彭山之上。」

〔註118〕《高士傳》卷下：「常坐一木榻上，積五十五年，未嘗箕踞，榻上當膝皆穿。」

〔註119〕《晉書》卷九十四《隱逸列傳·范粲》：「以太康六年卒，時年八十四，不言三十六載，終於所寢之車。」

葉八白易傳卷十六

中孚☲☱

中孚：豚魚吉，利涉大川，利貞。何也？葉子曰：無謂物頑，至理相關；無謂物惡，天幾相錯。鷗鳥知海客之機心，則鱷魚之馴也，在韓公不為誑；天吳知江客之暴行，則濤沱之合也，在王霸不為誣。故至誠感神明，亦可通頑冥；至誠通吾我，亦逮水火哉！一心之誠乎，夫何所往而不得乎？何也？聲隅子曰：孝感鬼神，仁被禽獸，誠動天地，信著金石。此四者，被人道之極也。《傳》曰：「與人以實，雖疏必密；與人以虛，雖戚必疏。夫實之與實，如膠如漆；虛之與虛，如薄冰之見晝日。君子可不留意哉！」〔註1〕晉靈公不道，宣子驟諫。公患之，使鉏麑賊之。晨往，寢門闢矣。盛服將朝，坐而假寐。麑退而言曰：「不忘恭敬，民之主也。賊民之主，不忠。棄君之命，不信。有一於此，不如死也。」觸槐而死。〔註2〕隗囂徵杜林，林不屈。遣客刺之。見其身挽鹿車，載致弟喪，戚戚不怠。客感其行義，假其命而去。〔註3〕唐太子承乾不道，于志寧切諫。恨之，陰使張思政殺之。思政見其親喪致哀，憔然苫塊，遂不忍殺。〔註4〕至哉，誠之足以感物也！雖頑何弗格焉？漢蔡順事母孝。王莽之亂，人相食。順採桑椹，赤黑異器。遇賊，詰之。順曰：「黑者奉母，赤者自食。」賊因取米二升以與順。後母終，未葬，里中災，火將適其舍。順伏棺號哭，火

〔註1〕《韓詩外傳》卷九。
〔註2〕《左傳·宣公二年》。
〔註3〕《後漢書》卷二十七《杜林傳》。
〔註4〕《新唐書》卷一百四《于志寧傳》。

越至他室，順獨得免。〔註5〕梁尚書郎庾子輿性至孝，其父域守寧蜀卒，子輿奔喪還，船過巴東時，瞿唐秋水甚漲，子輿叩天，水為輒退。舟既過，水漲如初。行人語曰：「灩澦如牛本不通，瞿唐水退為庾公。」〔註6〕嗚呼！孰謂至誠也不可以感神而極誠者不可以感物乎？雖然，道貴誠，誠貴正。弗正則為誠之愚，既愚則為信之賊。單豹之不免於虎〔註7〕，尾生之不免於水〔註8〕，則亦何利之有焉？昔者潞王從珂至陝，馮道等入朝，及端門聞變，欲歸，安從進遣人語之曰：「潞王倍道而來，且至矣，相公宜率百官至穀水奉迎。」乃於天王寺召百官。中書舍人盧導至，道曰：「勸進文書宜速具。」導曰：「潞王入朝，百官班迎可也。設有廢立，當俟太后教令，豈可遽議勸進乎？」道曰：「事當務實。」〔註9〕嗚呼！天子在外，人臣遽以大位勸人，而欲就實作功，此无妄之往而天命不祐，其何以行之哉？是故寧詐而正，無不正而誠。劉曜遣劉暢率兵三萬攻滎陽，太守李矩未暇為備，乃遣使詐降。暢不復設備，矩欲夜襲之，士卒皆疑懼。乃遣其將郭誦禱於子產祠，使巫陽言曰：「子產有教，當遣神兵相助。」眾皆踊躍爭進，掩擊暢營，暢僅以身免。〔註10〕《易》曰：「中孚：豚魚吉，利涉大川，利貞。」

　　初九：虞吉，有他不燕。何也？葉子曰：君子之與人也貴信，其欲信也，

〔註5〕《太平御覽》卷九百七十三《果部十·椹》：「《汝南仙賢傳》曰：『蔡君仲孝養老母，時赤眉亂，仲孝取桑椹，赤黑異器。賊問其故，答曰：黑者奉母，赤者自食。賊嘉之，與鹽二升。』」
《後漢書》卷三十九《周磐傳》附《蔡順傳》：「母年九十，以壽終。未及得葬，里中災，火將逼其舍，順抱伏棺柩，號哭叫天，火遂越燒它室，順獨得免。」又，《明一統志》卷三十一《汝寧府》：「蔡順。……王莽末，人相食。順拾桑椹，赤黑異器。賊問故，順曰：黑者奉母，赤者自食。賊遺米，受而不食。母終，未葬，火逼其舍。順伏棺號哭，火遂越他舍。」
〔註6〕按：《南史》卷五十六《庾子輿傳》：「天監三年，父出守巴西，子輿經蜀路險難，啟求侍從，以孝養獲許。父遷寧蜀，子輿亦相隨。父於路感心疾，每至必叫，子輿亦悶絕。及父卒，哀慟將絕者再。奉喪還鄉，秋水猶壯。巴東有淫預石，高出二十許丈，及秋至，則才如見焉。次有瞿塘大灘，行旅忌之，部伍至此，石猶不見。子輿撫心長叫，其夜五更水忽退減，安流南下。及度，水復舊，行人為之語曰：『淫預如袱本不通，瞿塘水退為庾公。』」
〔註7〕《莊子·外篇·達生》：「魯有單豹者，岩居而水飲，不與民共利，行年七十而猶有嬰兒之色。不幸遇餓虎，餓虎殺而食之。」
〔註8〕《莊子·雜篇·盜跖》：「尾生與女子期於梁下，女子不來，水至不去，抱樑柱而死。」
〔註9〕《資治通鑑》卷二百七十九《後唐紀八》。
〔註10〕《資治通鑑》卷九十《晉紀十二》。

貴審；其既審也，貴專。與人不信，則交不以道，雖合必離；欲信不審，則比之匪人，身名俱辱；既審不專，則二三其德，動罔不凶。陳登父子之事布，不信也；苟彧兄弟之佐操，不審也；鄭僖公君臣從楚者六，歸晉者五，乍楚乍晉，不能自立，不專也。君子所不齒焉。其惟公瑾之於仲謀，雲長之於玄德乎，誠相與，正相遇，百說屢諭而不變，斯固千古之英傑已。《易》曰：「虞吉，有他不燕。」

九二：鳴鶴在陰，其子和之。我有好爵，吾與爾靡之。何也？葉子曰：君臣之義，無所逃於天地之間；而一德之孚，自有出於聲應氣求之外。《淮南子》曰：「天之且風，草木未動，而鳥已翔矣；其且雨也，陰曀未集，而魚已噞矣。以陰陽之氣相動也。故寒暑燥濕，以類相從；聲響疾徐，以音相應也。」〔註11〕然則舜在畎畝之中，而玄德升聞，則側陋之揚所不能已；伊尹耕有莘之野，而道彰厥世，則三聘之勤不招自來；孔明居草廬之中，而聲勝荊、襄，則三顧之頻，勢所必至。於是克協堯心，咸有一德，歡同魚水，以成千古君臣之契，豈非天命之性、率性之道哉？何也？機動則不可禦，情投則不容間。至誠之道，無有遠近幽深之阻故也。然則驗之物靈應感之性，通諸秉彝好德之情，莫不有然者矣。夫豈有所勉強於其間乎？《易》曰：「鳴鶴在陰，其子和之。我有好爵，吾與爾靡之。」

六三：得敵，或鼓或罷，或泣或歌。何也？葉子曰：漢高祖有誤有改。人皆曰惧處皆緣不學，改處皆緣性明達，非也。惧者，資性之蔽；改者，得人之功也。高雖豁達大度矣，而三傑、陳、樊、周、灌之徒其所為補偏而救弊者，庸可少乎？今夫盲者行於道，人謂之左則左，人謂之右則右，遇君子則易道，遇小人則陷於溝壑矣。故曰：「兩瞽相扶，不傷牆木，則墮智井。」〔註12〕然則己無定主，而所遇者又不恒進退，何所據哉？是故房、杜以謀斷而相資，姚、宋以通守而相濟，則治矣。袁紹寬而無制，猛而不斷，黜田豐、沮授而信逢紀、審配、郭圖，天下軍機，時無定計，是以既欲伐劉，又欲伐曹，進退不恒，趨舍失據，卒致官渡、倉亭之敗也。豈徒天命，亦人事哉！故曰：懷疾者不可使為醫，行穢者不可使畫。法自一身，而推之天下，莫不皆然。《易》曰：「得敵，或鼓或罷，或泣或歌。」

六四：月幾望，馬匹亡，无咎。何也？葉子曰：人臣不患於勢位之逼君，

〔註11〕《泰族訓》。
〔註12〕《韓詩外傳》卷五：「兩瞽相扶，不傷牆木，不陷井宒，則其幸也。」

而患於朋黨之傾國。《管子》曰：「所謂仁義禮樂者，皆出於法，此先聖之所一民者也。」〔註13〕世無請謁任舉之人，無聞識博學辯說之士，無偉服，無奇行，皆囊於法以事其主。若是，而其主有不安，臣有不得其所者哉？是故一己之威權雖盛，斂戢猶易；群臣枉之附和不驅，禍敗非輕。子南為令尹，有寵者八人，卒而矺於車裂；蒍子馮為令尹，有寵者八人，申叔所以去之；欒盈以得士奔；芮伯以多寵逐〔註14〕。子然、子孔、士子孔以「三家如一，故及於難」〔註15〕。皆是物也。王伾、王叔文用事於順宗之世，而與八司馬結為死黨，竟流竄而死。豈非萬世人臣之監哉？衛青不收攬客，張安世不許郎遷，王曾不受私謝，蓋有以識此矣。故曰：「人臣之義無私交，大夫非君命不越境。所以然者，杜朋黨之原，為後世事君而有貳心者之明戒也。惟此義不行，然後有藉外權，如繆留之語韓宣惠者；交私論議，如莊助之結淮南者；倚強藩為援，以脅制朝廷，如唐盧攜之於高駢〔註16〕，崔胤之於宣武，昭緯之於邠岐者矣。《春秋》於內臣朝聘告赴皆貶而不與，正其本也，豈有誣上行私，自植其黨之禍哉？」〔註17〕《易》曰：「月幾望，馬匹亡，无咎。」

九五：有孚攣如，无咎。何也？葉子曰：古之君臣之相與也，君必知其臣而任之專，然後可以得任咎之志；臣必量其君而為所任，然後可以殫盡忠之心。《書》曰：「惟尹躬暨湯，咸有一德。」〔註18〕昭烈曰：「孤之有孔明，猶魚之有水。」夫然後伐夏救民之功成，嗣漢配天之業就。君不信其臣而用之，是姑試一擲，輕棄其國而不恤也；臣不信其君而為所用，是強所有事，輕棄其身而不顧也。嗚呼！前之為吳王，不寤先論之可以立功，故沉子胥而不悔。子胥不

〔註13〕《管子・任法》。

〔註14〕《左傳・桓公三年》：「芮伯萬之母芮姜惡芮伯之多寵人也，故逐之，出居於魏。」

〔註15〕《左傳・襄公十九年》：「鄭子孔之為政也專，國人患之，乃討西宮之難與純門之師。子孔當罪，以其甲及子革、子良氏之甲守。甲辰，子展、子西率國人伐之，殺子孔而分其室。書曰『鄭殺其大夫』，專也。子然、子孔，宋子之子也；士子孔，圭媯之子也。圭媯之班，亞宋子，而相親也；二子孔亦相親也。僖之四年，子然卒。簡之元年，士子孔卒。司徒孔實相子革、子良之室，三室如一，故及於難。」

〔註16〕《新唐書》卷一百八十四《盧攜傳》：「攜素厚高駢，屬令立功，乃固不可巢請，又欲激巢使戰而敗鐸，因授率府率。又徇駢與南詔和親，與畋爭，相恨詈，繇是罷為太子賓客，分司東都。俄為兵部尚書。會駢將張璘破賊，帝復召攜以門下侍郎同平章事。」

〔註17〕胡安國之說，李明復《春秋集義》卷二、呂本中《呂氏春秋集解》卷一引。

〔註18〕《尚書・咸有一德》。

早見主之不同量，是以至於入江而不化。後之為肅宗，聽賀蘭進明之譖，既疏房綰矣，而又任之為將帥。綰以讒見疏矣，而猶以討賊為己任，請自將以復兩京。甚之為安重誨，專大權，中外惡之。重誨懼，求解職，唐明宗不許。重誨請不已，唐主怒曰：「聽卿去，朕不患無人。」尋遣孟漢瓊詣中書議重誨事。馮道請解其樞務，趙肅請留重誨如故。夫重誨不得於君，則當奉身而退；明宗不信其相，則當聽之去而保其終。既有所懷，而以虛文飾貌相處，其能久而無變邪？是故君臣之間，不以誠而以猜，不以心而以術，鮮不均失而胥敗矣。昔者後唐明宗問趙鳳：「帝王賜人鐵券，何也？」對曰：「與之立誓，令其子孫長享爵祿耳。」唐主曰：「先朝受此者三人崇韜、繼麟尋皆族滅，朕得脫如毫釐耳。」因歎息久之。鳳曰：「帝王心存大信，固不必刻之金石也。」〔註19〕然則君臣之所以相與，可知已矣。雖然，宋神宗注意以望太平，而王安石亦自以太平為己任，君臣交契，不可謂不至矣。而二三年間，開合搖動，舉天下無一物得安其所，此又何貴於相信邪？此「有孚攣如」者，固君臣之美事，而必孚於嘉者始為天下蒼生之福也。《易》曰：「有孚攣如，无咎。」

上九：**翰音登于天，貞凶。**何也？葉子曰：與物之道，信為主；主信之盟，正為先。信非所信，而不知變，小則債事，次則隕身，大則喪國亡天下矣。漢高不失鴻溝之約，而從張良之言，卒開漢業，知所變也。苻堅不食慕容垂鎮慰北鄙之言，而逆權翼之諫，卒為所圖。噫！彼豈知反經以合道，旁行而不流者乎？執小節，拘大義；徇小信，暗大道。竊宋襄、陳餘之餘緒，以當天下之大機，幾何而不敗哉？何也？彼見夫二帝三王以誠馭天下之道，如天地之貞觀而不遷，如日月之貞明而不眩，而不知吾之硜硜也。不知吾之硜硜，而言必信，行必果，不亡何待邪？是故鳳凰鵬鵠，鳥也，樊籠之雞見其一舉千里，或九萬里，而六月息也，以為吾亦欲似之，然而不知其材之不美而力不逮也，尋丈之間，倏忽之頃，而中空之墮立見矣。此其自執，固異於反覆譎詐萬變千態者之所為。而信不好學，蔽賊而禍，其去彼也，能幾何哉？《易》曰：「翰音登于天，貞凶。」

小過䷽

小過：亨〔註20〕。可小事，不可大事。飛鳥遺之音，不宜上，宜下，大吉。

〔註19〕《資治通鑑》卷二百七十六《後唐紀》。

〔註20〕按：通行本《周易》此下有「利貞」二字。此段末引《易》亦有「利貞」。

何也？葉子曰：威強果毅之才勝者，天下無不勝之任，故曰德行恒易以知險。巽順畏怯之氣勝者，天下無不得之心，故曰德行恒簡以知阻。知險者可以當世變，知阻者可以履時艱，遭變事者可達權，履時艱者能致曲。天下之事庶幾有就乎！雖然，恭而無禮則勞，勞固巽順之甚者所當戒；慎而無禮則葸，葸又畏怯之過者所不免也。可無持平守正之則乎？不然，則諂而無所容，餒而無所成矣。此脅肩諂笑，曾子所以病夏畦；〔註21〕而聞斯行之，孔子所以進冉有也。〔註22〕雖然，無所不行者，達權之宜；審己量力者，致曲之道。是故致曲之道，小有所事則可，大有所事則不可。《傳》曰〔註23〕：「將鄭是訓定」、「豈敢辱候人？」又曰：「疆場之事，慎守其一」〔註24〕可也。不然，而為宋襄公，以亡國之餘與強楚抗霸，欲主天下之盟，禍其得免乎？致曲之道，卑有所就則宜，高有所舉則不宜。《傳》曰：「先為之弱。」〔註25〕又曰：「犧牲玉帛，待於二境。」〔註26〕以待強有力者而庇民焉可也。不然，而為齊頃公，處衰弱之世而以笑辱之，故與強晉為讎，敗其可得免乎？嗚呼！此齊景之所以可尚也。《易》曰：「小過：亨，利貞。可小事，不可大事。飛鳥遺之音，不宜上，宜下，大吉。」

初六：飛鳥以凶。何也？葉子曰：貪而不反顧者，小人之心也；驕而不自克者，卑末之志也。乘陰勝之時，得強援之助。其心貪而獵高位也，有施施外來之情；其志窮而鳴豫悅也，有揚揚閭里之氣。上而不能下，氣驕而不克順，若斥鴳、鳶鳩之銳其翼，然不量其力之微，一飛而欲翔千里，擊三千，息六月，風九萬，而不知其中空之墮也倏忽矣。夫天之高十九萬里。九萬里，天之半也。鵬之飛也，去天之半，而況斥鴳、鳶鳩去鵬九萬里者也！溷濁之穢，而欲擬「乘天地之正，御六氣之變，以遊於無窮」〔註27〕，此明明之所不容也。申侯之殺於鄭，里克之殺於晉，夫豈其不幸哉？陽城欲壞白麻，而德宗不相延齡；李甘欲裂詔書，而文宗不相鄭注。周勃有驕主色，而折於袁盎之一言；淮南有反謀，而寢於汲黯之死義。則有以剪其翼矣。《易》曰：「飛鳥以凶。」

〔註21〕《孟子‧滕文公下》：「脅肩諂笑，病於夏畦。」
〔註22〕《論語‧先進》：「子路問：『聞斯行諸？』子曰：『有父兄在，如之何其聞斯行之？』冉有問：『聞斯行諸？』子曰：『聞斯行之。』」
〔註23〕《左傳‧宣公十二年》。
〔註24〕《左傳‧桓公十七年》。
〔註25〕《左傳‧文公十年》。
〔註26〕《春秋‧襄公八年》。
〔註27〕《莊子‧逍遙遊》。

六二：**過其祖，遇其妣，不及其君，遇其臣，无咎。**何也？葉子曰：人臣所遇非其時而臣節得以無廢者，一則操己有忠亮之節，一則遇人獲貞白之儔。能立忠亮之節者，九死而不回，百折而不廢矣。驛所止居者而無賢人君子之遇，臣道不幾於廢乎！漢末之世，四海鼎沸，群雄竊據，半為漢賊。孫權據有東吳，使不敵曹操而連劉備，則亦無君之逆儔矣。幸因魯肅、孔明之言，不畏曹之強而以為仇，不棄劉之弱而以為親，赤壁一勝，足以快千古而定三分，留漢家以數十載之命也，不亦臣哉矣乎！嗚呼！君臣之際亦嚴矣。雖然，豈特仲謀也哉？雖曹瞞之奸，已殺楊奉、董承矣，然內之有孔融之憚，外之有孫、劉之梗，則亦終其身不敢取漢之天下，以周文王為名，所遇之有人也。嗚呼！君臣之際亦嚴矣哉！衛獻公出奔夷儀，而士匄與孫林父會於戚；〔註28〕魯昭公客寄乾侯，而荀躒與季孫意如會於適歷。〔註29〕釋君助臣，卒遺千載之罪以主之者，荀偃弒君之賊，范鞅叛君之臣故也。不遇其人者，禍乃如此哉！《易》曰：「過其祖，遇其妣，不及其君，遇其臣，无咎。」

九三：**弗過防之，從或戕之，凶。**何也？葉子曰：《管子》曰：「古者有二言，牆有耳，伏寇在側。牆有耳，微謀外泄之謂也。伏寇在側者，沈疑得民之道也。微謀之泄也，狡婦襲主之請而資遊慝也。沈疑之得民者，前貴而後賤者為之驅也。」〔註30〕然則盜憎主人，其伺之也甚密；邪惡其正，其窺之也必深。君子於此而可以自弛乎？法綱之密，猶漏吞舟之魚；縛臂之堅，尚中蠆尾之毒。自弛則自敗矣。國人皆知白公將為亂，子西獨以為莫我親；舉朝皆以降兵為不可狃，費禕獨以為不必忌。關侯在荊州，陸遜之陸口，為書與侯，稱其功伐，深自謙抑，為盡忠自託之意。侯大安，無所復嫌〔註31〕。稍徹兵以赴樊，孫權遂發兵襲侯。南詔寇成都，詔山南西道發兵救之，節度使李絳募兵千人赴之。蠻退而還，詔悉罷之。絳召新軍，諭旨賜以廩麥而遣之，皆怏怏而退〔註32〕。監軍楊叔元惡絳不奉己，以賜物薄激之。眾怒，大操〔註33〕，掠庫兵，趨使牙。絳方宴，遂遇害。君子曰：李深之當憲宗時，罷相不去，未為無眷眷之

〔註28〕《春秋·襄公十四年》：「冬，季孫宿會晉士匄、宋華閱、衛孫林父、鄭公孫蠆、莒人、邾人於戚。」
〔註29〕《左傳·昭公三十一年》：「季孫意如會晉荀躒於適歷。」。
〔註30〕《管子·君臣下》。
〔註31〕「無所復嫌」，《三國志》卷五十八《吳書十三·陸遜傳》作「無復所嫌」。
〔註32〕此一句，《資治通鑒》卷二百四十四《唐紀六十》作「二月乙卯，絳悉召新軍，諭以詔旨而遣之，仍賜以廩麥，皆怏怏而退」。
〔註33〕「操」，《資治通鑒》作「噪」。

意。歷敬、穆，為僕射，至為逢吉所逐，則失進退之義矣。素與宦人為仇敵，豈不知連率之權半屬監軍？既同方政，又不禮焉，則眛防閑之幾矣。募兵雖不及用，罷而遣之，亦宜犒賜。而給以廩麥，則忽撫接之宜矣。府有正兵，比及亂作，己方張宴，坐受屠害，則無豫備之素矣。豈年老而知衰乎？何處經遭變之交舛也。《易》曰：「弗過防之，從或戕之，凶。」

九四：无咎，弗過，遇之往厲，必戒，勿用，永貞。何也？葉子曰：謙謙君子，可以涉大川；悻悻小人，豈所以先物？陰過之時，苟有過恭之人，則己不肆而物不忤，出不悖而來不違。或戕之禍，於是而可免矣。何也？衰其多則上人之氣已除，益其寡則下人之慮已極，此正稱物平施之道，守己接人之宜也。不如是而一失其則焉，則人有所不堪而事有所必敝，不亦顛危而可戒乎？文王之文明柔順，以蒙大難；周公之避居東都，以告我先王。知是道也。雖然，聖人與世推移，而俗士苦不知變，故曰：「知微知彰，知柔知剛，萬夫之望。」〔註34〕又曰：四德並運者，天道之神；貞而不諒者，君子之哲。〔註35〕天下事其可以執一為哉？時當柔也，執恭順以終身，持無為以沒齒可也。柔當益也，晦其明以利艱貞，用史巫以巽床下可也。是故蕭何勸漢祖之王漢中，不為屈苟。不當柔而用剛，則馮河之勇，可少乎？苟不徒剛而用過剛，則武人之貞，又何病乎？是故趙武雖有仁人之心，而尋宋之盟不免祁午之所譏。天下之事胡可執一為也？文王之文明柔順，周公之避居東都，「知柔知微」也。其一怒安民，罪人斯得，「知彰知剛」也。噫！非天下之至變，何足以語此？唐崔郾在陝，以寬仁而治，或經月不笞一人。及在鄂，嚴刑峻罰。或問其故，郾曰：「陝土瘠民貧，吾撫之不暇，尚恐其驚。鄂地險民雜，劋狡為奸，非用威刑，不能致治。」政貴知要，蓋謂此也。〔註36〕嗚呼！其亦庶幾乎此矣。《易》曰：「无咎，弗過，遇之往厲，必戒，勿用，永貞。」

六五：密雲不雨，自我西郊，公弋取彼在穴。何也？葉子曰：發政施行，滋萬物而澤天下者，大君之宜也；選賢任能，顛其頤而上施光者，則哲之功也。仁不足以通天下之志，義不足以斷天下之疑，禮不足以定天下之業，知不足以察天下之幾，則大之不能汪潤乎天下，次之不能浸灌乎一方，膏澤屯而威權弛矣。乃欲竊下賢之虛譽，借求士之空名，高飛於霄漢者不能射也，

〔註34〕《周易·繫辭下》。
〔註35〕《論語·衛靈公》：「君子貞而不諒。」
〔註36〕《資治通鑒》卷二百四十四《唐紀六十》。

而取諸土棲之微；萬里之鷹揚者莫之致也，而鈎之乎穴處之渺。雲龍風虎之會，果若是乎？昔者陽畫教子賤以釣道，曰：「夫扱綸錯餌，迎而吸之者，陽鱎也。其為魚也，薄而不美。若存若亡，若食若不食，魴也。其為魚也，博而厚味。」子賤曰：「善。」於是未至單父，冠蓋迎之者交接於道。子賤曰：「車驅之，車驅之。夫陽畫之所謂陽鱎者至矣。」於是至單父，請其耆老尊賢者而與之共治單父。〔註37〕楚將伐陳，問帥於太師子穀與葉公諸梁。子穀曰：「右領差車與左史老皆相令尹、司馬以伐陳，其可使也。」子高曰：「帥〔註38〕賤，民慢之，懼不用命焉。」子穀曰：「觀丁父，鄀俘也，武王以為軍帥，是以克州、蓼，服隨、唐，大啟群蠻。彭仲爽，申俘也，文王以為令尹，實縣申、息，朝秦〔註39〕、蔡，封畛於汝。惟其任也，何賤之有？」子高曰：「天命不謟。令尹有憾於陳，天若亡之，其必令尹之子是與，君盍捨焉？臣懼右領與左史有二俘之賤而無其令德也。」〔註40〕夫不為子賤，不師陽畫，不求魴而求陽鱎；不從子高，不從天與，不求令德而求賤。夫不能恢復中原，而區區求乎束諸高閣之人，若晉康帝不能長驅北寇；而區區乎六丁六甲之丑，若宋欽宗其何以有為於天下邪？《易》曰：「密雲不雨，自我西郊，公弋取彼在穴。」

上六：**弗遇過之，飛鳥離之，凶，是謂災眚。**何也？葉子曰：天下一理也。不與理遇，直過之而越其分，天下皆人也。不與人遇，直過之而抗其君，此豈天人之所容與哉？何也？不安其分者，覆墜之道也；不恭其君者，刑戮之民也。齊莊伐衛，將伐晉，崔杼諫，弗聽。陳文子見杼，曰：「將如君何哉？」杼曰：「吾言於君，君弗聽也。以為盟主，而利其難。群臣若急，君子何有？子姑止之！」文子退，告其人曰：「崔子將死乎？謂君甚而又過之，不得其死。過君以義，猶自抑也，況以惡乎！」〔註41〕夫君臣之分，等之天地。君猶不可過，而崔杼以惡過其君，是有無君之心而動於惡矣。得死為幸，何以棠姜〔註42〕之故哉？嗚呼！此萬世人臣之戒也。《老子》曰：「夫代司殺者殺，是謂代大匠斲。代大匠斲，希有不傷手矣。」出位之禍，一至此哉！故曰：「先其君以善者，

〔註37〕《說苑》卷七《政理》。

〔註38〕「帥」，《左傳》作「率」。

〔註39〕「秦」，《左傳》作「陳」。

〔註40〕《左傳·哀公十七年》。

〔註41〕《左傳·襄公二十三年》。

〔註42〕崔杼娶棠姜，載《左傳·襄公二十五年》。

侵其賞而奪之實者也；先其君以惡者，侵其刑而奪之威者也。」〔註43〕《易》曰：「弗遇過之，飛鳥離之，凶，是謂災眚。」

既濟䷾

既濟：亨。小利貞，初吉，終亂。 何也？葉子曰：日之方升，駸駸大明；既中之日，無幾烜赫。川之方至，奔溯作勢；既滿之川，其流涓涓。何也？方興未艾者，勢益而盛；既盛而極者，勢定而止。理也。驗之造化人事，莫不然矣。是故戡亂之功成，無復加其成；履平之治定，無復有於定。德教之沛然豐亨而豫大如斯而已矣，其進能幾何哉？君子於此，可以慎持盈之道矣。懷日中之戒，守欹器之訓，持之以憂勤而不息，執之以永貞而不移，無怠無荒。若益之戒於禹，不見是圖；若禹之訓其後，慄慄危懼；若湯之惕其心，克自抑畏；若文之終其身，則幾乎其不蹶矣。不然，始雖盛而終必衰，初則治而未必亂，固雖天道，亦人事矣。嗚呼！此聖人所以貴至誠無息之道，君子所以有自強不息之功。天德備而王道永矣。伯者弗之能知，倏然而光，歘然而絕，如電之起，如漚之滅。故說者謂葵丘之盟為桓霸盛衰之機。葵丘以前，如月之自朔而至望；葵丘之後，則由望而晦矣。故自盟幽，而諸侯協獻捷，治戎，存邢，卻狄；盟召陵怗楚，而中國安；盟首止於洮，而王室定。及乎葵丘，而霸業極盛矣。桓而知持盈之道，屬不息之貞，王道不庶幾乎？惜乎器小而量褊，不覺志意之驕溢，無徹戒之盛德，而有震矜之鄙心，是以陽谷之會，肆於寵樂；城杞之功，不若城邢；救徐之師，緩於救許；伐黃不恤，謀鄆無成，而霸業衰矣，豈能免於四子之亂乎？吁！此盈虛消息者，天運之自然；而持盈守成者，聖修之保障。不然，若秦滅六國而卒自亂，隋取亡陳而卒自亡，亦安貴於成事而濟邪？《易》曰：「既濟：亨。小利貞，初吉，終亂。」

初九：曳其輪，濡其尾，无咎。 何也？葉子曰：清淨寧一，守而弗失，周勃所以為得順流之宜；休養生息，平易安靜，霍光所以為知時務之要。王道平矣，稍進焉，則膏之軸折；大川濟矣，復涉焉，則身之頂滅。此庶績咸熙之後，無復慎徽賓納之勤；地平天成之餘，祗承誕敷文德之喻矣乎！《易》曰：「曳其輪，濡其尾，无咎。」

六二：婦喪其茀，勿逐，七日得。 何也？葉子曰：美玉在我，無善價則懷寶而已矣。無脛而自至，不亦難乎？我欲行義，義不行則迷邦矣。呈身而手援，

〔註43〕《管子·君臣下》。

不亦鄙乎？是故禮，婦人之出入也，必擁蔽其面。孔父之妻過於路，宋督得而見之，曰：「美而豔。」於是殺孔父而取其妻。〔註44〕是婦無茀而行，行不以禮也。貞婦弗為也。君子之進身也，必由其道。陳代、萬章之說，是不由其道也。不由其道而往，與孔父之妻何以異哉？是故君子寧沒身而已矣。雖然，道在我，無久廢之理；時之厄，有必通之機。有莘之野，非殉伊尹之地；草廬之中，非殯孔明之區。君子亦何以皇皇為哉？《易》曰：「婦喪其茀，勿逐，七日得。」

九三：高宗伐鬼方，三年克之，小人勿用。何也？葉子曰：古之聖賢處天下盛治之世也，固當立威武之事以安天下之民，而亦未嘗不致困憊之虞以謹慎動之戒；固嘗震奮發之威以作天下之氣，而亦未嘗不持重畏之心以防用人之非。周公之告成王曰：「其克詰爾戎兵，方行天下，以陟禹之跡。」〔註45〕召公之誥康王曰：「張皇六師，無壞我高祖寡命。」〔註46〕則亦奮然動，震然起矣。然而必曰「率惟謀從容德」〔註47〕，又曰「繼自今後，王立政，其惟克用常人」〔註48〕，則古之聖賢夫豈輕舉妄動，徒用其剛勇而已乎？何也？事不可易舉之，故曰：未治求治者寧，已治復求治者傾。兵不可輕行，故曰：「一期之師，十年之畜積殫；一戰之費，累代之功力盡。」〔註49〕不然，高宗，嘉靖殷邦之君也；鬼方，魑魅小丑之國也。伐之，摧枯拉朽之勢也。然且宜易而難，宜速而久，宜強而憊，而況不及高宗者乎！而況逞威武，忿不服，貪土地，荒寧騷擾，小大咸怨，反高宗之所為者乎！然則非篤周祜而對天下，不輕於赫然之怒；非懼廢弛而慮陵遲，不輕為變動之謀。嗚呼！居太平之世，處極盛之時者，其尚慎之哉！昔者桓公問於管仲曰：『兵甲大足矣，吾欲從事於諸侯，可乎？』管子曰：『未可。內治者未具也，為外者未備也。』故使鮑叔牙為大諫，王子城父為將，弦子〔註50〕為理，寧戚為田，隰朋行為〔註51〕，曹孫宿處楚，

〔註44〕《左傳·桓公元年》：「宋華父督見孔父之妻於路，目逆而送之，曰：『美而艷。』」桓公二年：「二年春，宋督攻孔氏，殺孔父而取其妻。公怒，督懼，遂弒殤公。」
〔註45〕《尚書·立政》：「其克詰爾戎兵，以陟禹之跡；方行天下，至於海表，罔有不服。」
〔註46〕《尚書·康王之誥》。
〔註47〕《尚書·立政》。
〔註48〕《尚書·立政》。
〔註49〕《管子·參患》。
〔註50〕「弦子」，《管子》作「弦子旗」。
〔註51〕「行為」，《管子》作「為行」。

商居庸〔註52〕處宋，季勞處魯，徐開封處衛，區尚處燕，審友處晉。又將〔註53〕士八千人，奉之以車馬衣裘，多其資糧，財幣足之，使出周遊於四方，以號召收求天下之賢士。飾玩好，使出周遊於四方，鬻之諸侯，以觀其上下之所貴好，擇其沈亂者而先徵〔註54〕之。」〔註55〕嗚呼！霸者之不輕動如此，而況聖人之道乎！故曰：愛四方之內而後可以惡境外之不善者，安卿大夫之家而後可以救危敵之國，賜小國地而後可以誅大國之不道者。觀此而天下之事果可得而輕為之哉？以唐憲宗之明斷，將相之忠賢，竭天下之兵力，以伐三州，四年然後克之，其難如此。信哉，用兵之不可苟也！故曰：「天子不見伯益贊禹之詞，公卿不聞魏相諷宣帝之事」〔註56〕，禍自此始矣。雖然，君子小人之際，尤不可不慎也。得君子則為無窮之福，誤小人則稔無涯之禍。昔景進等請誅故蜀主王衍族黨，唐莊宗遣中使齎敕往誅之。敕曰：「王衍一行，並從殺戮。」已印畫。張居翰覆視，就殿柱揩去「行」字，改為「家」字，由是獲免者千餘人。李嶼僕葛延寓告嶼謀反，嶼自誣服，云：「與兄弟及家僮二十人謀作亂。」具獄上，蘇逢吉改「二十」為「五十」字。〔註57〕漢隱帝命劉銖誅郭威、王峻之家，銖極其慘酷，嬰孺無免者。命李洪建誅王殷之家，洪建但使人守視及飲食之。其為仁不仁如此，用兵之際可勝言哉！可勝言哉！《易》曰：「高宗伐鬼方，三年克之，小人勿用。」

六四：繻有衣袽，終日戒。何也？葉子曰：有天下國家之貴者，豫備則事有素，戒懼則心不疏。《書》曰：「惟事事有其備，有備無患。」〔註58〕《詩》曰：「心之憂危，若陟虎尾，若蹈春冰。」〔註59〕備戒之謂也。楚子重自陳伐莒，圍渠丘。渠丘城惡，眾潰，奔莒。楚師圍莒，莒城亦惡，莒潰，楚遂入鄆。君子曰：「恃陋而不備，罪之大者也。備豫不虞，善之大者也。莒恃其陋而不修其城郭，浹旬之間，而楚克其三都，無備也。夫《詩》曰：『雖有絲麻，無棄菅蒯。雖有姬姜，無棄蕉萃。凡百君子，莫不代匱。』言備之不可以已也。」〔註60〕

〔註52〕「商居庸」，《管子》作「商容」。
〔註53〕「將」，《管子》作「遊」。
〔註54〕「徵」，《管子》作「政」。
〔註55〕《管子·小匡》。
〔註56〕《文中子中說·周公篇》。
〔註57〕《資治通鑑》卷二百八十八《後漢紀三》。
〔註58〕《尚書·說命》。
〔註59〕按：非出《詩經》。《尚書·君牙》：「心之憂危，若蹈虎尾，涉於春冰。」
〔註60〕《左傳·成公九年》。

吳伐鄫，鄫成。季文子曰：「中國不振旅，蠻夷入伐，而莫之或恤，無弔者也。夫《詩》曰：『不弔昊天，亂靡有定。』其此之謂乎？有上不弔，其誰不受亂？吾亡無日矣。」君子曰：「知懼如是，斯不亡矣。」〔註61〕嗟乎！此陶侃之竹頭木屑、杜預之安不忘危，有以也夫！害至而為之備，患生而為之防，非善治之道也。故曰：禱於病後，天已厭其德矣；積於荒後，地已藏其用矣；御於亂後，人已蒙其殃矣。事立於豫，不豫則廢。思患豫防，貴於有備。又曰：韓愈氏曰：「善醫者不視人之肥瘠，察其脈之病否而已矣。善計天下者，不觀天下之安危，察其紀綱之理亂而已矣。」〔註62〕善哉言也！君子猶以為未也。脈雖不病，猶防其肥。恃其肥而惟瘠之治，或遺後艱，不及救矣。其在《素問》曰：「聖人不治已病，治未病；不治已亂，治未亂。」〔註63〕岐伯之陳此道也，善醫者莫先焉。紀綱雖未亂，猶防其安。矜其安而惟危之理，或遺後悔，不及追矣。其在《周書》曰：「若昔大猷，致治於未亂，保邦於未危。」〔註64〕周公之宣此猷也，古之善計天下者莫尚焉。故曰：「憂其所可恃，懼其所可矜。善醫善計者為之。」〔註65〕雖然，「僦載者，救一車之任，拯一牛之力，為軸之折也。有加轅軸於其上以為造，不知轅軸之促軸折也。楚王之佩玦而逐兔，為走而破其玦也，因飾兩玦以為之豫，兩玦相觸，破乃愈疾。」〔註66〕是以君子審幾之為貴焉。《易》曰：「繻有衣袽，終日戒。」

九五：東鄰殺牛，不如西鄰之禴祭，實受其福。何也？葉子曰：商道甚微，周勢日盛，彼命維新，此德不競。雖曰人為，實天之命。天命不常，歸於德政。時哉時哉，幾不容並。故雖不敢謂祭無益，亦曰吾方致孝鬼神，其如上帝之不歆、天心之不享吐之而已矣。彼有明德，以薦馨香，能無居然之歆已乎？此商之所以亡而周之所以興。天之命，時之會也，聖人何與焉？《易》曰：「東鄰殺牛，不如西鄰之禴祭，實受其福。」

上六：濡其首，厲。何也？葉子曰：治之終，亂之始也。保治以德，無德者荒。荒之甚，亂之起也。克亂以才，無才者死。古今小人，當承平之日，茫然不知持盈之道，方且倡為豐亨豫大之說，若蔡京；太平為娛之說，若蔡攸。

〔註61〕《左傳・成公七年》。
〔註62〕韓愈《醫說》。
〔註63〕《素問・四氣調神大論》。
〔註64〕《尚書・周官》。
〔註65〕韓愈《醫說》：「憂其所可恃，懼其所可矜。善醫善計者，謂之天扶與之。」
〔註66〕《淮南子・氾論訓》。

及其禍起而不可支，則才不足以排難；亂生而不可解，則知不足以謀安。載胥及溺，國亡而身殺矣。陳朝老論何執中曰：「碌碌常質，初無過人。天下敗壞至此，如人一身，臟腑受沴已深，豈庸庸之醫所能起乎？是猶以蚊負山，多見其不勝任也。」〔註67〕嗚呼！小人之始於迷身而卒於迷君，始於禍國而卒於自禍也如是。《易》曰：「濡其首，厲。」

未濟䷿

未濟：亨。小狐汔濟，濡其尾，无攸利。何也？葉子曰：有亂必有治者，天之運也；致治當克終者，人之功也。天厭禍亂，已開復治之機；而人無遠慮，不收畢治之功；不亦負天也哉！孫吳勝赤壁，可以剿賊臣，興漢業矣，而不能遏老瞞之歸路，遂成鼎足之形；劉裕勝關中，可以綏遺黎，定中原矣，而姑留一弱子以為守，遂致旋踵之失；晉武之怠，生於平吳；隋文之驕，出於陳滅；唐憲之侈，起於淮蔡之甫定；是皆以憂勤十年之功而隳喪於一役僅成之後，此所以為不善也。大舜兢業於四夷來王之後，成湯警懼於十徵無敵之餘，九夷八蠻通道而細行之矜猶故，六服群辟承德而佚欲不生如昨，先王之處成功也如是，而豈其微哉？是故荀氏之書曰：「冶金而流，去火則剛；激水而升，捨之則降。惡乎治？曰：不去其火則常流，激而不止則常升。故大冶之爐，可使無剛；踴水之機，可使無降。善主教者，若茲則終身治矣。」〔註68〕《易》曰：「未濟：亨。小狐汔濟，濡其尾，无攸利。」

初六：濡其尾，吝。何也？葉子曰：天下之不可得而必者，時也；有時焉而不能自治者，鄙也。昔者禹之時，以五音聽治，懸鍾鼓磬鐸，置鞀，以待四方之士，而號曰：「教寡人以道者，擊鼓；教寡人以義者，擊鍾；喻寡人以事者，振鐸；語寡人以憂者，擊磬；有訟獄者，搖鞀。」當此之時，一饋而十起，一沐三握髮，以勞天下之民。此而不能達善效忠者，則才不足也。故司馬子長曰：「自惟上之不能納忠效信，有奇策才力之譽，自結明主；次之不能拾遺補闕，招賢進能，顯岩穴之士；外之不能備行伍，攻城野戰，有斬將搴旗之功；下之不能積日累勞，取尊官厚祿，以為宗族交遊光寵。四者無一遂，苟合取容，無所短長之效，可見如此矣。」〔註69〕《易》曰：「濡其尾，吝。」

〔註67〕（元）陳桱《通鑒續編》卷十一。
〔註68〕荀悅《申鑒‧政體第一》。
〔註69〕司馬遷《報任安書》。

九二：**曳其輪，貞吉。**何也？葉子曰：星之遇帝也有遲留，木之遇梓也有拱向，可以人而不奉天，不如物乎？而況於艱難之世，剛柔之遇乎！盡恭順之道，持謙抑之心，殺其勢而不張，緩其進而不逼，若霍光之擁昭也。極其恭，孔明之輔禪也。極其恪，慕容恪之佐煒也。〔註70〕極其貞，郭子儀〔註71〕、李晟〔註72〕之事唐德宗也。隨所使而不敢拂，則有以安臣道之常，處地勢之卑，自止其分而不過矣。不然，其不為王敦之向石頭，桓溫之入建康乎？是故興兵伐叛與救災分患，亦人臣所宜為者。而《春秋》於霸國大夫會諸侯大夫以伐沈，會大夫以救鄭，皆深致其貶焉，何也？蓋興兵伐人，使之畏服，所謂威也；率眾救人，使免於難，所謂福也。威福，人主之利害，諸侯擅之則有害於天下，大夫擅之則有害於其國，聖人見微知著，故於二役深加貶斥，示臣道之的焉耳，可不慎乎！是故欲進而濟者貴乎才，無才不能進則鄙；有才而進者貴乎安分，犯分不能安則凶。《易》曰：「曳其輪，貞吉。」

六三：**未濟，征凶，利涉大川。**何也？葉子曰：君子於天下之事也舉之而能勝，其於天下之難也排之而能平者，才也。不幸而才不足矣，事不日至於叢脞，難不日至於艱難乎？不謀而動，其動益窮；無待而行，其行愈敗。則何益矣？其惟奮志而厲氣，必起一身之懦而礪百事之靡；冒險而犯難，寧徇國家之急而不顧一身之危。此壯夫之志而氣定之為也。志可以帥氣，人可以勝天，不亦理勢萬一之機，君子求其在我之道乎？他尚何計焉？是故關、張之翊玄德，張、陸之輔少主，妨於才而厄於時，君子亦嘉其志而悲其命之窮也已。《易》曰：「未濟，征凶，利涉大川。」

〔註70〕《晉書》卷一百十一《慕容恪載記》：「儁寢疾，引恪與慕容評屬以後事。及暐之世，總攝朝權。……恪虛襟待物，諮詢善道，量才處任，使人不逾位。朝廷謹肅，進止有常度，雖執權政，每事必諮之於評。罷朝歸第，則盡心色養，手不釋卷。其百僚有過，未嘗顯之，自是庶僚化德，稀有犯者。」

〔註71〕《舊唐書》卷一百二十《郭子儀傳》：「六月十四日薨，時年八十五，德宗聞之震悼，廢朝五日，詔曰：『天地以四時成物，元首以股肱作輔，公臺之任，鼎足相承，上以調三光，下以蒙五嶽。允釐庶績，鎮撫四夷，體元和之氣，根貞一之德，功至大而不伐，身處高而更安。尚父比呂望之名，為師增周公之位，盛業可久，歿而彌光。』」

〔註72〕《舊唐書》卷一百三十三《李晟傳》：「初，晟在鳳翔，謂賓介曰：『魏徵能直言極諫，致太宗於堯、舜之上，真忠臣也，僕所慕之。』行軍司馬李叔度對曰：『此搢紳儒者之事，非勳德所宜。』晟斂容曰：『行軍失言。傳稱邦有道，危言危行。今休明之期，晟幸得備位將相，心有不可，恐而不言，豈可謂有犯無隱，知無不為者耶！是非在人主所擇耳。』叔度慚而退。故晟為相，每當上所顧問，必極言匡躬，盡大臣之節。」

　　九四：貞吉，悔亡。震用伐鬼方，三年有賞於大國。何也？葉子曰：有湯、武之質，猶貴於善反之功。求反身之功，不得假因仍之習。《傳》曰：「誠者，天之道也。誠之者，人之道也。誠者，不勉而中，不思而得。從容中道，聖人也。誠之者，擇善而固執之者也。博學之，審問之，慎思之，明辨之，篤行之。有弗學學之，弗能弗措也；有弗問問之，弗知弗措也；有弗思思之，弗得弗措也；有弗辨辨之，弗明弗措也；有弗行行之，弗篤弗措也。人一能之，己百之；人十能之，己千之。果能此道矣，雖愚必明，雖柔必強。」〔註73〕嗚呼！反之之功，果不易哉？是故伐國不易也，伐魑魅魍魎之國尤不易也。馬援之征交趾，諸葛之平南夷，極其苦心，殫其勤力，久然後服之，豈易易也哉！然則克己復禮，非怠緩所能至；主敬行恕，非惢軟所勝任。以敵人之功而自敵，以伐人之氣而伐身，庶其有瘳耳。中原之寇盜易驅，一己之私欲難勝，戒之哉！故曰：「堯、舜、禹、湯、文、武汲汲，仲尼皇皇，其已久矣。」〔註74〕《易》曰：「貞吉，悔亡。震用伐鬼方，三年有賞於大國。」

　　六五：貞吉，无悔。君子之光，有孚，吉。何也？葉子曰：文王聖矣，而多助於四友之臣；衛武公賢矣，而儆戒於自卿以下。至於師長士夫已有聰明之德，而復親賢士大夫以自益，其有不成其德而造其淑性以底於至誠者乎？語曰：「有天德，便可語王道。」〔註75〕《記》曰：「至誠無息，不息則久，久則徵，徵則悠遠，悠遠則博厚，博厚則高明。」〔註76〕《傳》曰：「美在其中，而暢於四肢，發於事業」，此天德王道之盛也。非堯之「欽明文思安安，允恭克讓，光被四表，格於上下」〔註77〕，舜之「重華協於帝」〔註78〕，禹之「文命敷於四海」〔註79〕，不足以語此。《易》曰：「貞吉，无悔。君子之光，有孚，吉。」

　　上九：有孚於飲酒，无咎。濡其首，有孚失是。何也？葉子曰：上有天德王道之君，下有文武明章之臣，內有禮樂文章之治，外有綏來動和之風，治之成，化之極，君子際此，夫何為哉？始於憂勤，終於逸樂。兄弟則燕而《棠棣》

〔註73〕《中庸》。
〔註74〕揚雄《法言・學行》。
〔註75〕程顥之語，見《近思錄》卷四《存養》。
〔註76〕《中庸》。
〔註77〕《尚書・堯典》。
〔註78〕《尚書・舜典》。
〔註79〕《尚書・大禹謨》。

陳，朋友則燕而《伐木》詠，群臣嘉賓則燕而《彤弓》、《湛露》奏，和情於廟堂之上，暢志於手足腹心之間，斯帝王之所以共享太平之盛者與？雖然，陳不忘戒，詠不忘刺，奏不忘勸可也。不知大義，而惟知佚樂之是耽，不為陳後主之涵狃，則為唐玄宗之淫縱矣。千日之澤，一日之樂，而卒為亡國播身之禍，豈知權衡之素定者哉？是豈人臣所以引其君於當道「先天下之憂而憂，後天下之樂而樂」者哉？君子之行義，宜不如是之舛也。君子亦知所以慎之乎？《易》曰：「有孚於飲酒，无咎。濡其首，有孚失是。」

後　記

一

2020 年基本完成「史源學考易」系列七種（《〈周易玩辭困學記〉校證》、《〈古周易訂詁〉校證》、《〈讀易述〉校證》、《〈易筌〉疏證》、《〈周易集說〉校證》、《〈讀易紀聞〉校證》、《〈孔易釋文〉史源考》）之後，便不打算再做易籍的整理，而是要回歸到清人別集，把手頭未完成的幾部書稿弄完。然而，計劃永遠趕不上變化，最早整理的清人別集，如沈欽韓、秦瀛的書依然沒能賡續，一時興起，又掉入了《詩經》大坑當中。於是在 2021 年的十一月，開始了《詩經世本古義》的整理，終日伏案，心無旁騖，2022 年初便已完成，效率非常之高，就像當年從麻城完了一個長長的寒假，回到鹽城後拼命地弄《純常子枝語》一樣。

完事之後，彷彿是接著作《經義考》的易類考辨。但突然發生了一件事情，就是每天午後，我在電腦前寫作，寶寶跑過來，坐在我身上玩，一會兒就睡著了。從此，他便每日如此。分明是酣睡，但是一轉手他人，或是放到床上，他立馬就醒，各種哭鬧。一抱回來，坐在電腦前，就繼續香夢沉酣。他的睡姿是坐北朝南，要麼伏枕我的右臂，要麼仰枕我的左臂，而《經義考》的考辨工作要不時翻檢各類典籍，行動受限制的我是無法從事這項工作了。於是需要尋找新的突破口了。

1 月 17 日添加了微信好友續曉瓊老師，詢問她的《南宋史事易學研究》一書。後來又聊到她導師張濤教授的古籍規劃項目《四庫全書·易類》的整理，問我是否願意參與。此後一段時間，我經常翻檢《四庫全書總目》，發現《葉

八百易傳》一書很有意思，覺得很有些興趣，這個興趣應該和我早年接觸《誠齋易傳》有關，也和「史源學考易」系列七種有關。加之版本單一，小寶睡覺的時候，一隻手我也可以操作。於是在 1 月 28 日便開始了這項工作。此後一段日子，便和此書難捨難分，不僅小寶睡覺的午後（一般自一點半睡至五點），連上午也投入到此中。「史源學考易」系列從此變成了八種，以後應該不會再有新的了。此書完成後，又接著完成了《春秋集傳詳說》。所以，從這個意義上講，《〈葉八百易傳〉疏證》、《春秋集傳詳說》這兩本書都不是計劃中的書。

二

今天已是正月初七，很多單位就是今天上班，兔年的工作從此拉開序幕。最近忙於《吳詩集覽》的文字錄入工作，進展很慢。進展很慢的原因，便是無法有做《詩經世本古義》、《純常子枝語》那時候的激情了。以前是一坐一天，現在則是上午稍微工作下，午後、下午、晚上忍不住要偷下懶，覺得精力不濟，於是便看起電視來。從去年 12 月 30 日至今，已經看完了《鬥羅大陸》、《陳情令》、《城市的邊緣》、《叛逆者》，著實有些墮落。但無論如何，日有所得，就像螞蟻搬家一樣，這工作總會完成的，只是早晚的事。同樣是抱著小寶在電腦前睡覺，去年這個時候在拼命地寫這本書，而今年則是在瘋狂的追劇，不禁一笑。

放開之後，有過一陣子的大面積的陽性感染。但就那麼一陣子，之後就再也沒有聽說誰誰感染的消息了，難得是真的達到了群體免疫的效果了嗎？還是這病毒已經徹底強弩之末了？總之，路上已經開始繁華起來，超市、電影院、飯店已然恢復到了 2019 年疫情以前的狀態。走在路上，很多人已經不戴口罩，包括孕婦和小孩。昨天，趁著內子帶寶寶出門玩，我得空去綠地新開的上影國際影城看了正在熱播的《滿江紅》，想想好像已經三四年沒有看過電影了。

一切恢復正常，兔年又是一個新的氣象！

2023 年 1 月 28 日

麻城陳開林書於翡翠國際，時草完前言